Albert Jackson • David Day

Arbeiten mit der
Oberfräse

Albert Jackson • David Day

Arbeiten mit der Oberfräse

Urania

Bibliografische Information Der Deutschen Bibliothek
Die Deutsche Bibliothek verzeichnet diese Publikation in der Deutschen Nationalbibliografie; detaillierte bibliografische Daten sind im Internet über http://dnb.ddb.de abrufbar.
ISBN 3-332-01039-5

Die Originalausgabe erschien 1996 unter dem Titel: »Collins Good Wood Routers« in Großbritannien.

Conceived, edited and designed at Inklink, Greenwich, London

www.dornier-verlage.de
www.urania-verlag.de
2. Auflage Juli 2003

Der Urania Verlag ist ein Unternehmen der Verlagsgruppe Dornier.

Aus dem Englischen übertragen von Sabine Sauerbeck
Fotos: Neil Waving, Ben Jennings, Paul Chave u.a.
Illustrationen: Robin Harris und David Day
Technische Beratung: John Perkins
Umschlaggestaltung: Behrend & Buchholz, Hamburg
Umschlagfoto: Ernst Fesseler
Satz: alpha & bet, München
Printed in Singapore

Die Schreibweise entspricht den Regeln der neuen Rechtschreibung.

Inhalt

EINLEITUNG

Die meisten Elektrowerkzeuge sind lediglich motorisierte Versionen klassischer Handwerkzeuge. Sie machen die Arbeit weniger mühsam, aber das Ergebnis ist fast dasselbe. Ein Sägeschnitt bleibt ein Sägeschnitt, eine Bohrung ist immer noch eine Bohrung und eine Schraube erfüllt ihre Funktion, egal ob sie von Hand oder mit einem elektrischen Schraubendreher eingedreht wird. Die Oberfräse zählt jedoch zu einer anderen Kategorie. Diese Maschine hat die Schreinerwerkstatt revo-

lutioniert. Sie hat die Spezialhobel zum Schneiden von Profilen, Falzen und Nuten so gut wie ersetzt und ermöglicht eine Präzision, die früher nur höchst geschickte Handwerker erreicht haben. Mit der Oberfräse können Sie eine Vielzahl von Holzverbindungen schneiden, Sie können mit Schablonen arbeiten, Kunststoffbeschichtungen bündig schneiden und selbst einfache Reliefschnitzarbeiten machen. Die Oberfräse ist sozusagen eine Miniaturausgabe eines Maschinenparks.

Anmerkungen

Die Autoren danken folgenden Unternehmen und Personen für die freundliche Unterstützung bei der Erarbeitung dieses Buches:

Elu International

Trend Machinery and Cutting Tools Ltd.

Robert Bosch GmbH

Leigh Industries Ltd.

Woodrat

Technische Beratung:
John Perkins

Fotos:
Alle Aufnahmen für dieses Buches entstanden durch Paul Chave, mit Ausnahme der folgenden Fotos:

S. 100 o.,u., 105 o.r., 107 o.r.: Ben Jennings

S. 10 o.r., 88, 91, 95, 102 o.r.,106 o.r., 108 o.r.: Neil Waving

S. 86 m., 97 m., 110 o.r., 112 o.r.: John Perkins

S. 44 o.l., 66 m., o.r., 70 u.m., 71 o.l., 80 o.r.: Trend Machinery and Cutting Tools Ltd.

Schablonen und Führungshilfen:

Alle selbst gefertigten Schablonen und Führungshilfen wurden von John Perkins entworfen.

KAPITEL 1

Hochleistungsoberfräsen

Im Gegensatz zu stationären Holzbearbeitungsmaschinen, die mit starken Motoren ausgestattet sind, setzen die leichten Handfräsen mehr auf Geschwindigkeit als auf Kraft. Ein Motor mit hoher Drehzahl treibt einen Präzisionsfräser an, der in Holz, Kunststoff und Metallen saubere Schnitte macht. Die Oberfräse kann durch eine Vielzahl von Anschlägen, Führungen, Schablonen und Spannvorrichtungen komplettiert werden, von denen einige schon zur Standardausrüstung gehören.

Elektrooberfräsen

Es gibt zwei Grundtypen von Oberfräsen – Tauchfräsen und feststehende Oberfräsen. Bei den feststehenden Fräsen ist das Motorgehäuse fest auf der Grundplatte montiert und zur Einstellung der jeweiligen Frästiefe nach oben oder unten verschiebbar. Das Fräswerkzeug (Fräser) ragt dabei über die Grundplatte hinaus. Während dies beim Fräsen eines Werkstücks von der Kante her kaum Probleme bereitet, ist das Ansetzen und Beenden eines Schnitts wie etwa einer abgesetzten Nut für den unerfahrenen Handwerker schwierig. In diesem Fall muss die ganze Fräse auf das Holz abgesenkt und wieder sauber abgehoben werden, solange der Fräser rotiert.
Anfänger sollten sich daher lieber eine hochwertige Allzweck-Tauchfräse besorgen. Hier bewegt sich der Motor auf zwei Führungssäulen auf und ab, die starr auf der Grundplatte montiert sind. Das Motorgehäuse sitzt auf Federn, die es ermöglichen, den Fräser senkrecht in das Holz abzusenken und sicher abzuheben, bevor die ganze Fräse vom Werkstück genommen wird.

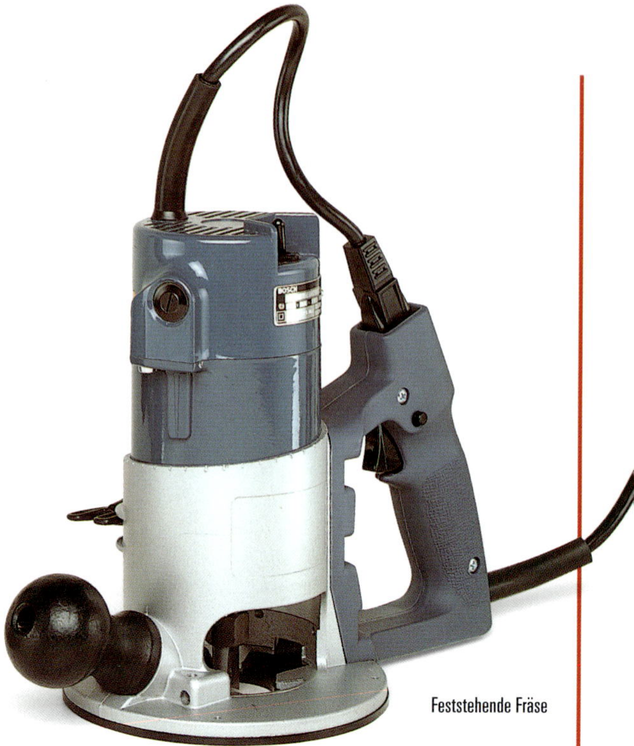

Feststehende Fräse

Motorleistung

Fräsen werden nach ihrer Aufnahmeleistung eingeteilt. Leichte Maschinen beginnen bei etwa 600 Watt, während schwere Industriefräsen mit bis zu 1850 Watt erhältlich sind. Die elektrische Leistung ist jedoch nicht das Hauptkriterium beim Kauf einer Fräse. Eine Hochleistungsfräse ist verhältnismäßig schwer und selbst für erfahrene Benutzer schwierig zu handhaben. Darüber hinaus können kleine, empfindliche Fräser unter Belastung der hohen Motorleistung leicht beschädigt werden.

Tauchfräse

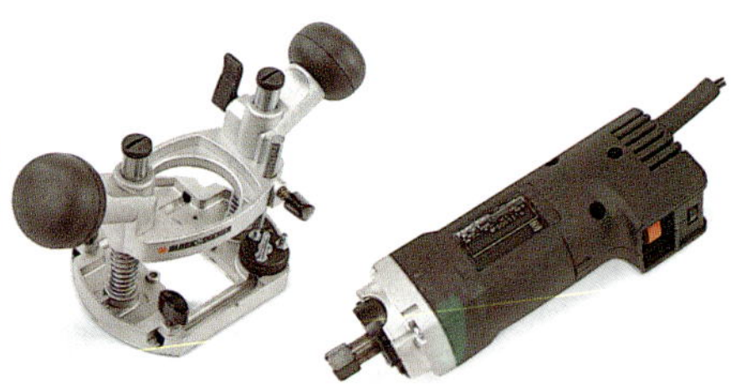

Abnehmbare Fräsen
Bei vielen leichten Fräsen lässt sich das Motorgehäuse von der Grundplatte nehmen und in einen Fräsständer einsetzen. Wenn Sie die Tauchfräse wieder von Hand führen, müssen Sie darauf achten, dass die beiden Teile (Motorgehäuse und Grundplatteneinheit) fest miteinander verbunden sind. Beim Absenken kann sich das Motorgehäuse sonst lösen.

Spannzangen und Schaftgröße

Der Fräser wird in ein einfaches Futter an der Frässpindel eingesetzt, das für einen bestimmten Schaftdurchmesser ausgelegt ist. Eine Sicherungsmutter wird auf dem Gewinde der Spindel angezogen und presst eine geschlitzte konische Spannzange oder einen geschlitzten Konus in die Kegelöffnung am Ende der Frässpindel. Dadurch wird die Spannzange geschlossen und der Fräserschaft fest eingespannt.

Fräsen niedrigerer und mittlerer Leistung werden mit einem Fräserschaftdurchmesser von 6 mm betrieben. Größere Hersteller bieten eine Reihe austauschbarer Spannzangen an, damit auch Fräser mit einem anderen Durchmesser eingesetzt werden können.

Viele mittelschwere Fräsen können auch mit 8-mm-Spannzangen ausgestattet und so auch mit größeren Fräsern verwendet werden. Bevor Sie einen solchen Fräser einsetzen, sollten Sie die Herstellerhinweise prüfen, um sicherzugehen, dass der Fräser auch für Handfräsen geeignet ist.

Schwere Hochleistungsfräsen verwenden vorwiegend Fräser mit einem Schaftdurchmesser von 12 mm, können aber auch mit Spannzangen kleineren Durchmessers ausgestattet werden. Wenn Sie bei diesen Maschinen Fräser mit dünnerem Schaft verwenden, achten Sie darauf, dass die Vorschubgeschwindigkeit und der auf den Fräser ausgeübte Druck nicht zu groß sind, da der Fräser sonst abbrechen könnte. Spannzangen sind fein geschliffen, damit der Fräserschaft exakt an der Achse der Motorwelle ausgerichtet ist. Eine exzentrische Fräserrotation lässt die Fräse vibrieren, was Schäden an Fräser und Maschine zur Folge haben kann. Die mehrfach geschlitzten Spannzangen hochwertiger Fräsen richten den Fräser genauer aus und umschließen den Schaft sicherer als die einfach geschlitzten Konus-Spannzangen in billigeren Maschinen.

Schwere Fräsen
Hochleistungsfräsen mit einer Motorleistung von bis zu 1850 W nehmen starke Fräser mit einem großen Durchmesser auf. Sie werden im Bauhandwerk zur Fenster- und Türenherstellung sowie für allgemeine Schreinerarbeiten eingesetzt. Die Gefahr einer Motorüberlastung ist gering und es sind relativ tiefe und breite Schnitte möglich.

Mittelschwere Fräsen
Die mittlere Leistungsklasse beginnt bei 750 W. Eine hochwertige Tauchfräse mit einem Motor von 800 bis 1200 W ist für die Möbelherstellung und für leichte Schreinerarbeiten ideal. Diese kompakten Maschinen können auch in einen Fräsständer oder in einen Frästisch eingesetzt werden. Für diese Maschinenkategorie sind viele Zubehörteile, Spannvorrichtungen und Schablonen erhältlich.

Kantenfräsen (rechts)
Einige Fräsen sind ausschließlich für die Kantenbearbeitung ausgelegt. Da sie für Präzisionsarbeiten gebaut sind, sind sie relativ teuer und für allgemeine Fräsarbeiten nicht geeignet.

Leichte Fräsen (oben)
Mit leichteren Tauchfräsen (bis zu 750 W) können Sie die meisten einfachen Arbeiten erledigen. Kaufen Sie aber nur eine qualitativ hochwertige Fräse, da Sie damit für die gleiche Arbeit weniger Zeit brauchen und eine bessere Qualität erreichen. Die Auswahl an Fräsern für leichte Maschinen ist allerdings begrenzt.

Bedienelemente

Alle Fräsen haben ähnliche Bedienelemente, die sich jedoch in Anordnung und Bedienung unterscheiden können.

Revolverkopfanschlag
Wenn Sie stufenweise fräsen, können Sie die verschiedenen Frästiefen mit Hilfe des Revolverkopfanschlags vorher einstellen und bei der Arbeit rasch wechseln.

Parallelanschlag
Fräsen haben einen Parallelanschlag zum Führen der Fräse entlang der Werkstückkante.

Drehzahlvorwahl
Der Drehzahlvorwahlschalter hat meist fünf oder sechs Stufen, um eine bestimmte Drehzahl einzustellen (die Drehzahlen unterscheiden sich je nach Hersteller und Modell). Achten Sie darauf, dass der Vorwahlschalter so angebracht ist, dass er während des Fräsens nicht versehentlich verstellt werden kann.

Spindelarretierung
Die meisten Fräsen verfügen über eine Spindelarretierung, so dass ein einfacher Gabelschlüssel zum Lösen und Festziehen der Überwurfmutter der Spannzange beim Wechseln des Fräsers genügt. Bei älteren Modellen braucht man manchmal einen zweiten Gabelschlüssel.

Handgriffe
Eine Oberfräse hat im Allgemeinen zwei seitliche Griffe zum Halten und Führen der Maschine. Es gibt auch Kantenfräsen mit nur einem Griff. Um die Fräse kontrolliert führen zu können, sollten die Handgriffe möglichst tief und nahe an der Grundplatte angebracht sein.

Ein-/Aus-Schalter
Dieser Schalter sollte sich möglichst nahe an einem der Handgriffe befinden, damit Sie die Hände nicht von den Griffen nehmen müssen, um den Schalter zu bedienen.

Tiefenarretierung
Die Tiefenarretierung befindet sich im Allgemeinen in einem der Handgriffe oder ist manchmal auch als Schnelllösehebel nahe des Griffs angebracht.

Tiefenanschlag
Ein Tiefenanschlag bestimmt, wie weit der Fräser über die Grundplatte hinausragen kann.

Drehzahl

Die Maximaldrehzahl der Fräse liegt zwischen 20 000 und 30 000 U/min. Viele Fräsen sind mit einer elektronischen Drehzahlsteuerung ausgerüstet, die automatisch die Drehzahl kontrolliert und auch bei einer Änderung des Vorschubs die Drehzahl nachregelt. Fräsen mit variabler Drehzahl laufen relativ ruhig und sind komfortabler als Modelle mit nur einer Geschwindigkeit. Eine Sanftanlauffunktion verhindert darüber hinaus den Rückstoß beim Anlaufen des Motors.

Bei den meisten Arbeiten, für die ein Fräser mit kleinem Durchmesser verwendet wird, können Sie die Fräse mit Maximaldrehzahl fahren. Bei hartem und problematischem Holz müssen Sie ein wenig probieren, um die optimale Drehzahl zu ermitteln.

Fräser mit großem Durchmesser haben eine hohe Umfangsgeschwindigkeit und sollten deshalb mit geringerer Drehzahl gefahren werden.

Relativ niedrige Drehzahlen sind auch erforderlich, wenn Sie Metalle oder Kunststoffe bearbeiten, um eine Überhitzung und ein Verbacken der Späne mit dem Fräser zu verhindern.

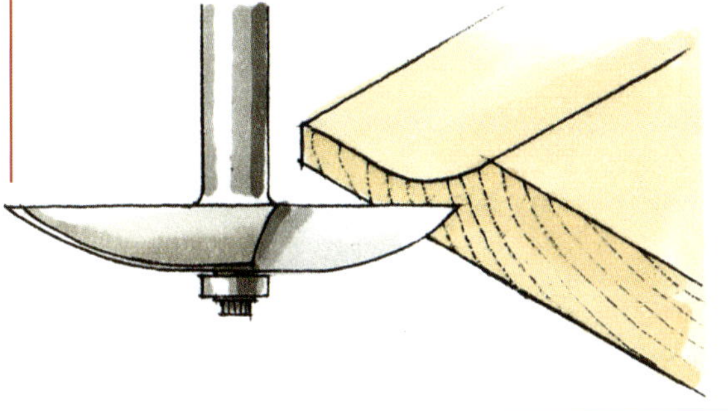

Grundplatte

Bei vielen Fräsarbeiten wird die Grundplatte der Fräse an einem Richtscheit oder einer Schablone entlanggeschoben. Grundplatten sind entweder kreisförmig und konzentrisch zur Spindelachse oder haben eine gerade Kante. Auf der Grundplatte sind Klemmschrauben angebracht, mit denen die Führungsstangen des Parallelanschlags befestigt werden. Darüber hinaus verfügt sie über Vorrichtungen zur Aufnahme weiterer Führungen und Zubehörteile. Achten Sie darauf, dass auf die Unterseite der Grundplatte eine austauschbare Gleitfläche aufgebracht ist, um Beschädigungen auf dem Werkstück zu vermeiden.

Standardzubehör

Bei den meisten Fräsen gehören ein Parallelanschlag und ein Kopierring zum Standardzubehör. Der Kopierring wird verwendet, um die Fräse an einer Schablone entlangzuführen. Darüber hinaus gibt es umfangreiches Zubehör, wie einen Kurvenanschlag, einen Fräszirkel oder eine Umleimer- oder Fräsführung zum flankenscheidenden Fräsen. Ein Kantenfräsvorsatz zur Bearbeitung geschwungener und unregelmäßig geformter Kanten kann eingesetzt werden. Eine Kopiertaste wird beim Profilieren und Bündigfräsen gebogener und unregelmäßig geformter Teile eingesetzt.

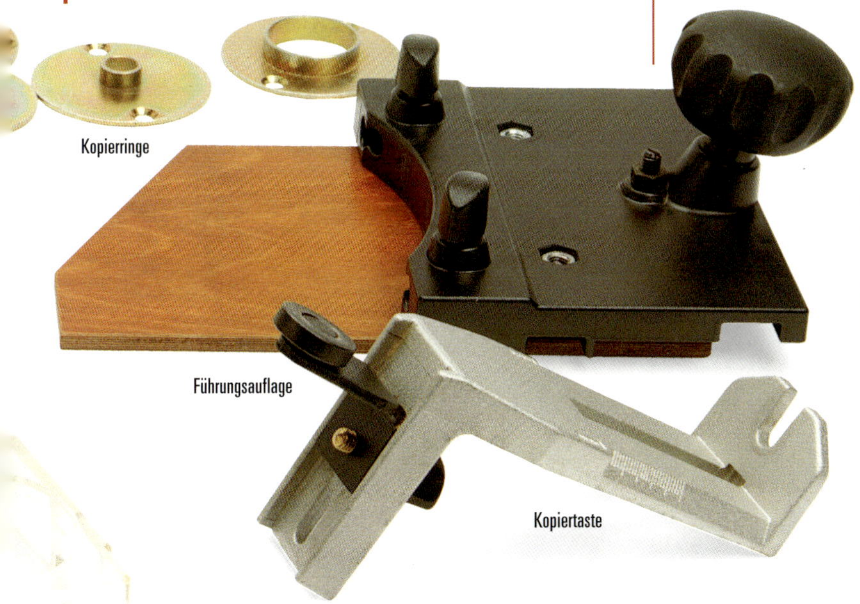

Kopierringe

Führungsauflage

Kopiertaste

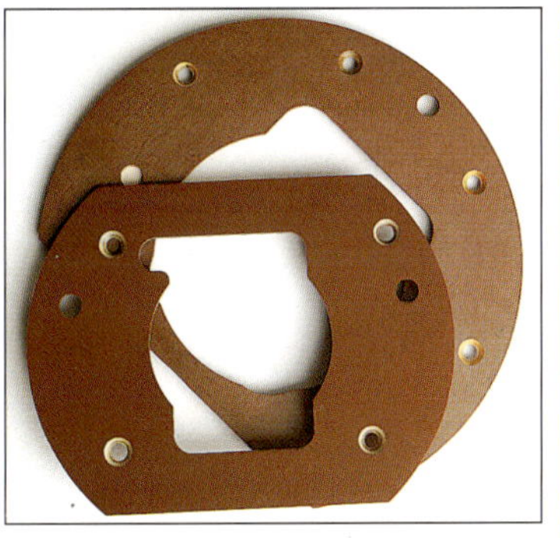

Grundplattenbeläge

Staubabsaugung

Staubabsaugvorrichtungen werden bei allen Fräsen mitgeliefert. Meist bestehen sie aus einer Plastikabdeckung, die auf der Grundplatte der Fräse angebracht ist. An die Abdeckung wird ein Schlauch angeschlossen, der wiederum mit einem Absauggerät verbunden ist. So werden die Frässpäne abgesaugt, sobald sie aus den Fräsernuten austreten (siehe Seite 124). Bei den Abbildungen wurden die Absaugvorrichtungen weggelassen, damit Sie die anderen Maschinenteile besser erkennen können.

Absaugschlauch

Pflege der Fräsen

Da Fräsen einen Direktantrieb haben, sind sie ziemlich pflegeleicht. Sie sollten das Gehäuse jedoch nur öffnen, wenn es absolut nötig ist.

Schleifkontakte

Obwohl die Abnutzung schon durch eine stärkere Funkenbildung im oberen Teil des Motorgehäuses deutlich wird, sollten Sie die Schleifkontakte regelmäßig überprüfen. Abgenutzte Schleifkontakte zu ersetzen ist relativ einfach. Sie brauchen dazu nur die außen angebrachten Kappen der Schleifkontakte oder den oberen Teil des Motorgehäuses abzunehmen.

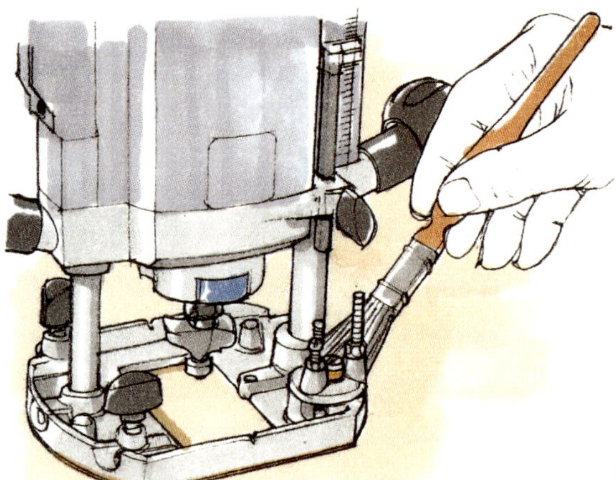

Staub entfernen

Entfernen Sie Holzstaub mit einem kleinen Pinsel aus den Ecken und saugen Sie ihn mit einem Staubsauger ab. Blasen Sie den Staub nicht mit Druckluft weg. Entfernen Sie Harzreste mit Terpentin oder Reinigungsbenzin. Achten Sie jedoch darauf, dass Motor, Wicklungen und Schalter nicht mit dem Lösungsmittel in Berührung kommen.

Lager

Die Lager sind dauerhaft versiegelt und müssen nicht geschmiert werden. Lager sollten nur durch einen erfahrenen Servicetechniker ausgetauscht werden, der das richtige Werkzeug zum Einsetzen und Ausrichten zur Verfügung hat. Wenn die Lager nicht mehr einwandfrei sind (zu erkennen an veränderten Laufgeräuschen, leichten Vibrationen oder Spindelspiel), lassen Sie sie sofort wechseln, um einem weiteren Verschleiß der Spindel und Schäden an Anker und Schleifkontakten vorzubeugen.

Schalter

Prüfen Sie, ob der Schalter richtig funktioniert. Ersetzen Sie einen defekten Schalter sofort, um jedes Risiko beim Betrieb der Fräse zu vermeiden.

Klemmschrauben

Überprüfen Sie, ob die Klemmschrauben für den Parallelanschlag mit Dämpfungsfedern ausgestattet sind, damit sie sich nicht lockern.

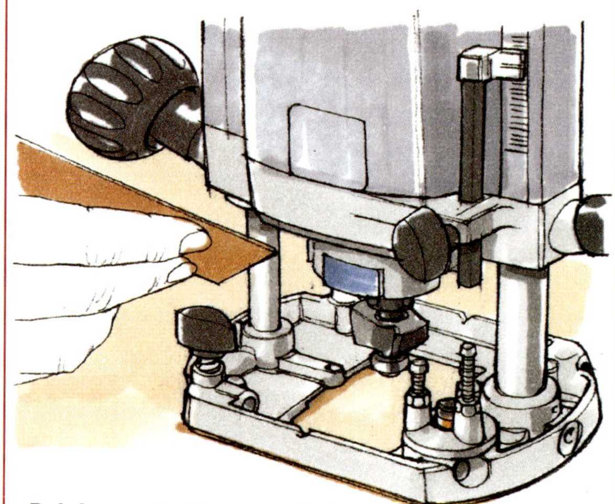

Reinigung der Führungssäulen

Entfernen Sie regelmäßig Staub und Ablagerungen von den Führungssäulen und tragen Sie ein dünnflüssiges Öl, ein Silikon- oder Trockenschmierspray (PTFE) auf.
Entfernen Sie Ablagerungen mit einem Stück Kunststoff oder einem steifen Karton. Verwenden Sie auf keinen Fall Stahlwolle oder Schleifpapier, da dies Kratzer hinterlässt, in denen sich Harz und Staub festsetzen können.

KAPITEL 2

Fräswerkzeuge

Mit dem breiten Angebot an Fräsern können Sie viele Profil-, Falz- und Nutfräsarbeiten ausführen und Holzverbindungen herstellen. Fräswerkzeuge, besonders Fräser mit größeren und komplexeren Profilen, sind teuer, so dass es sich bezahlt macht, qualitativ hochwertige Fräser zu kaufen, die lange Standzeiten haben.

Fräser sollten nicht nur sauber schneiden, sondern auch die Frässpäne vollständig und rasch ausräumen. Ist das nicht der Fall, wird das Werkzeug übermäßig beansprucht und es entsteht eine übermäßige Reibung. Dies führt wiederum zu einer Überhitzung der Schneidkanten. Das hat zur Folge, dass der Stahl an Härte verliert und Brandflecke auf der Oberfläche des Werkstücks zurückbleiben.

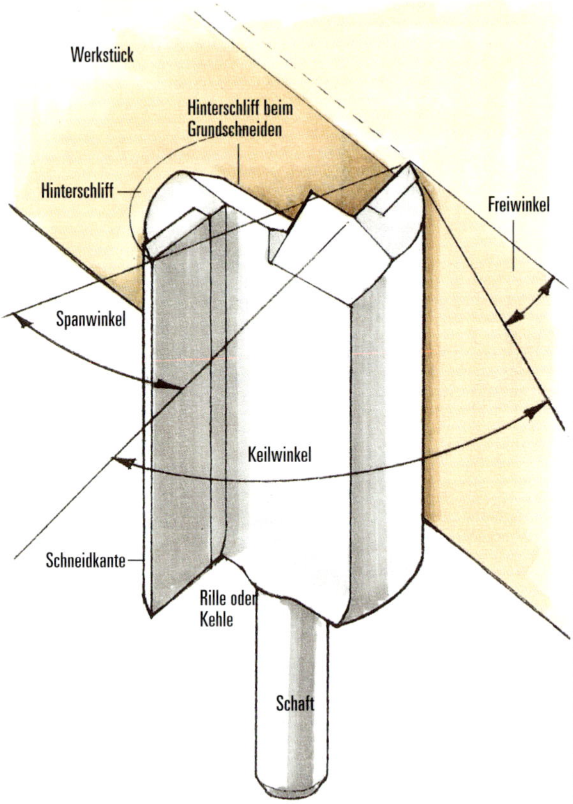

Umfangsschneidkanten

Alle Umfangsschneidkanten müssen in genau demselben Winkel und derselben Größe und Form geschliffen sein. Ist eine Schneide kleiner als die andere, berührt sie die Oberfläche des Werkstücks nicht und die Fräsleistung wird reduziert (siehe Seite 27).

Stirnschneidkanten

Beim Tauchfräsen ist es wichtig, dass an die Stirnseite des Fräsers ebenfalls Schneidkanten geschliffen sind. Dies ist schwierig, da die Stirnfläche des Fräsers kleiner als sein Durchmesser ist.
Gute Fräser haben gesonderte Hartmetallschneiden, die auf der Stirnseite des Fräsers hartgelötet sind (Seite 18). Nicht stirnschneidende Fräser dürfen nur von der Kante her in das Werkstück geführt werden.

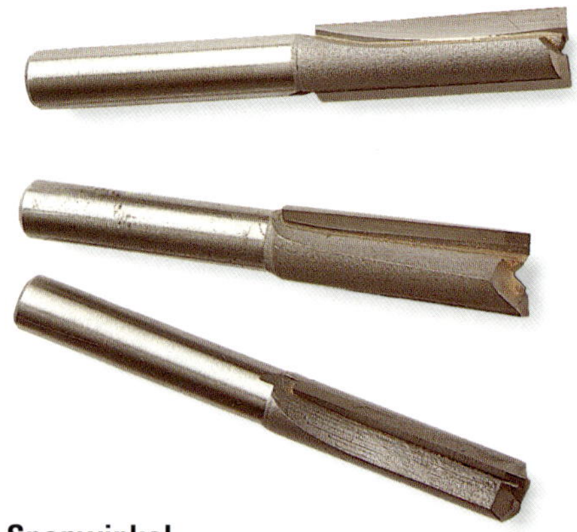

Spanwinkel

Fräser werden mit unterschiedlichen Spanwinkeln gefertigt. Der Spanwinkel ist der Winkel, in dem die Schneide auf die Holzoberfläche trifft. Ein steiler Spanwinkel sorgt für einen raschen Fräsvorgang, bei dem Frässpäne schnell entfernt werden. Ein stumpfer oder negativer Winkel bewirkt einen langsameren Spanabhub und wird zum Bündigfräsen von Schichtholz und für Kanten verwendet.

Freiwinkel und Hinterschliffwinkel

Der Freiwinkel ist der Winkel unmittelbar hinter der Schneidkante. Der Hinterschliffwinkel ist der Winkel über der verbleibenden Rückseite (die Fläche hinter der Schneidkante) des Fräsers. Beide Winkel sind so geschliffen, dass die Rückseite des Fräsers oder daran anhaftender Abrieb nicht an der Schnittfläche des Holzes reiben.

Schaftdurchmesser

Die Schaftdurchmesser der Fräser werden oft in Maßen von $^1/_4$, $^3/_8$ und $^1/_2$ Zoll für entsprechend große Spannzangen angegeben und verkauft. Es gibt sie jedoch auch in metrischen Maßen mit einem Schaftdurchmesser von 6 mm, 8 mm und 12 mm. Angelsächsische und metrische Schaftgrößen sind untereinander nicht austauschbar, d. h. ein Zoll-Schaft kann nicht in eine mm-Spannzange eingesetzt werden und umgekehrt.

Auswuchtung des Fräsers

Der Fräser muss richtig ausgewuchtet sein, damit er sich konzentrisch mit der Spindelachse dreht. Ist das nicht der Fall, bringt er die ganze Fräse zum Vibrieren. Daraus resultieren eine mangelhafte Oberflächenqualität des Werkstücks und Schäden an Fräser und Maschine.

Durch einen nicht ausgewuchteten Fräser verursachte Wellen

Einfache anschlaggeführte Fräser

Diese Fräser werden meist durch das Werkstück geführt, indem die Grundplatte der Fräse oder der daran befestigte Parallelanschlag an der Kante des Werkstücks oder an einer Führungsleiste geführt wird. Um bogenförmige oder komplizierter geformte Teile zu fräsen, verwenden Sie einen Kopierring und fahren so an der Kante einer Schablone entlang. Kreise und gleichmäßige Kurven können Sie auch mit einem Stangenzirkel fräsen (siehe Seite 54).

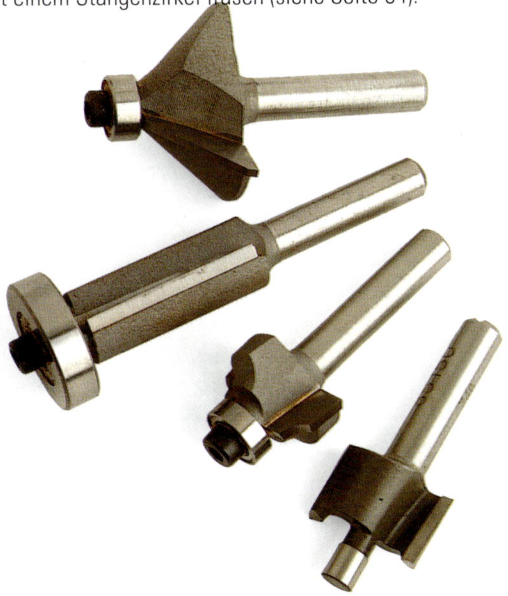

Fräser mit Führung

Diese Fräser werden durch einen stabilen Anlaufzapfen am Ende des Fräsers oder durch ein Anlaufkugellager geführt, das entweder am Ende des Fräsers oder am Fräserschaft über den Schneidkanten sitzt. Sie können den Anlaufzapfen oder den Anlaufring an der geraden oder gekrümmten Kante des Werkstücks oder einer Schablone entlangführen (siehe Seite 56).

Der Kauf von Fräsern

Abgesehen vom Preis lässt sich die tatsächliche Qualität eines Fräsers nur schwer nach dem Augenschein beurteilen. Kaufen Sie deshalb bei einem Händler, der sowohl eine Garantie gewährt als auch einen zuverlässigen Schärfdienst anbietet.

- *Prüfen Sie, ob die Schneiden scharf sind und keine Beschädigungen aufweisen.*
- *Die aufgelöteten Hartmetallschneiden sollten bündig in den Kehlen sitzen und nur um die angeschliffene Fase überstehen. Andernfalls können sie beim Fräsen abbrechen.*
- *Die Oberfläche des Fräsers sollte nicht zerkratzt und die Schneiden sollten glatt poliert sein.*
- *Vergewissern Sie sich, dass der Schaft unversehrt, parallel zur Fräserachse und völlig gerade ist.*
- *Der Fräser sollte ruhig und vibrationsfrei laufen, andernfalls sollten Sie ihn sofort auswechseln.*
- *Bei Fräsern mit Anlaufring muss der Fixierstift oder Zapfen so stabil sein, dass er unter Belastung nicht abbricht. Die Halteschraube muss sich ausreichend festziehen lassen, ohne das Gewinde zu überdrehen, damit sie sich während des Fräsens nicht löst.*

Fräsermaterialien

Die meisten Fräser werden aus Hochleistungsschnellstahl (HSS) gefertigt oder sind hartmetallbestückt. HSS-Fräser sind einfacher herzustellen als die entsprechenden hartmetallbestückten Fräser und deshalb billiger. Ein guter HSS-Fräser kann aber genauso leistungsfähig und haltbar sein wie ein billiger hartmetallbestückter Fräser.

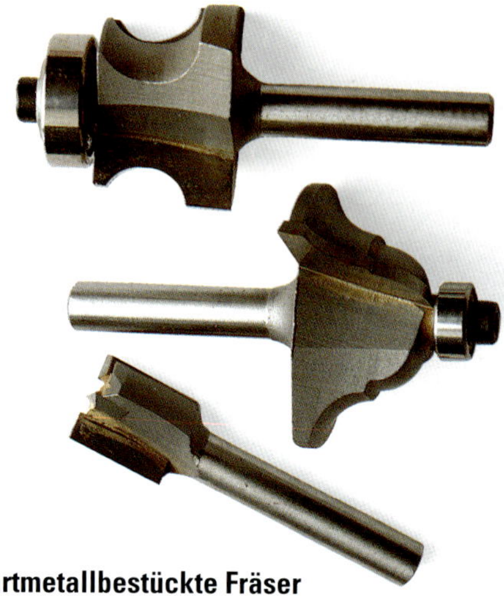

Hartmetallbestückte Fräser
Bei guter Pflege sind hartmetallbestückte Fräser, deren Schneidkanten auf vorgeschliffene Stahlrohlinge hartgelötet sind, für die meisten Fräsarbeiten gut geeignet. Sie bleiben länger scharf als entsprechende HSS-Fräser, sind aber schwieriger nachzuschärfen. Am besten zieht man sie mit einem feinen Diamant- oder Keramikschleifstein ab. Bei Fräsarbeiten, bei denen die Fräser stark beansprucht werden, z.B. beim Fräsen in Plattenmaterial, sollten Sie nur hartmetallbestückte oder Hartmetallfräser verwenden.

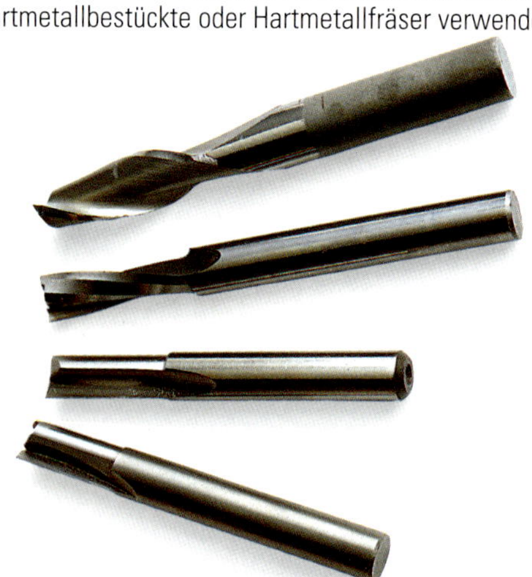

Hartmetallfräser
Wolframkarbidfräser (Hartmetallfräser) haben im Allgemeinen einen kleinen Durchmesser, da das Material teuer und das Hartlöten der Hartmetallschneiden sehr aufwendig ist.

HSS-Fräser
HSS-Fräser werden aus massivem Hochleistungsschnellstahl gefertigt, wobei der Keil- und der Freiwinkel direkt an den Stahlrohling geschliffen werden. Diese Fräser lassen sich mit einem einfachen Ölstein hervorragend schärfen. Auf qualitätvollem Weichholz und einigen Hartholzarten erreichen Sie mit diesen Fräsern eine ausgezeichnete Oberflächenqualität. HSS-Fräser sind besonders für feine, detailreiche Profile und präzise Zinkenverbindungen geeignet.

HSSE-Fräser
Fräser aus speziellem Hochleistungsschnellstahl werden zum Fräsen, Bohren und Langlochfräsen von Metallen, PVC-Kunststoffen und dichtem Hartholz verwendet. Die Fräser schneiden sauber und sind widerstandsfähig gegen abstumpfende eloxierte Oberflächen. Beim Fräsen wird ein Kühl- und Schmiermittel verwendet und das Werkstück muss sicher fixiert sein.

Fräser mit austauschbaren Klingen
Eine Innovation sind Fräser mit austauschbaren Hartmetallklingen. Die Klingen werden von kleinen Schrauben gehalten und sind an allen vier Kanten geschliffen. Wenn das erste Schneidkantenpaar stumpf geworden ist, können Sie die Klinge einfach umdrehen und weiterverwenden. Bündigfräser mit abgewinkelten austauschbaren Klingen sind besonders für kunstharzverleimtes Material geeignet, da bei dessen Bearbeitung die Schneiden schnell stumpf werden (siehe Seite 23).

Verwendung von Fräsern mit austauschbaren Klingen
Fräser mit austauschbaren Klingen sind für den professionellen Gebrauch in Stand- und Tischunterfräsen bestimmt. Die Klingen können auf der Werkbank gewechselt oder ersetzt werden. Dabei muss der Fräser nicht einmal aus der Fräse genommen werden, so dass die Einstellungen der Maschine nicht verändert werden müssen. Zum Tauchfräsen sind einschneidige Fräser mit austauschbarer Klinge besser geeignet als die zweischneidige Version.

Fräsgeschwindigkeiten

Zwei Faktoren bestimmen die Geschwindigkeit beim Fräsen: die Anzahl der Schneidkanten und die Drehzahl des Motors.

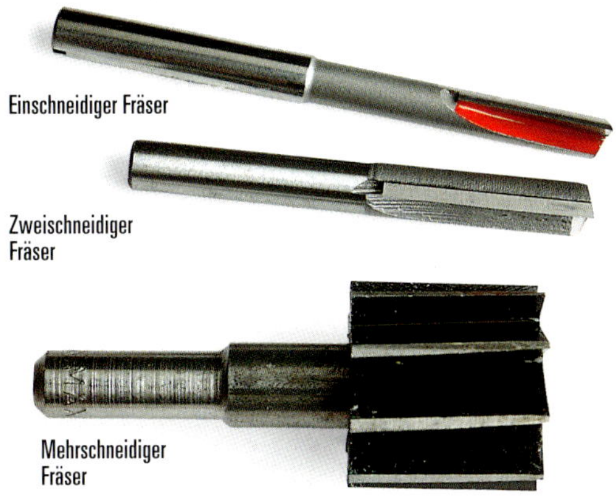

Einschneidiger Fräser
Bei einschneidigen Fräsern ist ein schneller Vorschub möglich. Sie werden im Allgemeinen für Schrupparbeiten verwendet, da die niedrigere Fräsgeschwindigkeit (im Gegensatz zum hohen Vorschub) eine weniger glatte Oberfläche hinterlässt.

Zweischneidige Fräser
Bei zweischneidigen Fräsern, die für die meisten Holzarbeiten verwendet werden, verdoppelt sich die Fräsgeschwindigkeit. Ein Fräser, der mit 22 000 U/min rotiert, hebt 44 000 mal pro Minute einen Span ab.

Mehrschneidige Fräser
Mehrschneidige Fräser arbeiten ähnlich wie eine Rundfeile und werden in langsam laufenden Maschinen (maximal ca. 3000 U/min) verwendet. Ihr Spanauswurf ist gering, daher können sie nur verhältnismäßig langsam durch das Werkstück geschoben werden. Solche Fräser dürfen Sie keinesfalls in Hochgewindigkeitsfräsen verwenden.

Sichere Arbeitsgeschwindigkeiten
Die meisten Fräser arbeiten auch bei maximaler Umdrehungszahl (20 000–30 000 U/min) absolut sicher. Fräser mit einem Durchmesser von mehr als 40 mm sollten allerdings nur in Tischunterfräsen oder in einem Fräsständer verwendet werden.
Richtwerte für die Maximalumdrehungszahl sind: für Fräser mit einem Durchmesser zwischen 50 und 63 mm 18 000 U/min, für Fräser mit einem Durchmesser zwischen 63 und 75 mm 16 000 U/min und für Fräser zwischen 75 und 89 mm 12 000 U/min. Beachten Sie in jedem Fall die Herstellerangaben.

Gerade Nutfräser

Gerade Fräser mit parallelen Schneiden werden am häufigsten zum Fräsen von Nuten, Langlöchern und Aussparungen verwendet. Sie können jedoch auch zum Fräsen von Zapfenlöchern, zum Bündigfräsen und zum Fräsen mit einer Schablone verwendet werden.

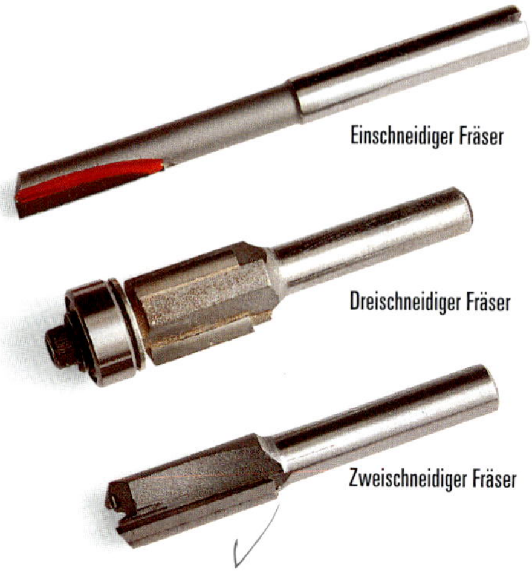

Einschneidige Fräser

Einschneidige gerade Fräser sind am besten geeignet, um schnell zu fräsen. Die einzige Kehle sorgt für einen schnellen Auswurf der Späne und ist damit gut zum Tauchfräsen geeignet. Fräser mit einem kleinen Durchmesser sind ideal zum Vorhobeln von Kanten oder zum Vorprofilieren.

Zweischneidige Fräser

Zweischneidige gerade Fräser werden bei den meisten Fräsarbeiten, einschließlich dem Bündigfräsen von Kanten sowie beim Falz- und Nutfräsen verwendet. Mit diesen Fräsern erreicht man eine feinere Oberfläche, als mit einschneidigen Fräsern. Die Späne werden allerdings nicht so schnell ausgeworfen, so dass ein langsamerer Vorschub nötig ist. Die meisten zweischneidigen Fräser sind stirnschneidend und damit auch zum Tauchfräsen geeignet.

Dreischneidige Fräser

Dreischneidige gerade Fräser heben sehr feine Späne ab und werden zum Feinfräsen eingesetzt. Es gibt sie auch mit einem großen Durchmesser und tiefen Kehlen, in denen sich die Frässpäne nicht so leicht ansammeln.

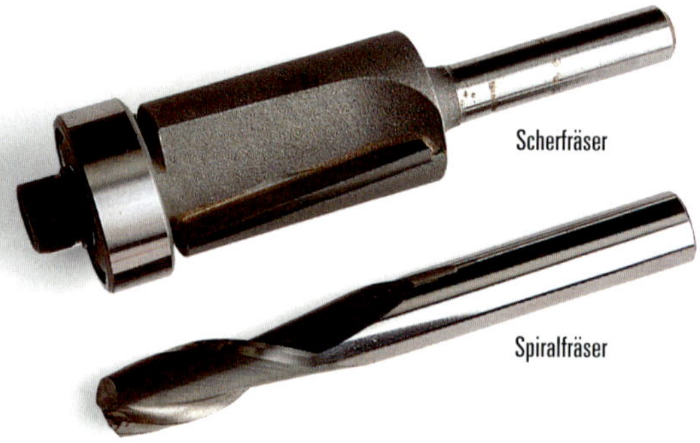

Scherfräser

Scherfräser haben leicht abgewinkelte Schneidkanten, die abwärts gerichtet und schälend schneiden. Dies verhindert ein Ausreißen der Holzfasern entlang der Schnittkante und man bekommt eine saubere, scharfe Kante. Scherfräser eignen sich ideal zum Bündigschneiden von Furnier, da sie sauberer schneiden als Fräser mit vertikalen Schneiden.

Spiralfräser

Diese Fräser haben ähnlich wie ein Bohrer eine oder zwei spiralförmige Kehlen und eignen sich besonders für kleine Zapfenlöcher und Einlassöffnungen. Sie schneiden entweder aufwärts oder abwärts (bei manchen Fräsern in einem Schritt): Aufwärts schneidende Spiralen befördern die anfallenden Späne schnell aus dem Fräsloch nach oben, während abwärts schneidende Spiralen, wie etwa Scherfräser, besonders saubere Kanten schneiden.
Spiralfräser zum Fräsen von Aluminium und anderen Metallen haben schärfer abgesetzte Kehlen als Holzfräser.

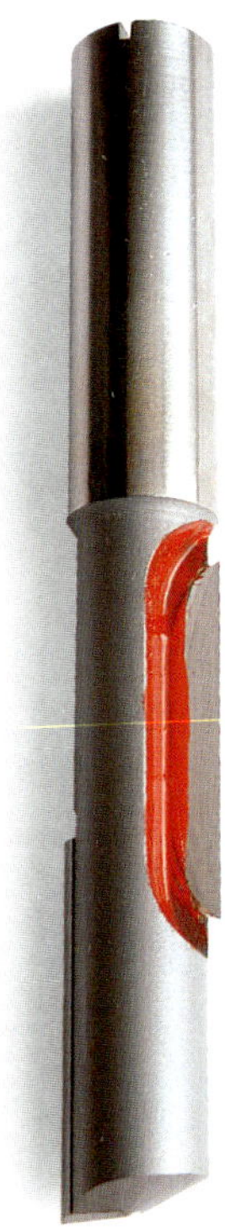

Langlochfräser

Langlochfräser mit großem Durchmesser werden für Tauchfräsarbeiten, für Schlitz-und-Zapfen-Verbindungen und zum Ausfräsen tiefer Öffnungen, etwa zum Einsetzen von Türschlössern, verwendet. Die starken, zueinander versetzten Schneiden sorgen für einen guten Abtransport der Späne, so dass der Langlochfräser genauso gut zum Grundschneiden mit einer Tauchfräse verwendet werden kann wie einschneidige Fräser. Obwohl der Langlochfräser ziemlich robust ist, sollten Sie die Schnitte in mehreren Arbeitsschritten ausführen, damit sich der Fräser im Werkstück nicht festfrisst.

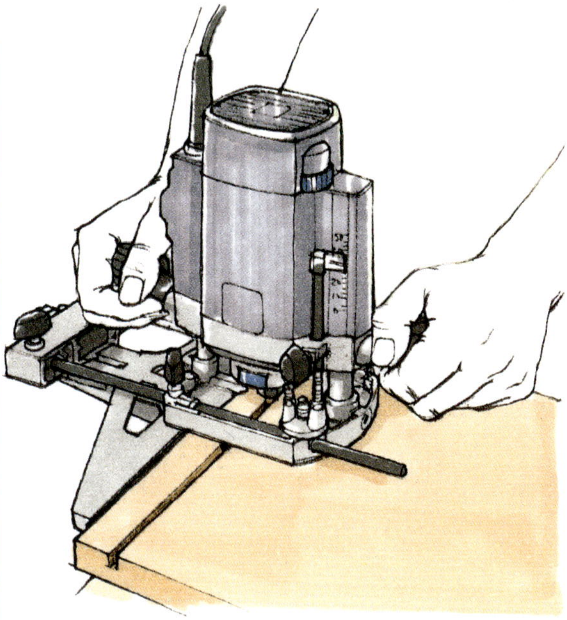

Der Einsatz gerader Nutfräser

Fräsen Sie stets in mehreren Schritten, damit die Schneidkanten nicht zu heiß werden und die Holzoberfläche nicht versengt wird. Wenn Sie eine leichte oder mittelschwere Fräse und Fräser mit einem Schaftdurchmesser von 6–8 mm verwenden, fräsen Sie in Schritten von jeweils höchstens 3 mm, bis Sie die gewünschte Tiefe erreicht haben.

Fräsen von Kunststoffen

Wenn Sie sorgfältig vorgehen, können Sie Kunststoff und Acrylglas mit den meisten zweischneidigen Spiral- und Scherfräsern bearbeiten. (Dafür gibt es auch speziell geschliffene Fräser.)

Zuvor sollten Sie ein nicht haftendes trockenes Schmiermittel über die zu fräsende Nutlinie sprühen, damit Späne nicht in der Nut oder am Fräser hängen bleiben. Fräsen Sie mit niedriger Drehzahl, damit sich das Material nicht überhitzt und entlang der Schnittlinie nicht splittert.

Selbst gefertigte Auflagebrücken

Selbst gefertigte Einspannvorrichtungen stützen die Fräse und ermöglichen Ihnen das sichere Führen. So können Sie auch mit einem geraden Fräser Fasen und Abschrägungen schneiden oder Zapfenlöcher und Nuten in einem bestimmten Winkel in eine Fläche oder ein rundes Werkstück fräsen. Wenn Sie eine Einspannvorrichtung verwenden, bei der der Fräser in einer Führung läuft, müssen Sie sicherstellen, dass die Späne schnell ausgeworfen werden können.

Ein Zapfenloch in einen Rundstab fräsen

Fertigen Sie eine Auflagebrücke aus Holzblöcken und MDF und klemmen Sie sie um den Rundstab. Senken Sie den Fräser durch den in die MDF-Platte geschnittenen Schlitz ab, der auch die Länge des Zapfenlochs vorgibt.

Kerben über Eck in ein Vierkantholz fräsen

Fertigen Sie eine ähnliche Auflagebrücke, um Kerben über Eck in ein Vierkantholz zu fräsen.

Überbrücken einer unregelmäßig geformten Oberfläche

Eine noch einfachere Auflagebrücke wird verwendet, um in eine ungleichmäßig geformte Oberfläche mit einem geraden Fräser eine abgesetzte Nut zu schneiden.

Bündigfräser

Wenn Sie Furniere oder die Decklage von Schichthölzern mit einer Fräse bündig schneiden, erhalten Sie rechtwinklige Kanten zur Oberfläche des Werkstücks. Auch das Herausbrechen von Spänen wird weitgehend verhindert. Bündigfräser gibt es zwei- und dreischneidig. Die dreischneidige Version schneidet eine noch genauere und sauberere Kante.
Die meisten Bündigfräser haben einen Kugellageranlaufring. Bei Fräsern ohne Führung wird ein Parallelanschlag verwendet.
Mit einem Bündigfräser können Sie entweder feine Späne von der Deckschicht und der Trägerplatte zusammen wegfräsen oder nur die Deckschicht mit der fertigen Kante der Platte bündig schneiden.

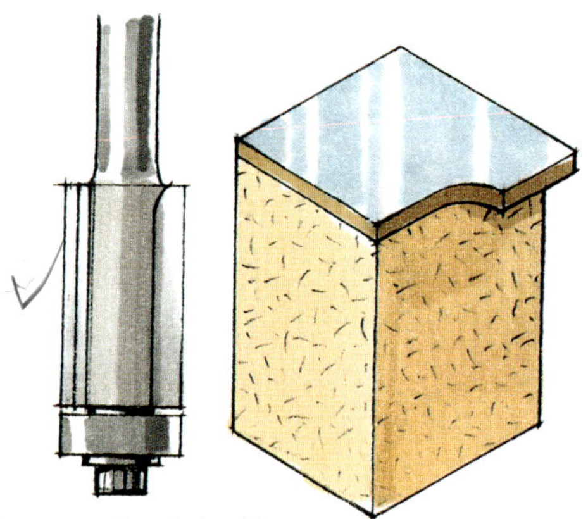

Durchmesser der Anlaufringe
Beim Bündigfräsen muss der Anlaufring denselben Durchmesser haben wie der Fräser. Für Präzisionsarbeiten verwendet man einen Anlaufring, der etwas stärker ist als der Fräser, damit die fertige Kante nicht beschädigt wird.

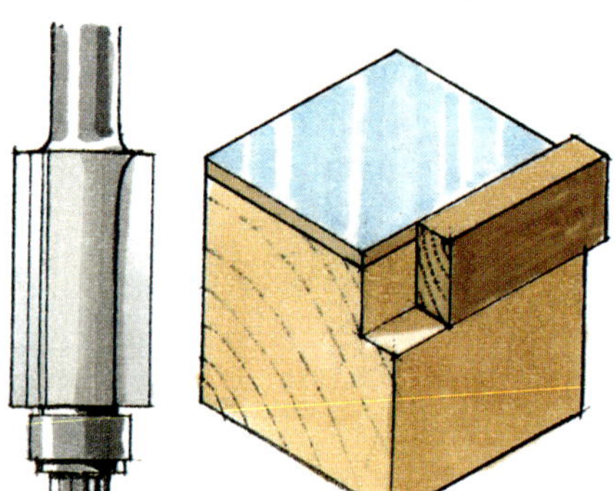

Anlaufringe mit kleinerem Durchmesser
Mit einem Anlaufring, der kleiner ist als der Fräserdurchmesser, können Sie eine Kante bündig schneiden und gleichzeitig einen Falz fräsen, um eine Zier- oder Schutzleiste anzubringen.

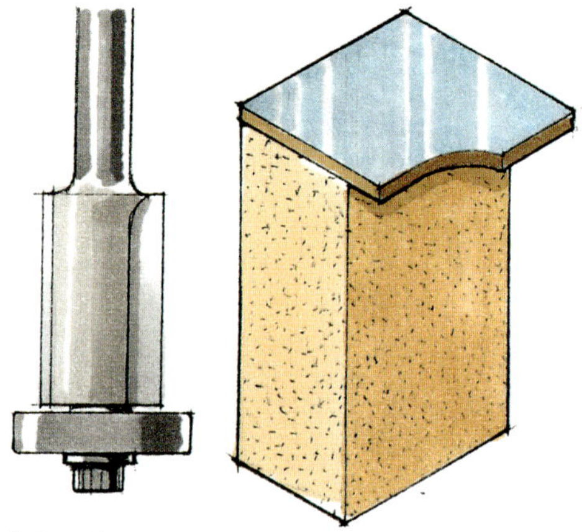

Bündigfräser für überstehende Beschichtungen
Kunststofflaminate und andere Oberflächenbeschichtungen lassen Schneiden schnell stumpf werden. Um die Lebensdauer ihres Bündigfräsers zu erhöhen, verwenden Sie einen speziellen zweischneidigen Fräser mit einem größeren Anlaufring. Mit diesem Fräser kürzen Sie das überstehende Material zunächst auf 3 mm.

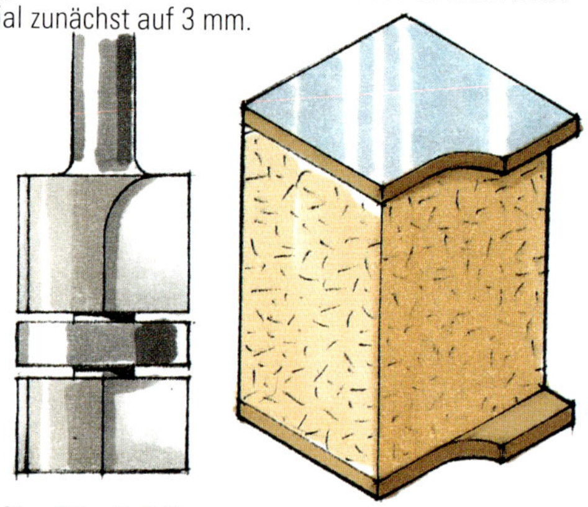

Doppelter Bündigfräser
Mit einem doppelten Bündigfräser können Sie die Kanten der Ober- und Unterseite einer Schichtholzplatte in einem Durchgang bündig fräsen. Ein solcher Fräser besteht aus einem Anlaufkugellager, das zwischen zwei Fräsmessern liegt.

Fräser für Massivholzleisten
Massive Kantenleisten werden mit einem dreischneidigen Fräser bündig geschnitten. Bei manchen dieser Fräser sind die Ecken der Schneidkanten abgeschrägt, damit die Oberfläche des Werkstücks nicht beschädigt wird.

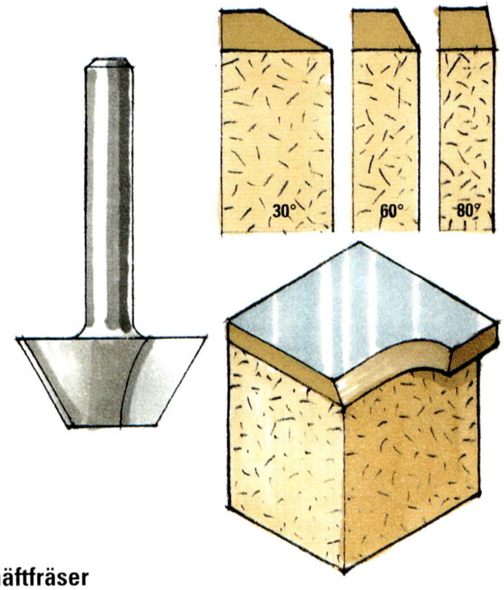

Schäftfräser

Schäftfräser entfernen den scharfen Grat an den Kanten von Schichtholzplatten. Die Fräser sind in einem Winkel von 30–80° abgeschrägt und erzeugen eine breite abgeschrägte Fase. Schäftfräser sind in einfacher Ausführung oder mit Anlaufring erhältlich.

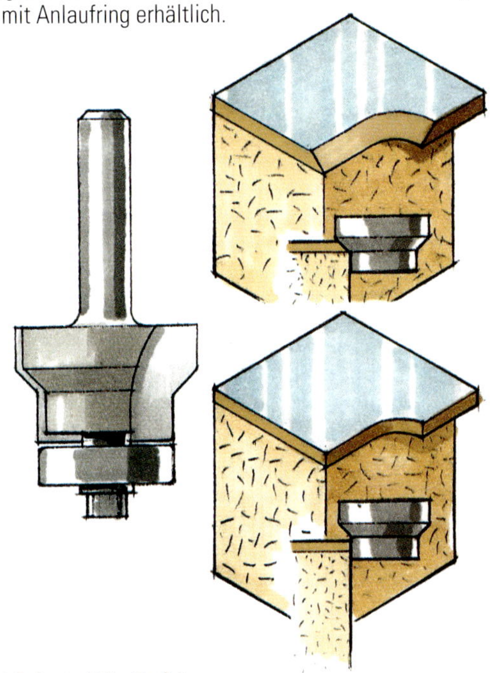

Kombinierte Bündigfräser

Kombinierte Bündigfräser, die auch mit Anlaufringen ausgestattet sein können, haben sowohl abgeschrägte Schneidkanten als auch parallele Schneidkanten zum Bündigfräsen. Je nachdem, wie tief Sie den Fräser ansetzen, ergibt sich ein bestimmtes Kantenprofil. Beim Fasenfräsen in Massivholz sollten Sie einen kombinierten Bündigfräser nicht verwenden, da er nicht über den erforderlichen Freiwinkel verfügt. Für diese Arbeiten sind Fasen- oder V-Nutfräser besser geeignet (siehe Seite 25).

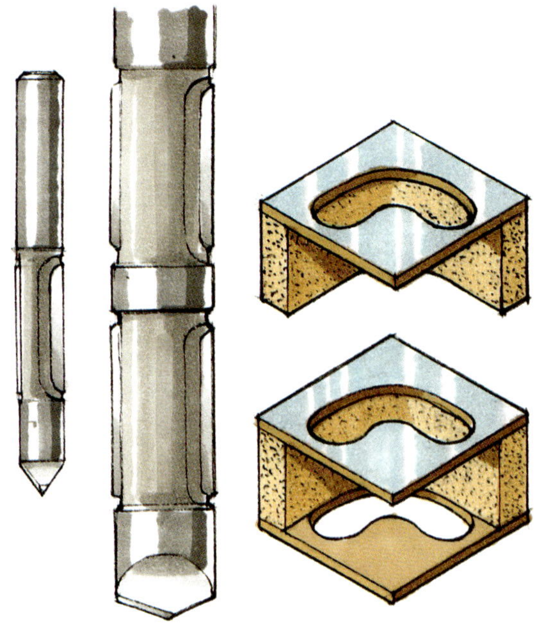

Einstichfräser

Einstichfräser werden verwendet, um in eine Platte Ausschnitte für Einsätze wie Spülbecken und Kochmulden zu fräsen. Schneiden Sie die Einsetzöffnung in die Trägerplatte, bevor Sie die obere Deckschicht oder das Oberflächenfurnier aufbringen. Bohren Sie mit der Bohrspitze des Fräsers durch die freitragende Deckschicht und fahren Sie mit der Führungsspitze an der Innenkante der Einsatzöffnung entlang. Mit einem doppelten Bündigfräser können Sie die obere und untere Deckschicht gleichzeitig bündig fräsen.

Entfernen von überschüssigem Klebstoff

Lassen Sie Schicht- oder Furnierklebstoff durchtrocknen, bevor Sie einen Bündigfräser mit Anlaufring verwenden, da sonst das Anlaufkugellager verklebt. Darüber hinaus sollten Sie Leimreste von der Trägerplatte und vom überstehenden Rand der Deckschichten entfernen. Andernfalls können Anlaufring, Parallelanschlag oder andere Führungen nicht parallel zur Holzkante geführt werden und Sie erhalten eine unebene Schnittkante.

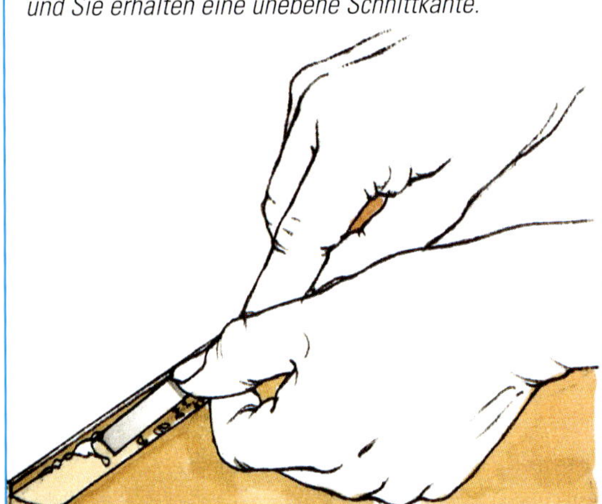

Profilfräser

Profile sind im Möbelbau und im Tischlerhandwerk häufig zu finden. Sie werden meist als Schmuck verwendet oder sollen Proportionen optisch verändern oder besondere Details betonen.

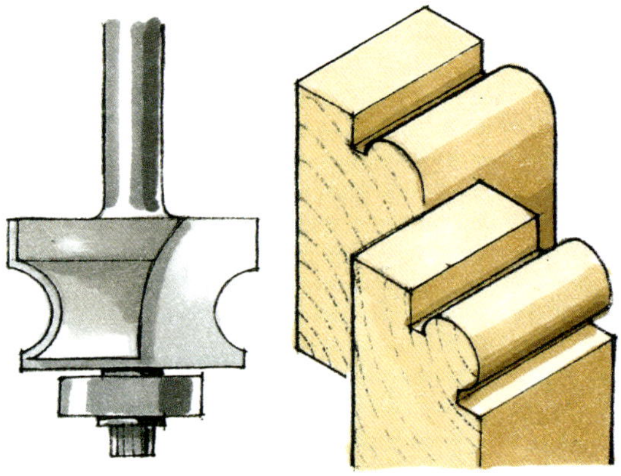

Eckrundstabfräser

Bei einem Eckrundstabfräser sitzt das Stabprofil tief auf der Schnittkante, so dass unten nur eine schmale Kante stehen bleibt. Stabprofile werden verwendet, um die Fügelinien bei Rahmen und Verkleidungen zu verdecken. So fasst ein Stabprofil etwa ein klassisches Schiebeflügelfenster ein und hält es in seinem Rahmen. Stabprofile können auch einen dekorativen Kontrast zwischen den abgefalzten aufeinander treffenden Flächen einer Doppeltür bilden. Um ein vollständiges Rundstabprofil herauszuarbeiten, fräsen Sie zunächst auf einer Seite des Werkstücks, drehen dann das Werkstück um und fräsen es auf der anderen Seite.

Kantenrundstabfräser

Kantenrundstabfräser erzeugen schmuckvolle Kantenprofile und werden häufig für Tischplatten und Stuhlbeine verwendet. Sie können mit einem Rundstabfräser auch einfache Fenstersprossen herstellen oder in Verbindung mit einem passenden Hohlkehlfräser ineinander greifende Breitenverbindungen fertigen.

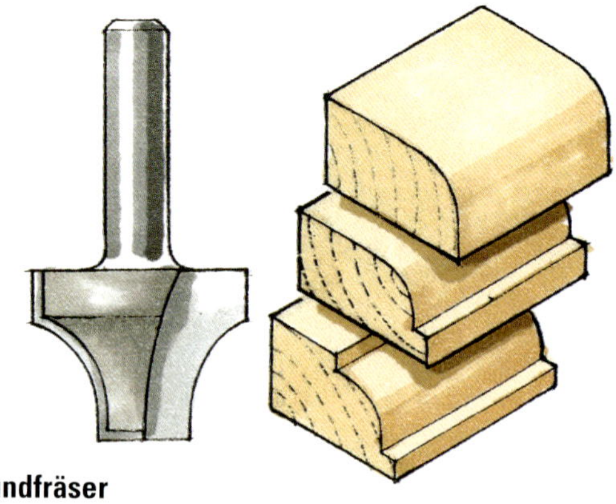

Abrundfräser

Ein Abrundfräser mit oder ohne Anlaufring fräst eine einfache Rundung an die Kante des Werkstücks. Je nach Einstellung der Fräse kann auch ein Absatz mit angeschnitten werden.

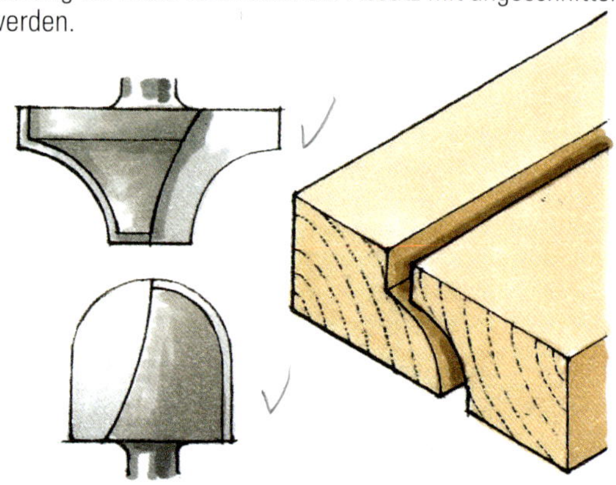

Konterprofilfräser

Mit diesen speziellen Profilfräsern können Sie ein Profil und sein negatives Gegenstück fräsen. Wenn Sie ergänzende Hohlkehl- und Abrundfräser verwenden, können Sie eine klassische Konterprofilverbindung für einen Tisch mit hochklappbarem Seitenteil herstellen. Mit einem Sprossenprofilfräser und seinem Gegenstück fräsen Sie Sprossen, Gleitleisten und Rahmen für Schiebefenster.

Zusammengesetzte Profile fräsen

Durch Kombinieren von Profilfräsern können Sie ein Profil variieren oder ein zusammengesetztes Profil fräsen.

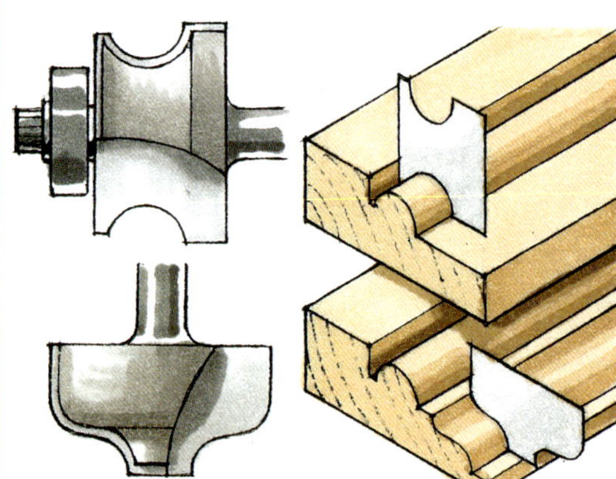

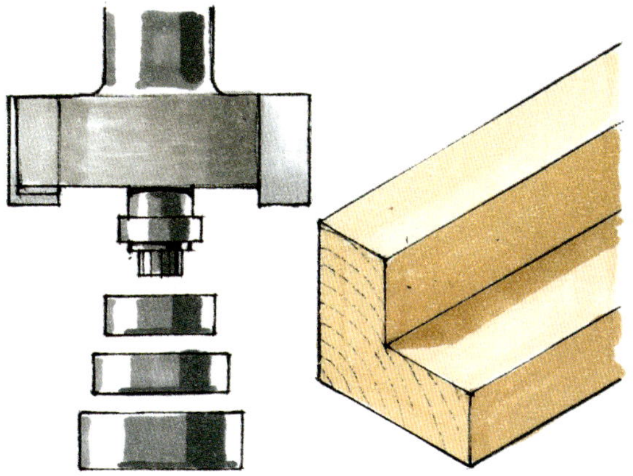

Falzfräser

Falze und Absätze entlang der Kante eines Werkstücks werden mit einem Falzfräser mit Anlaufkugellager gefräst. Ein Falzfräser ist sowohl umfangs- als auch stirnschneidend. Die maximale Falztiefe hängt davon ab, wie weit der Fräser über die Grundplatte der Fräse hinausragen kann. Ein Fräser mit einem 6 mm starken Schaft schneidet im Allgemeinen bis zu etwa 12 mm tief. Die maximale Breite eines Falzes ist gleich dem Radius des Fräsers minus dem Außenradius des Anlaufrings. Sie können die Falzbreite verändern, indem Sie einen anderen Anlaufring wählen.

Auf einen Dorn gesetzte Scheibennutfräser

Scheibennutfräser, die auf einem Gewindedorn befestigt sind, bestehen aus dünnen Stahlscheiben, die mit einem oder mehreren Hartmetallzähnen bestückt sind. Sie sind in unterschiedlichen „Blattstärken" erhältlich und werden zum Fräsen von Schlitzen und Nuten verwendet.
Diese Art Fräser gibt es in Durchmessern von bis zu 100 mm. Beim Handfräsen sollten Sie jedoch nur Fräser mit einem Durchmesser von maximal 50 mm einsetzen.
Montieren Sie die Fräser sorgfältig und überprüfen Sie, ob Sie die Messer richtig herum eingesetzt und festgezogen haben. Ansonsten kann sich der Dorn im Bohrloch mitdrehen.
Sie können bei diesen Fräsern genaueste Maße einstellen, indem Sie Zwischenringe, Beilagscheiben und Anlaufringe auf dem Dorn anbringen. Auf diese Weise können Sie auch das Kantenprofil variieren und die Position der Führungskante verändern.

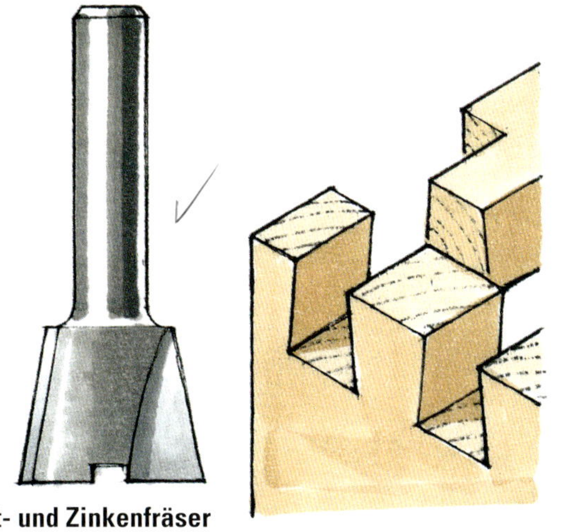

Grat- und Zinkenfräser

Grat- und Zinkenfräser werden im Möbelbau verwendet. Sie schneiden sowohl die Zinken als auch die Schwalbenschwänze für Zinkenverbindungen. Mit Zinkenschablonen und -fräsern können Sie offene und einseitig verdeckte Zinkenverbindungen für Schubladen und Kisten fertigen. Auch kompliziertere Schwalbenschwanzverbindungen auf Gehrung sind möglich.

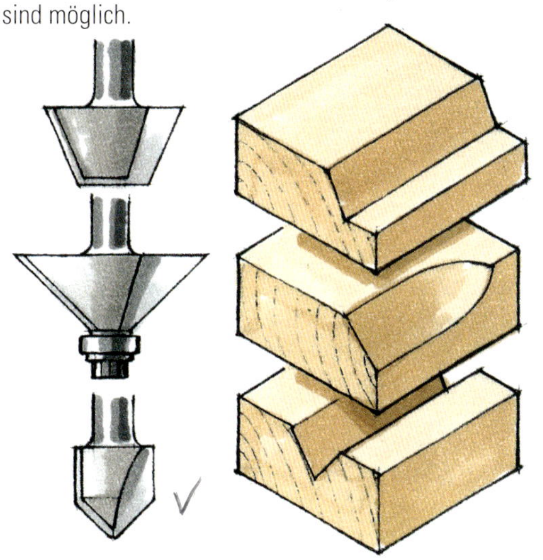

Schäft-, Fasen- und V-Nutfräser

Abgeschrägte einfache Fräser oder Fräser mit Führung werden verwendet, um dekorative Fasen sowie abgesetzte Fasen und Schäfte an eine Werkstückkante zu fräsen. Diese Fräser haben einen Winkel zwischen 25 und 60°. Bei abgesetzten Fasen klemmen Sie entsprechende Anschläge an das Werkstück.
Mit speziellen Schäftfräsern in einer Breite von bis zu 40 mm können Sie abgefaste Architrave und Fußleisten anfertigen sowie die Winkel für Segmentkonstruktionen anfräsen. Auch Pfeiler und Säulen für facettierte und gedrehte Arbeiten lassen sich mit dieser Art Fräser bearbeiten. Verwenden Sie Fräser dieser Breite aber nur in Tischstandfräsen. Kleine V-Nutfräser werden zum Flachrelieffräsen und Schriftenfräsen verwendet.

Profilfugenfräser

Profilfugenfräser dienen zur Herstellung von Profilrahmen für Kassettentürfüllungen. Zwei Fräsmesser mit einem dazwischen liegenden Anlaufring fräsen die Profilfuge und eine kurze Feder an die Kante. Dieselben Fräsmesser können Sie auch andersherum auf dem Dorn anbringen und damit die passende Nut und eine Feder mit dem Konterprofil fräsen. Wenn Sie die Feder in die Nut leimen, ermöglicht die Profilfuge eine stumpfe Stoßverbindung zwischen Sprossenende und Holmkante. Mit Profilfugenfräsern können Sie auch gerade oder gekrümmte Türsprossen fertigen. Profilfugenfräser sind nur für Fräsen geeignet, die in einen Fräsständer oder einen Frästisch eingesetzt sind. Um Nut und Feder an gekrümmte Leisten zu fräsen, müssen Sie Halterungen verwenden, die das Werkstück sicher fixieren (siehe Seite 75).

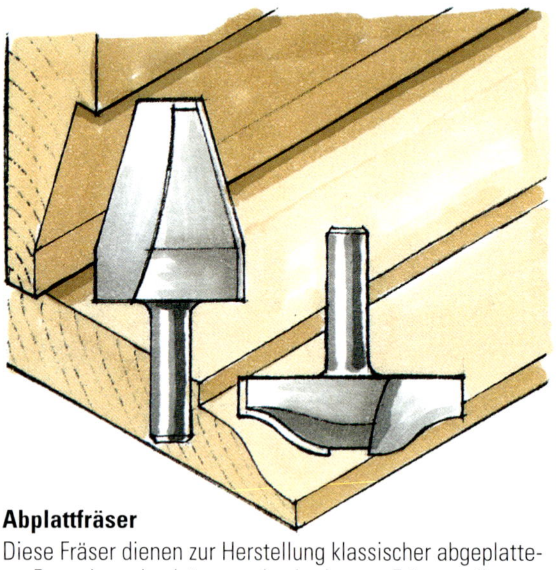

Abplattfräser

Diese Fräser dienen zur Herstellung klassischer abgeplatteter Paneele und gehören zu den breitesten Fräsern, die es gibt. Abplattfräser gibt es als waagerechte Fräser mit großem Durchmesser und senkrechte Fräser mit kleinerem Durchmesser. Die breiten Fräser dürfen nur in Standfräsmaschinen verwendet werden, die schmalen können Sie auch in Handfräsen einsetzen.

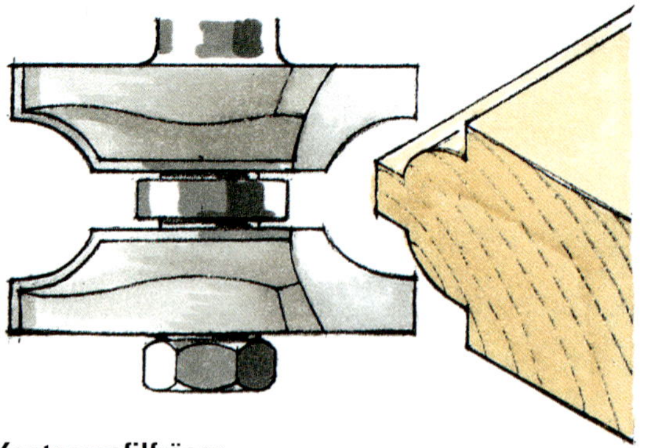

Kantenprofilfräser

Diese Fräser bearbeiten die Kanten von Ober- und Unterseite in einem Arbeitsgang. Führen Sie das Werkstück entweder an einem Tischlineal entlang oder verwenden Sie eine Handfräse. Hier verwenden Sie den Parallelanschlag oder setzen einen Fräser mit einem Anlaufring ein, der zwischen den Fräsmessern auf den Gewindedorn montiert ist.

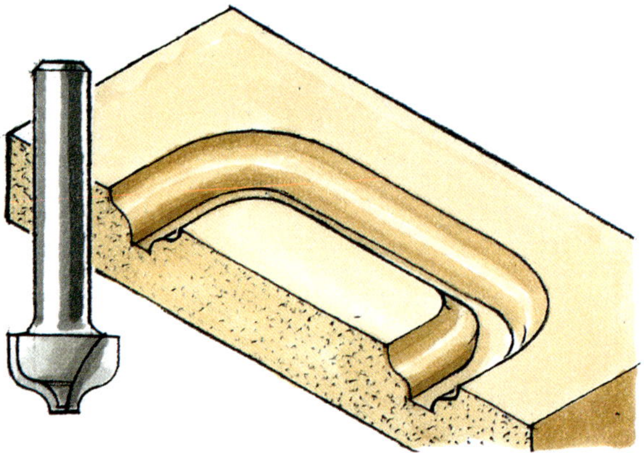

Oberflächenprofilfräser

Mit diesen Fräsern lassen sich klassische Türfüllungen imitieren. Das Profil wird hier jedoch in Schranktüren und Schubladenfronten aus Massivholz oder Holzwerkstoffplatten geschnitten.

Verwendung von Profilfräsern

Sie können zwar bei den ersten Fräsdurchgängen verhältnismäßig tief schneiden, sollten jedoch nicht zu viel Material auf einmal abnehmen, wenn die Schneidkanten über ihre gesamte Länge mit dem Holz in Berührung kommen.

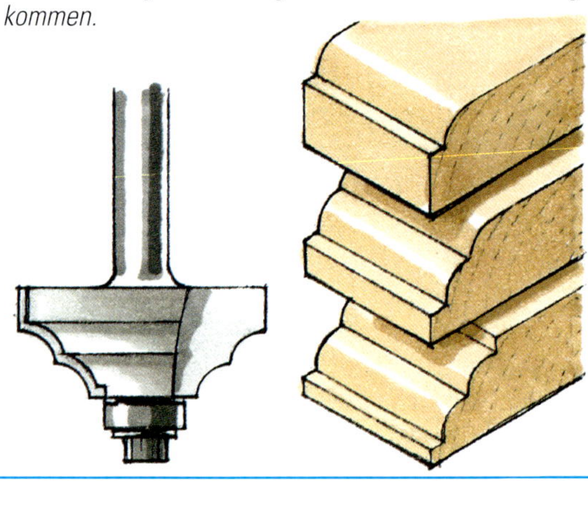

Pflege von Fräswerkzeugen

Nicht normaler Verschleiß, sondern Überhitzung ist die Hauptursache für das Stumpfwerden von Fräsern. Ist ein Fräser stumpf, sollte er nicht weiter verwendet werden, da der Stahl sonst seine Härte verliert und sich die Schnitthaltigkeit drastisch reduziert. Die häufigsten Ursachen für zu hohe Temperaturen sind Frässpäne, die sich zwischen den Schneiden des Fräsers festsetzen, und ein zu geringer oder unregelmäßiger Vorschub. Ein stumpfer Fräser hat viele Folgen: schlechte Oberflächenqualität, Ausreißen von Holzfasern, Brandspuren auf der Schnittfläche sowie eine Überlastung des Motors und der Lager.

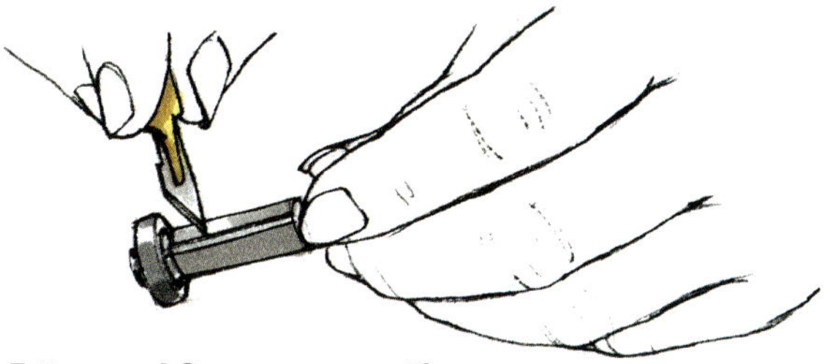

Fräser und Spannzange prüfen

Überprüfen Sie regelmäßig den Zustand Ihrer Fräser und halten Sie sie scharf. Entfernen Sie Harzreste und Sägemehl von den Schneidflächen und aus den Kehlen zwischen den Schneiden. Kratzer auf dem Fräserschaft deuten auf Schlupf in einer abgenutzten Spannzange hin.
Abgenutzte oder beschädigte Spannzangen lassen den Fräser verlaufen und beschädigen den Schaft. Die Oberflächen der Spannzange sollten glatt und gratfrei sein. Das Gewinde und die Sicherungsmutter sollten sich in gutem Zustand befinden. Achten Sie beim Anziehen der Spannzange darauf, dass das Gewinde nicht verkantet und überdreht wird.

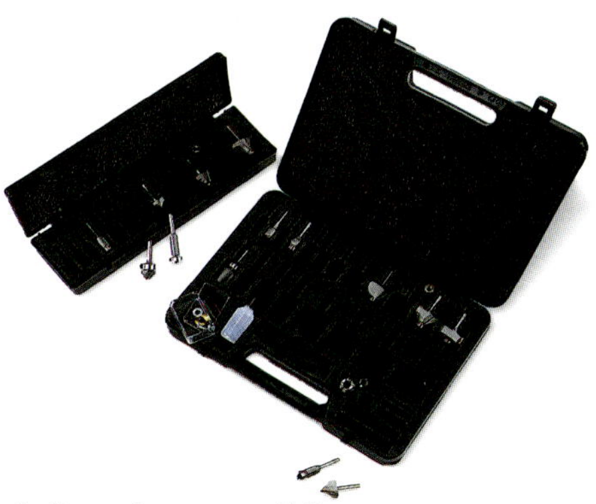

Aufbewahrung von Fräsern

Bewahren Sie Fräser in einem mit Schaumstoff ausgekleideten Kunststoffkoffer oder in einer Holzkassette mit speziellen Halterungen auf. Lassen Sie Ihre Fräser nicht auf der Werkbank liegen. Wenn Sie einen Fräser längere Zeit nicht benutzen, sprühen Sie ihn mit leichtem Öl oder einem Rostschutzmittel ein.

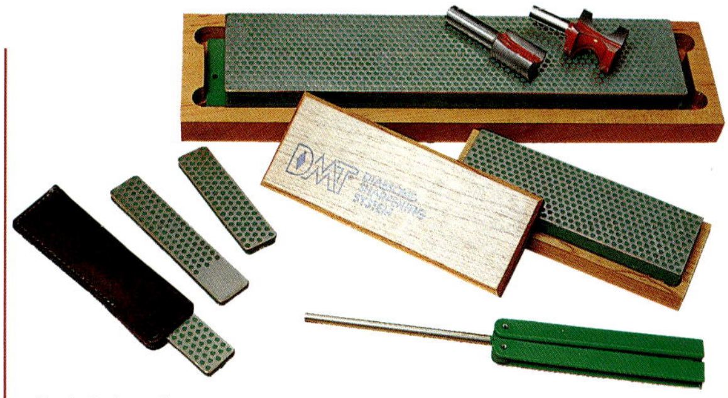

Schärfsteine

Zum Schärfen von HSS-Fräsern können Sie dieselben Ölsteine wie zum Schärfen von Stemm- und Hobeleisen verwenden. Hartmetallbestückte Fräser müssen auf harten Steinen wie einem Diamantstein trocken oder mit etwas Wasser abgezogen werden. Sie sollten immer einen Formstein zur Hand haben und die Schneiden regelmäßig auffrischen. Mit diesen Steinen können Sie auch HSS-Fräser schärfen.

Fräser überholen

Stark beschädigte Schneiden lassen sich, wenn überhaupt, nur schwer wieder herstellen. Kleine, flache Scharten können Sie beheben, indem Sie die Innenflächen leicht abziehen. Manche Fräser können Sie auch von einem Fachmann schärfen lassen.

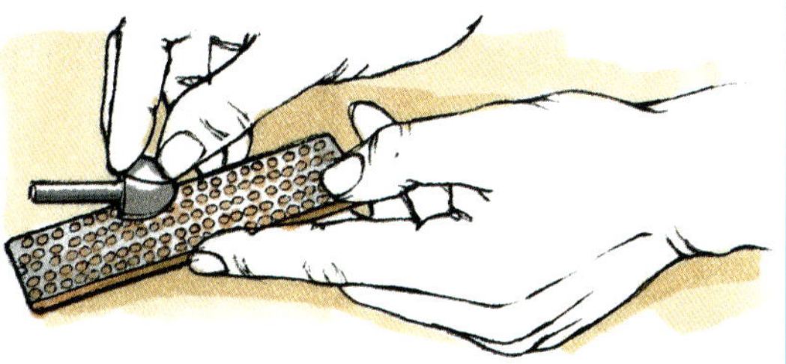

Schärfen der Schneiden

Ziehen Sie nur die flachen Seiten der Schneiden ab. Reiben Sie sie mehrmals flach auf dem Schärfstein vor und zurück. Ziehen Sie nie die abgeschrägten Kanten ab. Wenn Sie doppelgängige Fräser schärfen, ziehen Sie beide Kanten gleich ab. Wenn Schneiden nicht dasselbe Profil und die gleiche Größe haben, fräsen sie weniger effektiv.

Fräser mit eigener Führung schärfen

Achten Sie beim Schärfen eines Fräsers mit integriertem Führungszapfen darauf, dass Sie den Führungszapfen nicht an der Kante des Abziehsteins beschädigen. Nehmen Sie den Anlaufring vor dem Schärfen ab.

Spannzangen

Der Fräser wird in eine konische Spannzange am Ende der Frässpindel eingesetzt, die eine passende Kegelöffnung zur Aufnahme des Fräserschafts hat. Wird die Sicherungsmutter angezogen, drückt sie die geschlitzten Seiten der Spannzange zusammen und der Fräserschaft wird fest umschlossen. Die meisten Spannzangen sind für einen bestimmten Schaftdurchmesser ausgelegt. Es gibt jedoch auch Spannzangen, in die Fräser mit unterschiedlichem Durchmesser eingesetzt werden können. Spannzangen sind entweder feingeschliffen und mehrfach geschlitzt oder als einfach geschlitzter Konus erhältlich.

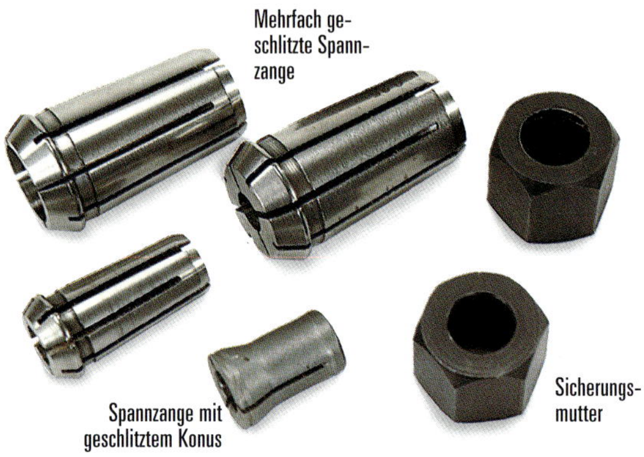

Mehrfach geschlitzte Spannzangen und Spannzangen mit geschlitztem Konus

Mehrfach geschlitzte Spannzangen umspannen den Fräser gleichmäßig und sorgen so dafür, dass er exakt mit der Spindelachse ausgerichtet ist. Spannzangen mit geschlitztem Konus haben weniger Schlitze und neigen dazu, den Schaft zu quetschen und einen leichten Grat zu bilden. Das kann dazu führen, dass der Fräser nicht mehr exakt ausgerichtet ist und die Fräse vibriert.

Reduzierhülsen

Sie können einen Fräser auch mit Hilfe einer Reduzierhülse einspannen. Dies ist eine günstige Möglichkeit, die Größe der Spannzange zu verringern. Solche Reduzierhülsen spannen den Fräser jedoch nicht immer sicher ein und können den Schaft beschädigen.

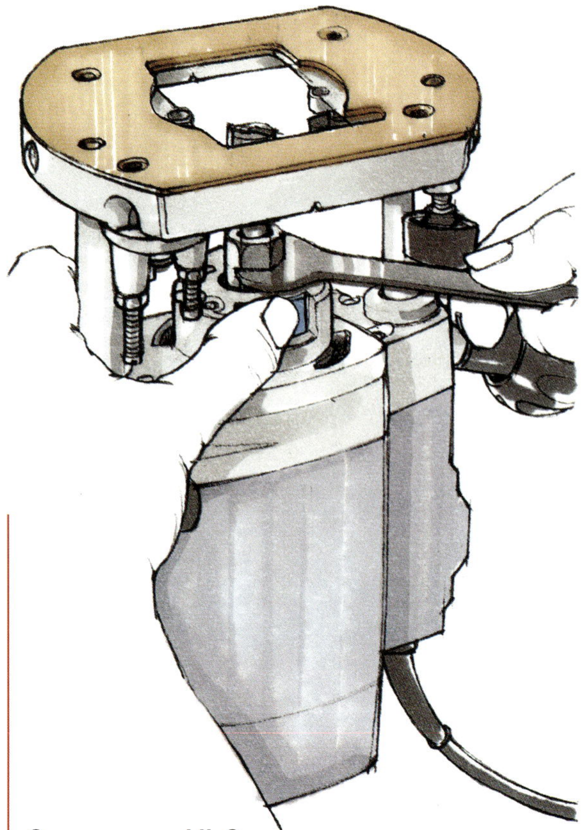

Spannzange schließen

Viele Fräsen verfügen über eine Spindelarretierung, die verhindert, dass sich die Frässpindel mitdreht, wenn Sie die Sicherungsmutter festziehen. Verwenden Sie einen passenden Schraubenschlüssel, um die Mutter nicht zu beschädigen. Achten Sie darauf, dass Sie das feine Gewinde der Sicherungsmutter nicht verkanten oder überdrehen. Manche Fräsen verfügen über eine Doppelsicherung, bei der sich die Sicherungsmutter schließt, noch einmal nachgibt und dann ein zweites Mal schließt. Bevor Sie die Fräse benutzen, sollten Sie sich vergewissern, dass die Sicherungsmutter fest angezogen ist.

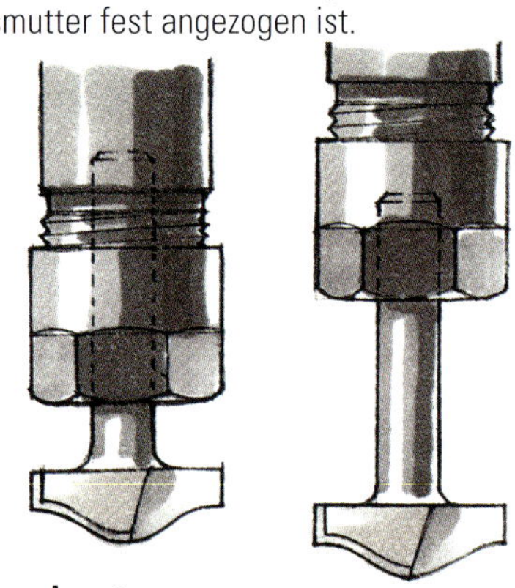

Fräser einsetzen

Der Fräserschaft sollte für jeden Schnitt mindestens zu zwei Dritteln fest in der Spannzange gehalten werden. Wenn Sie nur das Ende des Schafts einsetzen, kann sich der Fräser lösen und das Werkstück beschädigen. Darüber hinaus können die Spannzange oder der Schaft Schaden nehmen.

KAPITEL 3

Grundlagen

Bevor Sie eine Oberfräse benutzen, sollten Sie sich mit einigen wichtigen Grundlagen vertraut machen. Beschäftigen Sie sich vor Beginn der eigentlichen Arbeit mit dem Einstellen dieses komplexen und vielseitigen Werkzeugs und mit den verschiedenen Arten, die Fräse zu führen.

Inbetriebnahme und Einstellen der Fräse

Wie alle Holzbearbeitungsmaschinen muss eine Elektrooberfräse sorgfältig eingerichtet, geprüft und eingestellt werden, um gut damit arbeiten zu können. Ohne einige einfache Einstellungen erhalten Sie keine sauberen und genauen Schnitte. Es zahlt sich auf Dauer auch aus, sich eine gute Präzisionsfräse anzuschaffen. Billige Fräsen werden nicht immer mit der nötigen Sorgfalt montiert und sind häufig nicht sehr zuverlässig. Alle Bemühungen, eine solche Fräse genau einzustellen, sind dann meist vergeblich.

Eine neue Fräse prüfen

Lösen Sie zunächst die Spannzange und Sicherungsmutter. Schalten Sie dann die Fräse ein und prüfen Sie, ob der Motor vibrationsfrei läuft. Setzen Sie einen Fräser ein und führen Sie an einem Probestück einen Testlauf durch.

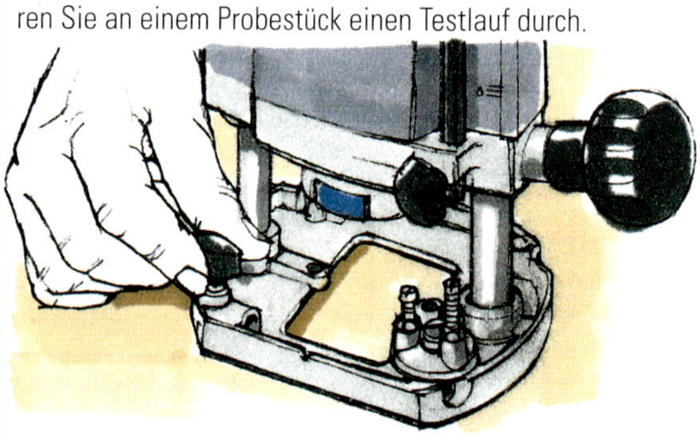

Klemmschrauben und Zubehör

Prüfen Sie, ob sich alle Klemmschrauben und anderen Gewinde problemlos anziehen und lösen lassen und sich keine Feilspäne auf dem Gewinde befinden. Prüfen Sie, ob alle Einzel- und Zubehörteile richtig zusammenpassen und sich sämtliche Bedienelemente leicht handhaben lassen.

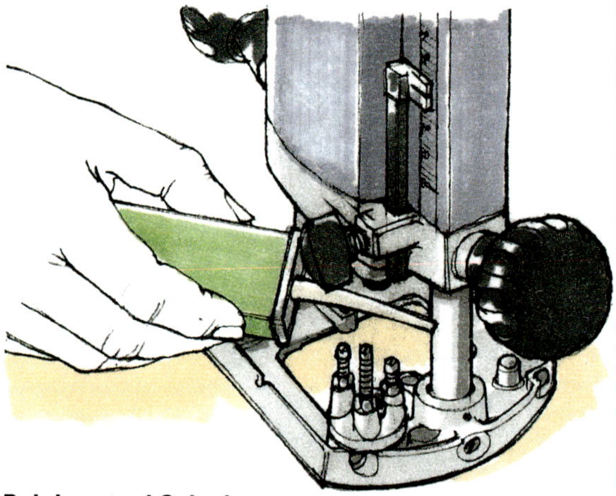

Reinigen und Schmieren

Wischen Sie gegebenenfalls Schutzfett von Spannzange, Spindel und Führungssäulen. Schmieren Sie die Fräse mit leichtem Maschinenöl, um Rost vorzubeugen und eine gute Funktion der Maschine zu gewährleisten.

Die Fräse führen

Unerfahrene Benutzer halten die Fräse häufig nicht fest genug und drücken sie stark auf das Werkstück. Dadurch wird jedoch eine seitliche Führung der Fräse erschwert und diese verläuft leicht. Halten Sie die Fräse fest, aber entspannt an den beiden Handgriffen und führen Sie sie gleichmäßig ohne anzuhalten durch das Werkstück. Werden Sie an Ecken oder bei anderen Richtungsänderungen nicht langsamer, da der Fräser sonst zu heiß wird und leicht Brandspuren auf dem Holz hinterlassen kann.

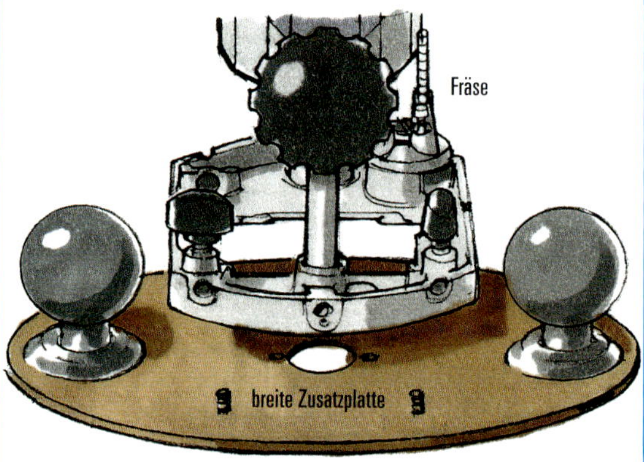

Seitliche Führung

Einige Tauch- und die meisten feststehenden Fräsen verfügen über relativ niedrig angebrachte Bediengriffe, die die Führung der Fräse erleichtern. Beim Freihandfräsen ist es jedoch besser, die Fräse an der Grundplatte zu halten oder, aus Sicherheitsgründen, an den seitlichen Griffen einer Zusatzplatte, die auf der Grundplatte angebracht wird. So kann die Fräse an einer Kante nicht so leicht kippen.

Tiefenanschläge einstellen

Alle Fräsen haben einen Tiefenanschlag bzw. eine Tiefenlehre. Dies kann ein einfacher Metallstab mit einer Klemmschraube sein oder auch ein Präzisionstiefenanschlag mit Skalenlupe und Feinjustierung. Mit Hilfe des Tiefenanschlags lässt sich die Frästiefe voreinstellen, so dass Sie Nuten und Vertiefungen mit einer gleichmäßigen Tiefe fräsen können.

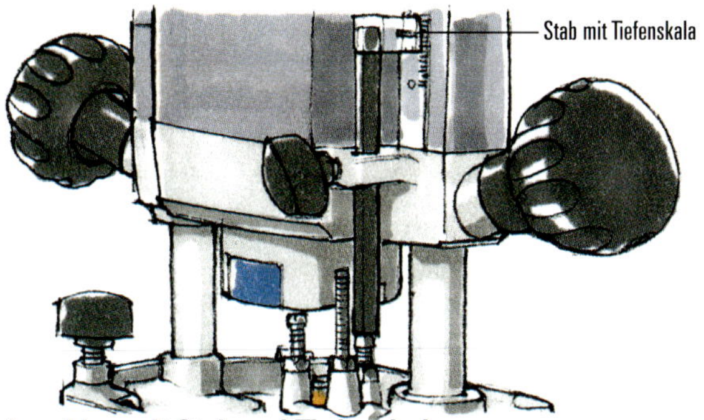

Anschlag mit Stab und Tiefenskala
Die einfachste Form eines Tiefenanschlags ist ein Stab, der mit Hilfe einer Skala am Motorgehäuse eingestellt wird. Die gewünschte Frästiefe wird über den Abstand zwischen der unteren Stabspitze und dessen Anschlag auf der Grundplatte der Fräse eingestellt.

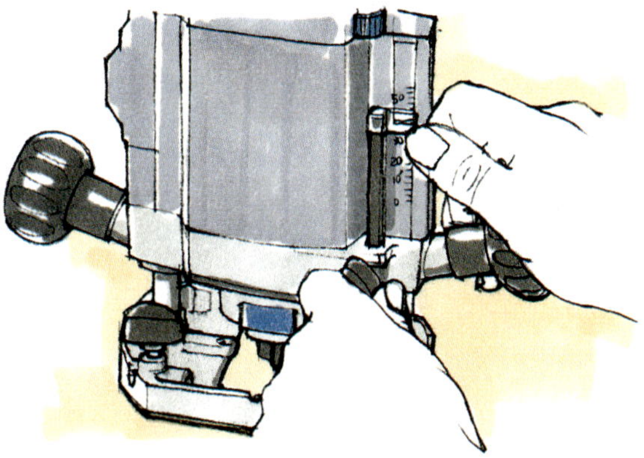

Tiefenanschlag einstellen
Bevor Sie den Tiefenanschlag einstellen, trennen Sie die Fräse von der Stromversorgung. Setzen Sie einen Fräser in die Spannzange ein und ziehen Sie die Sicherungsmutter an. Stellen Sie die Fräse auf eine ebene Fläche und drücken Sie das Motorgehäuse nach unten, bis der Fräser die Oberfläche berührt. Fixieren Sie ihn mit Hilfe der Tiefenarretierung in dieser Position. Schieben Sie den Stab bis zum Anschlag auf der Grundplatte nach unten. Orientieren Sie sich an der Tiefenskala und schieben Sie den Stab um die gewünschte Frästiefe nach oben. Ziehen Sie die Feststellschraube des Tiefenanschlags an. Lösen Sie die Tiefenarretierung und lassen Sie den Fräskorb langsam nach oben zurückfahren.

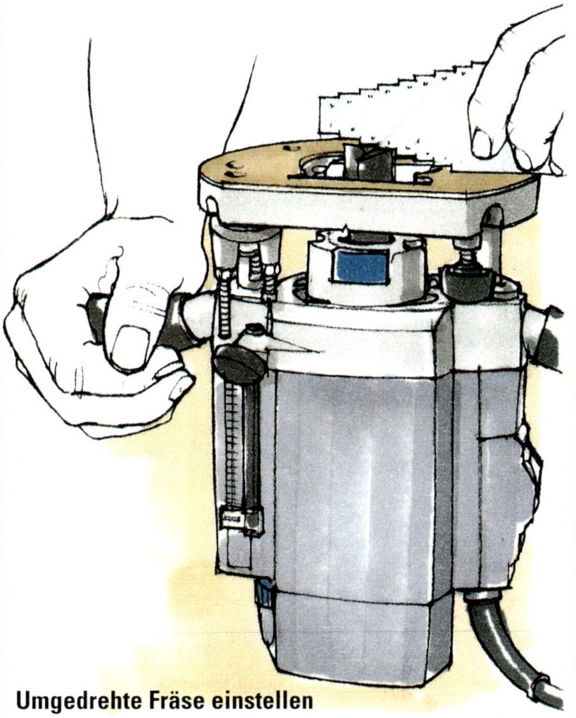

Umgedrehte Fräse einstellen
Sie können die Fräse auch umdrehen und, während Sie den Eintauchmechansimus betätigen, messen, wie weit der Fräser über die Grundplatte hinausragt. Beim gewünschten Maß arretieren Sie den Eintauchmechanismus und schieben den Stab bis zum Anschlag auf der Grundplatte nach oben.

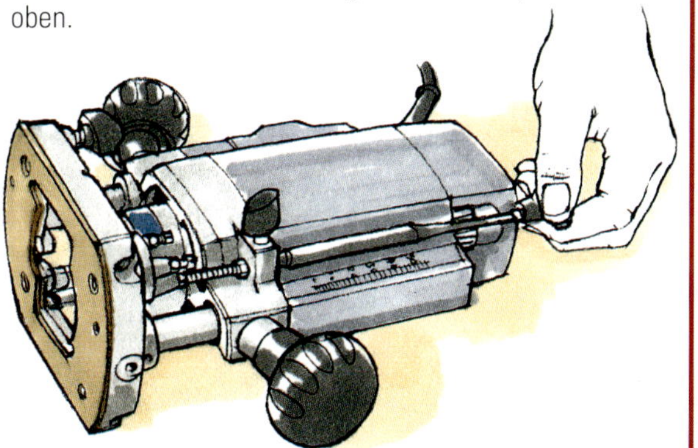

Feineinstellung der Tiefe
Manche Fräsen verfügen über eine Feineinstellvorrichtung für eine exakte Tiefeneinstellung. Diese ist entweder auf dem Stab der Tiefenarretierung aufgesetzt oder ersetzt den normalen Tiefenanschlag. Bei Verwendung dieser Feineinstellvorrichtung wird der Fräser nicht abgesenkt, die Frästiefe lässt sich über eine Schraube exakt einstellen. Solche Feineinstellvorrichtungen eignen sich besonders für Tischfräsen, bei denen der Fräskorb nicht abgesenkt wird.
Zur Feineinstellung legen Sie die Fräse auf die Seite (wenn sie nicht auf einem Tisch oder einem Ständer befestigt ist) und lösen dann die Tiefenarretierung. Drehen Sie die Schraube zur Feineinstellung so weit rein oder raus, bis der Fräser in der gewünschten Höhe über die Grundplatte herausragt. Fixieren Sie den Fräser mit der Tiefenarretierung, damit sich die Einstellung bei der Arbeit nicht verstellt.

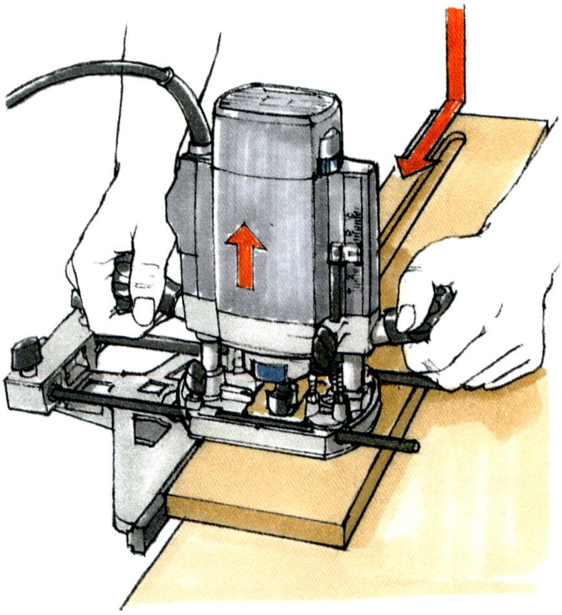

Auf eine bestimmte Tiefe fräsen

Wenn Sie eine Nut direkt ab der Werkstückkante fräsen, setzen Sie die Grundplatte der Fräse vorn auf das Werkstück, so dass der Rest der Grundplatte übersteht. Senken Sie den Fräser bis zur eingestellten Tiefe ab und fixieren Sie die Einstellung, bevor Sie die Maschine einschalten und den Fräser in das Holz führen.
Wenn der Schnitt fertig ist, lösen Sie die Tiefenarretierung, um den Fräser anzuheben, bevor Sie die Maschine ausschalten und vom Werkstück nehmen. Bei einer abgesetzten Nut schalten Sie die Fräse ein und senken den Fräser bis zur eingestellten Tiefe in das Werkstück ab. Fixieren Sie die Tiefeneinstellung und schieben Sie die Fräse dann durch das Holz.

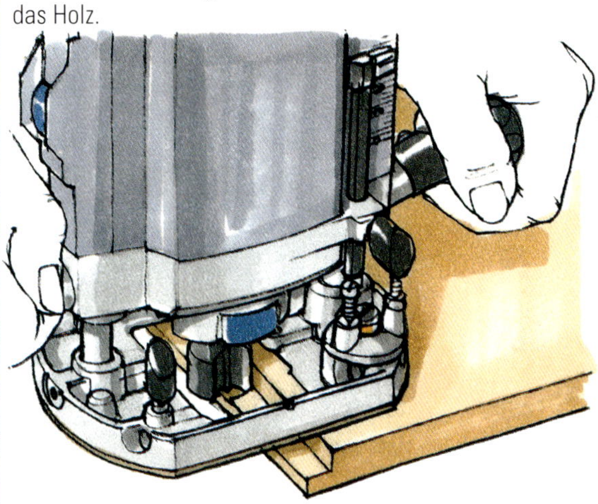

Tiefe Nuten fräsen

Um tiefe Schnitte in mehreren Schritten zu fräsen, stellen Sie den Tiefenanschlag zwischen jedem Fräsdurchgang neu ein (siehe rechts oben). Schalten Sie die Fräse immer aus, bevor Sie Einstellungen vornehmen, und achten Sie darauf, dass Sie den Seitenanschlag bzw. die Führung bei jedem Durchgang fest an derselben Kante entlangführen. Fräsen Sie in mehreren Schritten bis auf die gewünschte Tiefe. Um eine glatte Oberfläche zu bekommen, nehmen Sie beim letzten Durchgang maximal 1,5 mm Material ab.

Optimale Frästiefe

Beim Fräsen erzeugt die Reibung Wärme an den dünnen Schneiden des Fräsers. Zu hohe Temperaturen beeinträchtigen die Härte des Stahls und machen das Fräsmesser stumpf, was leicht zu Brandspuren auf der Holzoberfläche führen kann. Dies lässt sich vermeiden, indem Sie tiefere Schnitte in mehreren Schritten durchführen.
Prüfen Sie stets, ob die Frästiefe genau eingestellt ist. Führen Sie dazu einen Probeschnitt durch.
Mit leichten bis mittelschweren Fräsen für Schaftdurchmesser von 6 mm sollten Sie pro Fräsgang maximal auf eine Tiefe von 3 mm fräsen. Etwas mehr, 4–6 mm, sind mit einer 900-Watt-Fräse für Schaftdurchmesser von 8 mm möglich. Mit schweren Fräsen für Schaftdurchmesser von 12 mm können Sie bis auf eine Tiefe von 6–8 mm fräsen, ohne dass Probleme entstehen.
Diese Angaben beziehen sich auf gerade, parallele hartmetallbestückte Fräser. Wenn Sie HSS-Fräser verwenden, sollten Sie die Frästiefe pro Durchgang noch etwas verringern. Dies gilt auch für die Bearbeitung von hartem Material.

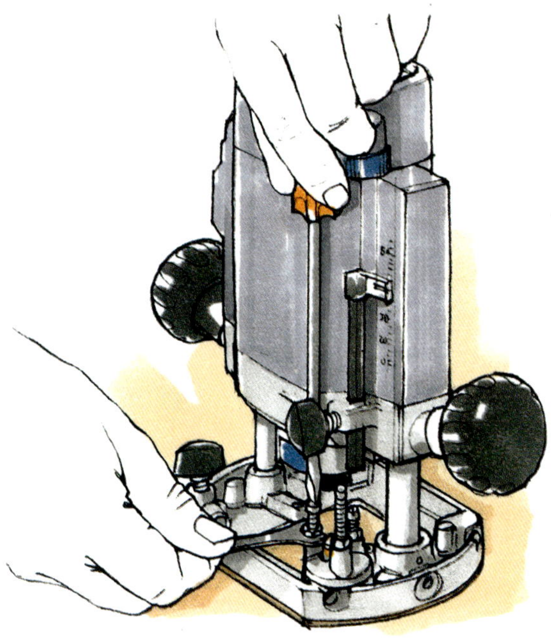

Einstellen eines Revolverkopfanschlags

Damit zwischen den Fräsgängen die Tiefe nicht neu eingestellt werden muss, verfügen viele Fräsen über einen Revolverkopfanschlag, über den Sie drei oder mehr Frästiefen voreinstellen können. Um die einzelnen Anschläge des Revolverkopfs einzustellen, lockern Sie die Sicherungsmutter und stellen die Schraube mit einem Schraubenzieher auf die gewünschte Höhe ein. Messen Sie die Höhe der einzelnen Anschlagsschrauben mit einem Stahlmaßstab nach und ziehen Sie die Sicherungsmutter wieder an.

Führen der Fräse

Fräsen werden in der Regel gegen die Drehrichtung des Fräsers durch das Werkstück geführt. So schneidet der Fräser nicht nur effektiver, die Drehbewegung des Fräsers zieht auch den Seitenanschlag oder die Führung (Anlaufring, Kopierring usw.) an die Kante des Werkstücks. Wird die Fräse in die Gegenrichtung geschoben, wird der Anschlag oder die Führung eher von der Kante weg gedrückt.

1 Kanten fräsen
Beim Fräsen von Kanten, Falzen oder Profilen sollte die Fräse grundsätzlich gegen die Drehrichtung des Fräsers geführt werden.

2 Mit Parallelanschlag fräsen
Wenn Sie den Parallelanschlag verwenden (Seite 44), sollten Sie die Fräse ebenfalls gegen die Drehrichtung des Fräsers führen, damit der Fräser parallel zur Kante läuft. Dies gilt besonders für Sichtflächen.

3 Mit Führungsleiste oder T-Winkel fräsen
Wenn Sie entlang einer Führungsleiste fräsen (Seite 47), sollten Sie die Fräse grundsätzlich gegen die Drehrichtung des Fräsers führen, damit die Kante der Fräse an die Führungsleiste gezogen wird.

Freihandfräsen

Führen Sie beim Freihandfräsen die Fräse so, dass sie durch den Zug des Fräsers stabilisiert wird. Dadurch wird der unterschiedliche Widerstand in weicheren und härteren Bereichen des Holzes ausgeglichen. Soweit möglich, sollten Sie eine Fräsrichtung beibehalten. Wenn Sie die Fräse von links nach rechts führen, zieht der Fräser immer von Ihnen weg – so führen Sie die Fräse am sichersten.

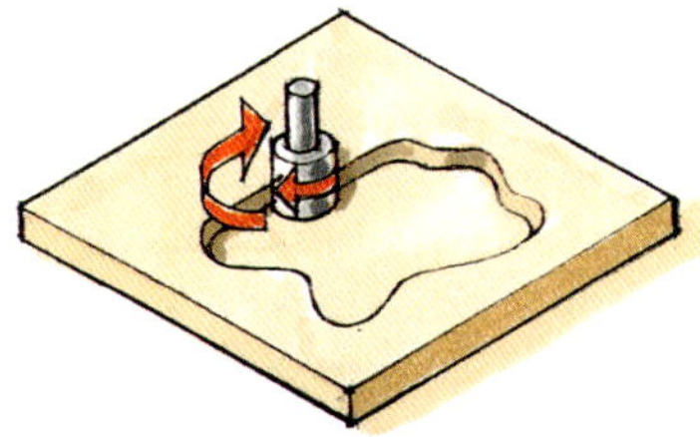

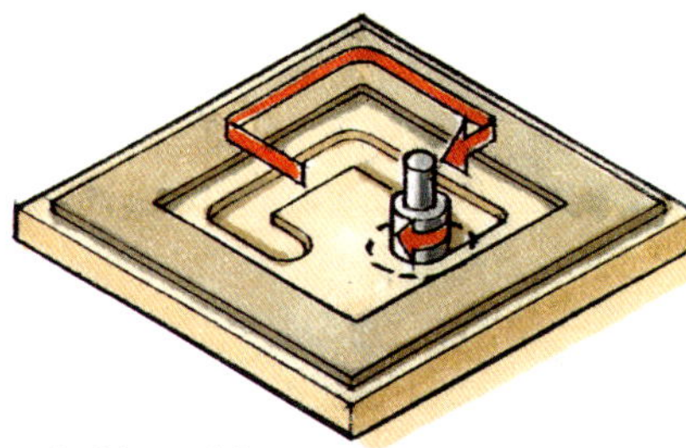

4 Mit Innenschablone fräsen
Führen Sie die Fräse im Uhrzeigersinn entlang der Innenseite einer Schablone (Seite 50).

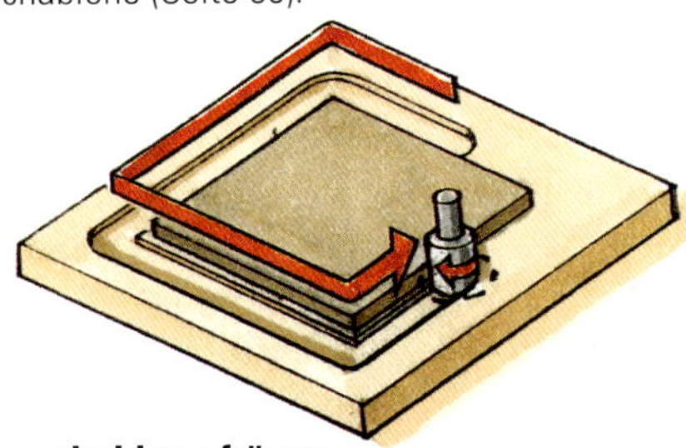

5 Mit Außenschablone fräsen
Wenn Sie an der Außenkante einer Schablone entlangfräsen, führen Sie die Fräse gegen den Uhrzeigersinn (siehe Seite 50).

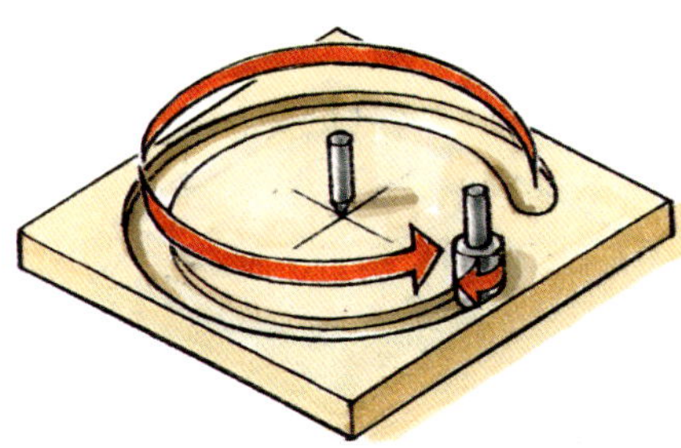

6 Mit Stangenzirkel fräsen
Wenn Sie einen Stangenzirkel verwenden, um einen Kreis oder eine Ellipse zu fräsen, führen Sie die Fräse gegen den Uhrzeigersinn, damit der Fräser zum Mittelpunkt der Zirkelstange hin gedrückt und nicht davon weggezogen wird.

Hinterfräsen

Keine Regel ohne Ausnahme! Ist ein Werkstück hochkant eingespannt, werden beim Führen der Fräse in der üblichen Richtung – also gegen die Drehrichtung des Fräsers – die Holzfasern an der unteren Schnittkante beschädigt. Bei einem scharfen Fräser reißen die Fasern zwar kaum aus, beim Querfräsen von Hirnholz wird dieses Problem jedoch mehr als deutlich. Bei furniertem oder beschichtetem Holz kann eine Fräse rauhe oder splitterige Kanten hinterlassen.

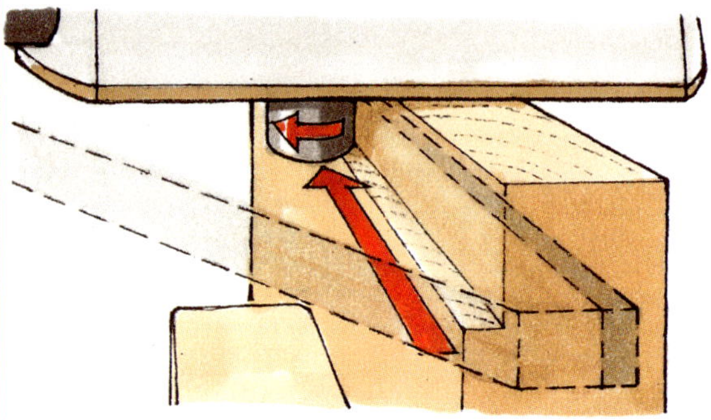

Hirnholz hinterfräsen
In Hirnholz erreichen Sie eine wirklich saubere Kante, wenn Sie zunächst einen sehr flachen ersten Schnitt ausführen und dabei die Fräse in Drehrichtung des Fräsers führen. So werden die Hirnholzfasern sauber abgetrennt, bevor Sie das restliche Holz entgegen der Drehrichtung wegfräsen.

Schwieriges Holz fräsen
Wenn Sie Holz bearbeiten, das zur Rissbildung vor der Schneide neigt, kann flaches Hinterfräsen Abhilfe schaffen. Versuchen Sie jedoch zunächst, mehrere Schnitte mit geringer Frästiefe zu machen, wobei Sie die Fräse entgegen der Drehrichtung des Fräsers führen.

Die Fräse an der Führungskante halten
Beim Hinterfräsen ist es wichtig, die Fräsgeschwindigkeit absolut unter Kontrolle zu haben, damit der Anschlag bzw. die Führung nicht von der Führungskante weg laufen kann. Achten Sie bei der Verwendung von Schablonen immer darauf, dass der Fräser in Abfallholz schneidet, falls die Fräse verläuft.

Kunststoff- oder Holzumleimer bündig fräsen
Das Hinterfräsen verhindert auch das Ausreißen von Umleimern, wenn diese bündig zur Oberfläche der Trägerplatte gefräst werden. Verwenden Sie einen stirnschneidenden Fräser (siehe Seite 16) und eine Führungsauflage, die den Fräser über den überstehenden Umleimer anhebt (siehe Seite 13).

Vorschubgeschwindigkeit

Die Drehzahl des Fräsers lässt sich zwar relativ genau einstellen, die Geschwindigkeit, mit der die Fräse durch das Werkstück geschoben wird, hängt jedoch ganz von Ihnen ab. Obwohl der Vorschub auch von der Härte oder Dichte des zu fräsenden Materials und vom Typ des Fräsers abhängt, ist die richtige Vorschubgeschwindigkeit eine Sache der Erfahrung.
Wichtig ist, dass die Fräse nicht so langsam durch das Material geschoben wird, dass der Fräser durch die Reibung zu heiß wird, und nicht so schnell, dass die Späne nicht ausgeworfen werden können.

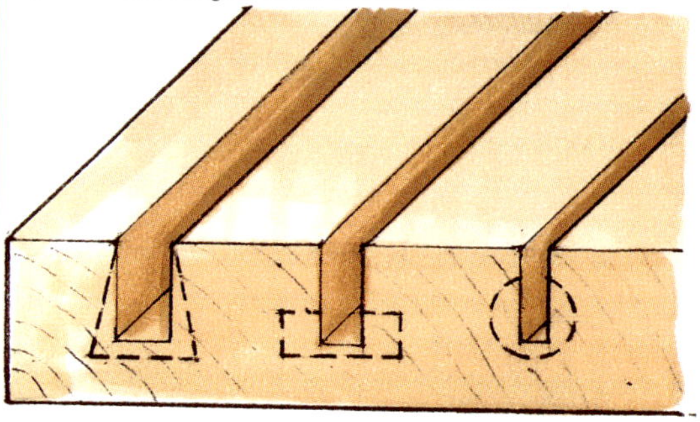

Frässpäne ausräumen
Zinkenfräser, T-Nutfräser oder Rundnutfräser können nur in einem Fräsgang verwendet werden. Bei solchen Fräsern sollten Sie sorgfältig arbeiten, da das Ausräumen von Spänen aus diesen „eingeschlossenen" Öffnungen problematisch sein kann. Sofern die Schnittbreite es erlaubt, sollten Sie einen schmalen Schlitz vorfräsen, damit beim eigentlichen Fräsgang weniger Späne ausgeräumt werden müssen.

Kunststoff und Aluminium fräsen
Beim Fräsen von Kunststoff sollten Sie eine geringe Drehzahl wählen, damit das Material nicht schmilzt. Es kann sonst hinter dem Fräser zusammenkleben oder sich in den Rillen festsetzen. Auch bei Aluminium, einem sehr weichen Material, können Späne die Rillen zusetzen.

KAPITEL 4

Einspannen des Werkstücks

Eine wichtige Voraussetzung für jede Fräsarbeit ist das richtige Einspannen des Werkstücks oder der verschiedenen Werkstückteile in einer Einspannvorrichtung, auf einer Arbeitsplatte oder auf einer Werkbank. Die Zeit, die Sie für das Anbringen der Zwingen oder zum Herstellen einer speziellen Arbeitsplatte aufwenden, zahlt sich aus: Sie vermeiden Unfälle und teure Ausrutscher bei der Arbeit.

Spannzangen und Zwingen

Es gibt viele Einspannmethoden. Sie können Bügelschraubzwingen, Spannknechte und Bankhaken oder selbst gefertigte Vorrichtungen wie etwa Spannkeile verwenden. Schützen Sie die Holzoberfläche, indem Sie Streifen oder Klötze aus Weichholz, MDF oder Sperrholz zwischen das Werkstück und die Spannbacken der Metallzwingen oder Spannzangen klemmen. Moderne Zwingen mit verstellbaren Spannbacken haben meist Plastikkappen zum Aufstecken.

Werkstücke in eine Vorderzange einspannen
In herkömmliche Vorderzangen können Werkstücke nur vertikal eingespannt werden, so dass der zu bearbeitende Teil sicher über die Backen hinausragt. Achten Sie vor dem Einschalten der Maschine immer darauf, dass der Fräser nicht in die Backenbeläge oder womöglich in die Zange schneidet. Verwenden Sie gegebenenfalls zusätzliche Holzbeläge, um den Fräser vor Beschädigungen zu schützen.

Lange Werkstücke einspannen
Sorgen Sie beim Bearbeiten langer Werkstücke dafür, dass sie an beiden Enden abgestützt sind. Klemmen Sie das nicht eingespannte Ende an den Fuß der Werkbank, oder bohren Sie in den Fuß einige Löcher für herausnehmbare Stifte oder eine Bankzwinge, die das Werkstück abstützen.

Spannknechte zum Einspannen
Setzen Sie einen Spannknecht in die Vorderzange ein, in die Sie das Werkstück an beiden Enden einspannen können. Fertigen Sie zwei Auflagebrücken, die über die Stange des Spannknechts passen und das Werkstück stützen.

Bügelschraubzwingen
Bei den meisten Fräsarbeiten wird das Werkstück flach auf einer Hobelbank oder einem Tisch aufgespannt, so dass die Fräse über die Oberfläche oder an einer Kante entlang geführt werden kann. Bügelschraubzwingen oder kleine Schnellspannzwingen eignen sich hier ideal, sofern sie so angebracht werden, dass sie beim Führen der Fräse nicht im Weg sind. Sie können mit den Zwingen das Werkstück und gleichzeitig eine Führungsleiste einspannen.

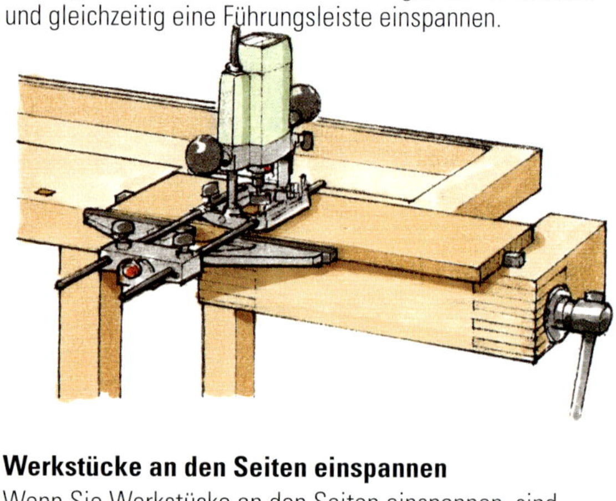

Werkstücke an den Seiten einspannen
Wenn Sie Werkstücke an den Seiten einspannen, sind keine Zwingen im Weg, die über die Oberfläche des Werkstücks ragen. Eine Möglichkeit ist das flache Einspannen des Werkstücks auf einer klassischen Hobelbank zwischen zwei Metallbankhaken. Ein Bankhaken steckt in der Platte der Hobelbank, der andere in der verstellbaren Hinterzange.

Klappwerkbank
Tragbare Klappwerkbänke haben meist lange Spannbacken, in die sich Werkstücke auch vertikal einspannen lassen, sowie Plastikstöpsel, mit deren Hilfe Werkstücke flach auf der Werkbank eingespannt werden können. Beide Enden der Spannbacken können einzeln geöffnet werden, so dass Sie auch konische Werkstücke einspannen können. Auf eine Klappwerkbank können Sie auch eine Arbeitsplatte oder Spannvorrichtungen legen.

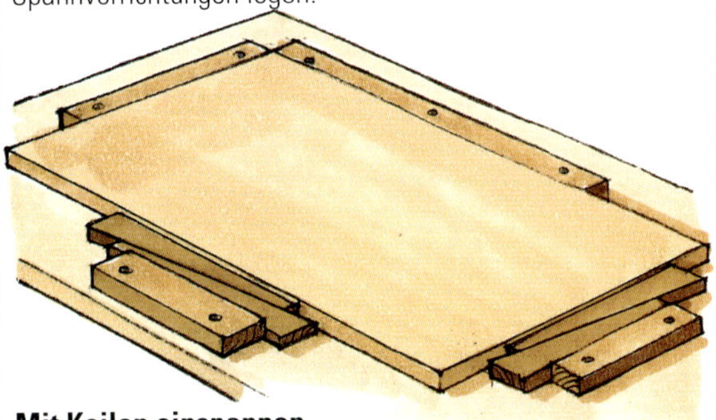

Mit Keilen einspannen
Nageln oder schrauben Sie zwei Leisten in einem rechten Winkel auf ein flaches Brett und legen Sie eine Ecke des Werkstücks dort an. Befestigen Sie an den freien Seiten des Werkstücks eine weitere Leiste in geringem Abstand zur Werkstückkante und treiben Sie einige Klemmkeile zwischen die Leiste und das Werkstück.

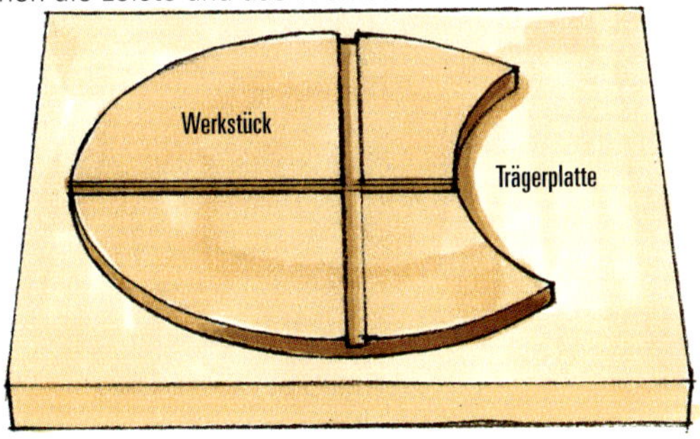

Trägerplatten
Befestigen Sie dünnes Material oder Werkstücke mit ungewöhnlichen Formen auf einer Trägerplatte, die fest eingespannt werden kann. Diese Platte sollte rechtwinklig sein, damit Sie eine gerade Kante haben, an der Sie den Parallelanschlag der Fräse führen können. Befestigen Sie das Werkstück mit Heißleim, Stiften, Schrauben oder doppelseitigem Klebeband (siehe rechts) auf der Trägerplatte.

Lösbare Verbindungen

Sie brauchen nicht unbedingt spezielle Zwingen oder Spannzangen, um ein Werkstück sicher zu fixieren. Sie können auch Schrauben oder selbst Stifte verwenden, um das Holz auf einem flachen Brett oder einer Hobelbank zu befestigen. Achten Sie jedoch darauf, dass diese die Fräse oder das Werkstück nicht beschädigen. Heißleim ist eine gute Alternative zu Metallbefestigungen, Sie sollten Leim jedoch nur auf zu entfernende Holzteile aufbringen.

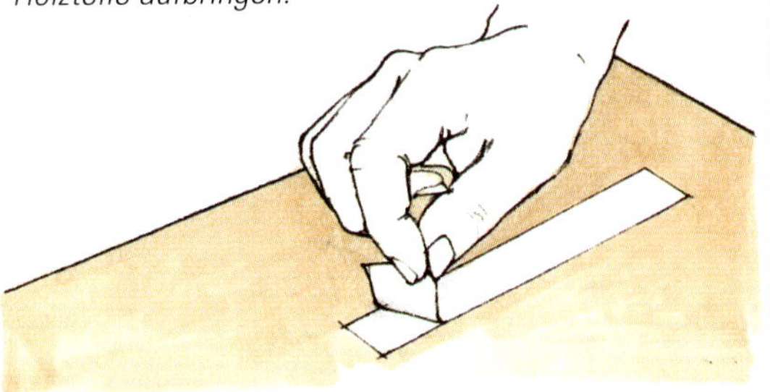

Doppelseitiges Klebeband
Auch doppelseitiges Klebeband kann zur Befestigung dienen. Es gibt zwei Arten: ein dünnes Klebeband, wie es im Büro verwendet wird, und festeres Teppichklebeband. Beide müssen auf glatten, staub- und fettfreien Oberflächen verwendet werden. Versiegeln Sie die Oberfläche der Arbeitsplatte und möglichst auch das Werkstück mit Schleifgrund oder einer dünnen Lackschicht, oder beschichten Sie die Platte mit Kunststoff.

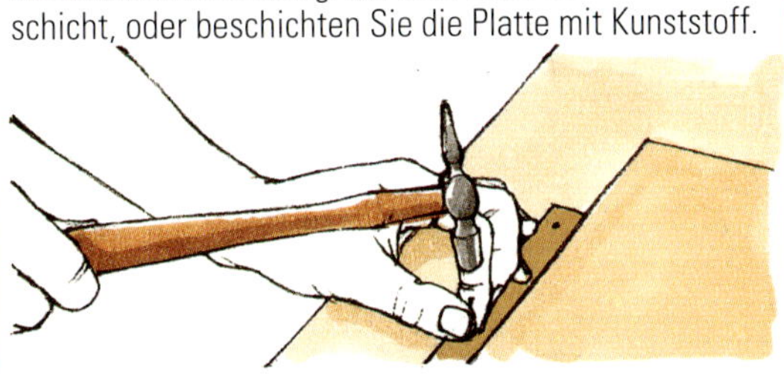

Das Klebeband verstärken
Ist die Klebefläche zwischen Werkstück und Platte relativ klein, kann sich doppelseitiges Klebeband leicht verschieben. Dies betrifft besonders dickere Klebebänder. Dies können Sie verhindern, indem Sie als „Stütze" schmale Leisten entlang der Werkstückkante befestigen.

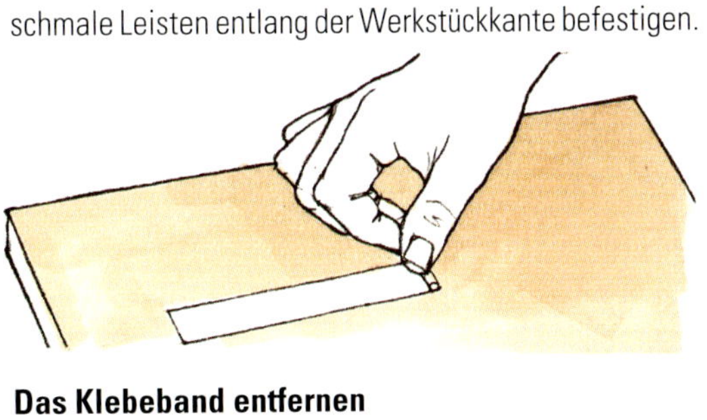

Das Klebeband entfernen
Für doppelseitiges Klebeband benötigen Sie nur selten ein Lösungsmittel. Rollen Sie es einfach mit dem Daumen vom Holz ab. Prüfen Sie das Klebeband vorher auf einem Stück Abfallholz, um sicherzugehen, dass es Furnier oder Beschichtungen nicht mit abhebt.

Anfertigen einer Arbeitsplatte

Sowohl breite als auch schmale Werkstücke lassen sich am besten bearbeiten, wenn sie in ganzer Länge auf einer flachen Platte liegen. Verwenden Sie vor allem für große Stücke dickes Plattenmaterial als Unterlage, das auf zwei Sägeböcke gelegt wird. Ansonsten können Sie das Werkstück auch flach auf einen ebenen Boden legen und eine 3 mm starke Hartfaser- oder Sperrholzplatte unterlegen. So können Sie die Frästiefe bei Bedarf auf etwas mehr als die Stärke des Werkstücks einstellen. Noch besser ist natürlich eine speziell für diesen Zweck angefertigte Arbeitsplatte mit integrierten Zwingen und Anschlägen. Sie kann so ausgelegt werden, dass auf ihr jede Werkstückform bearbeitet werden kann.

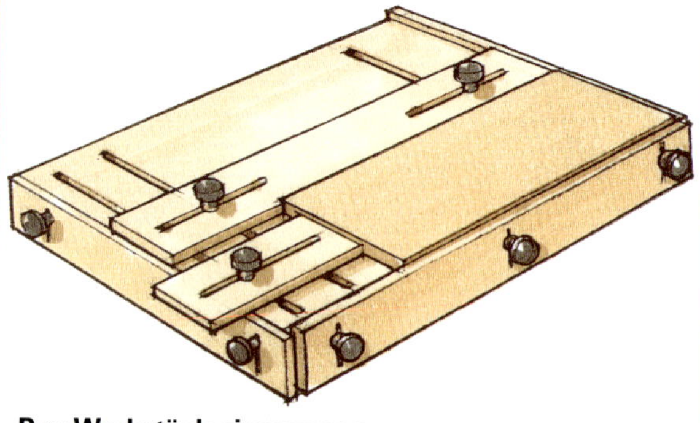

Das Werkstück einspannen

Legen Sie das Werkstück zwischen den Seiten- und Endanschlag und spannen Sie es mit Hilfe der Gleitanschläge fest ein.

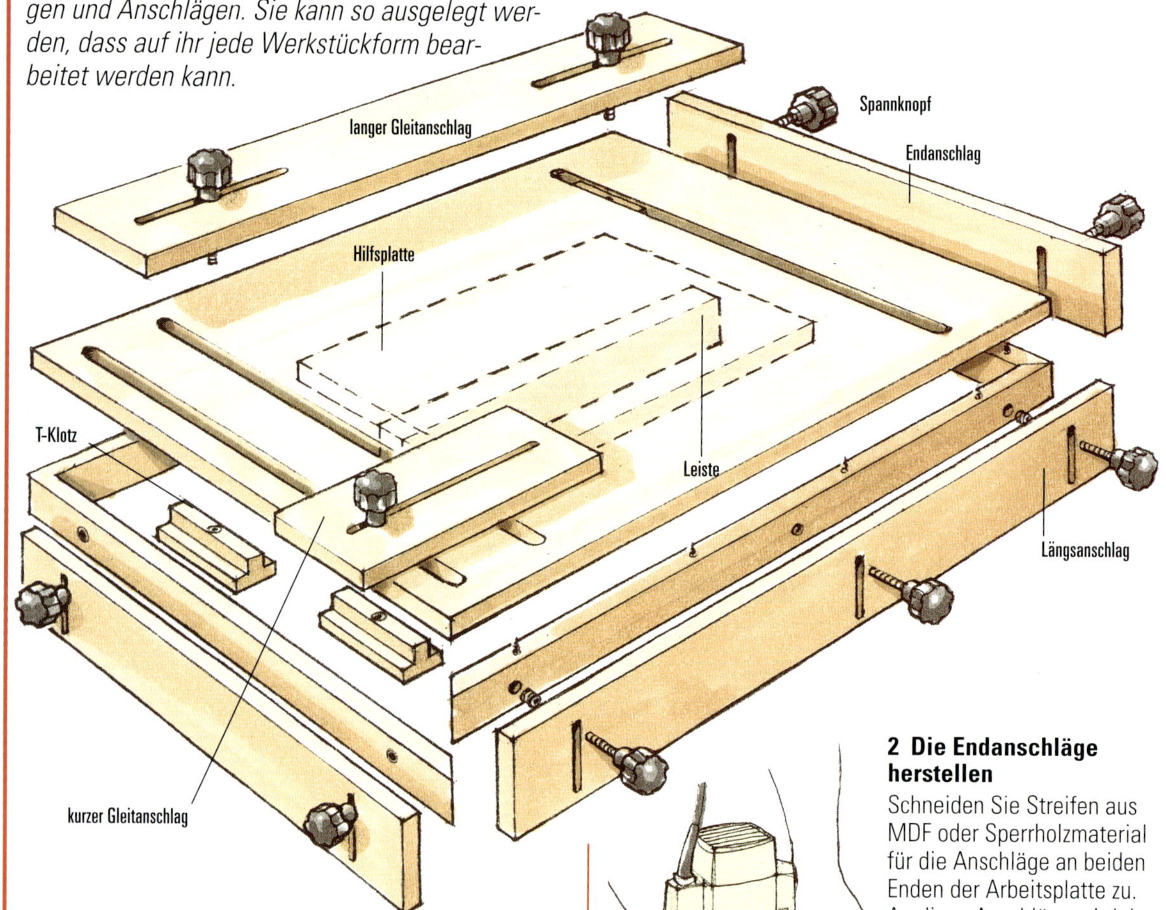

1 Die Platte zuschneiden

Schneiden Sie die Arbeitsplatte aus 12–18 mm starkem MDF oder Sperrholz zu. Eine Fläche von 600 x 900 mm ist für die meisten Projekte ausreichend. Sie können die Größe jedoch ganz nach Ihren Bedürfnissen verändern. Hobeln Sie die Kanten der Platte rechtwinklig ab und stellen Sie sicher, dass die Seiten parallel und die Kanten rechtwinklig sind.

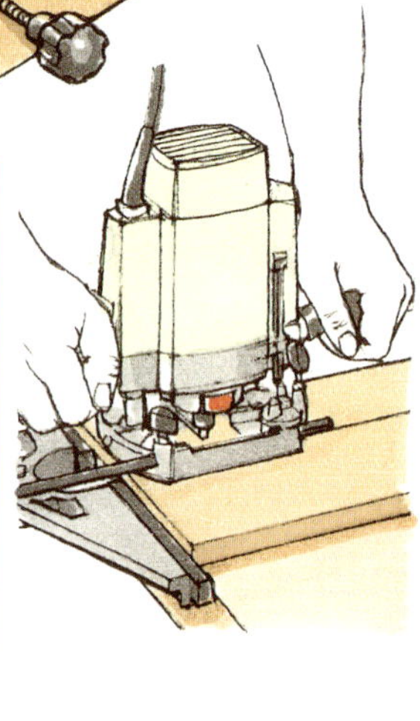

2 Die Endanschläge herstellen

Schneiden Sie Streifen aus MDF oder Sperrholzmaterial für die Anschläge an beiden Enden der Arbeitsplatte zu. An diese Anschläge wird das Werkstück angelegt. Sie können den Anschlag fest an die Arbeitsplatte anschrauben. Es ist jedoch besser, wenn er höhenverstellbar ist. Fräsen Sie dazu mit einem Nutfräser 75 mm nach innen versetzt einen Schlitz in den Anschlag.

3 Die Endanschläge befestigen

Schrauben Sie vier Leisten bündig zur Kante an die Unterseite der Arbeitsplatte. Um die höhenverstellbaren Endanschläge zu befestigen, schrauben Sie auf der Höhe der Schlitze ein Paar Eindrehmuffen in die Endleisten. Führen Sie den Gewindeschaft eines Spannknopfes oder -hebels durch den Schlitz und drehen Sie ihn in die Eindrehmuffen.

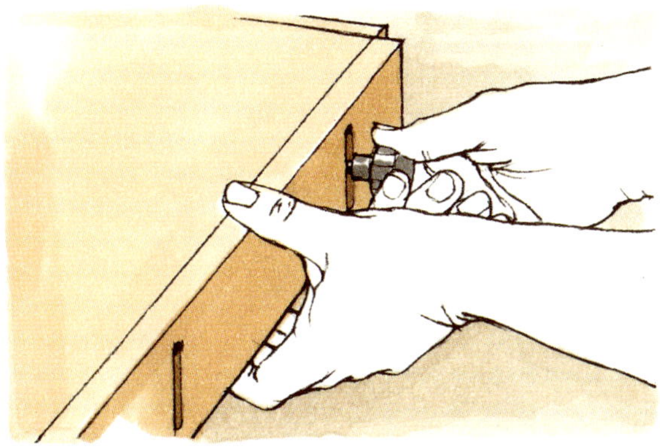

4 Den Längsanschlag herstellen

Fertigen Sie einen ähnlichen Anschlag für eine Längsseite der Arbeitsplatte und befestigen Sie ihn an der Vorderseite mit drei Spannknöpfen.

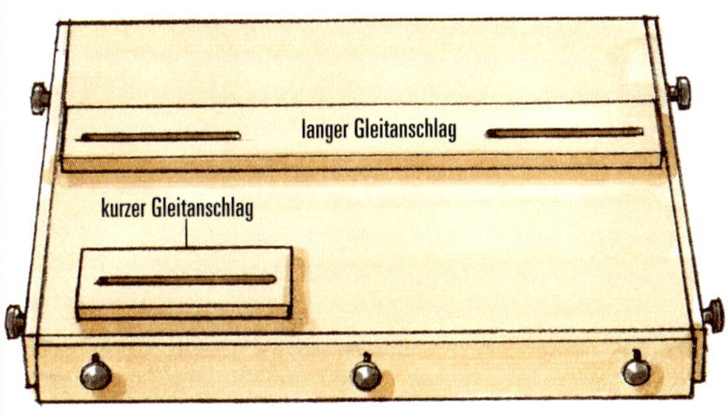

5 Die Gleitanschläge herstellen

Fertigen Sie lange und kurze Gleitanschläge für die Arbeitsplatte. Mit diesen Anschlägen wird das Werkstück an die End- und Seitenanschläge gedrückt. In den längeren Gleitanschlag werden zwei Längsschlitze, in den kürzeren nur einer gefräst.

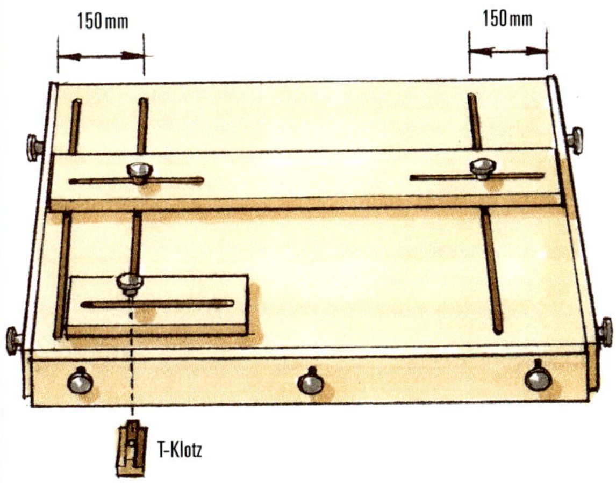

6 Die Gleitanschläge anbringen

Um die Gleitanschläge auf der Arbeitsplatte zu befestigen, fertigen Sie sich T-Klötze an, die in Schlitzen laufen. Fräsen Sie je einen Schlitz um 150 mm von beiden Enden nach innen versetzt. Der dritte Schlitz sollte nahe an einem Ende in die Platte gefräst werden und dient zum Einspannen längerer Werkstücke. Setzen Sie zur Befestigung der Gleitanschläge Eindrehmuffen für Spannknöpfe in die T-Klötze ein.

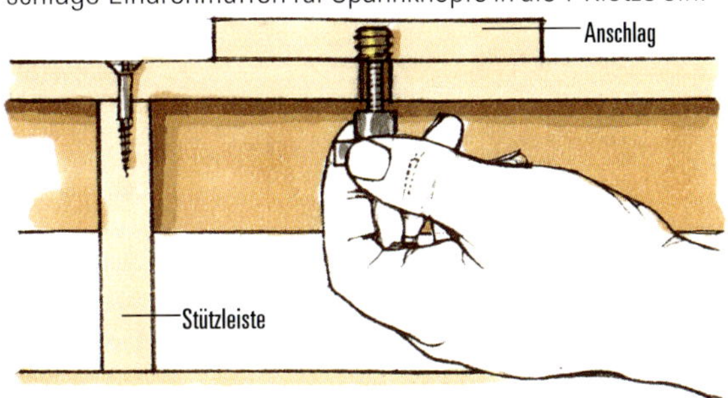

7 Sicheres Fräsen

Damit die Knöpfe oder Hebel beim Fräsen nicht im Weg sind, können Sie Stützleisten anbringen, um die Platte von der Unterlage abzuheben, und die Knöpfe von unten in die erhöhte Platte einschrauben. Die Eindrehmuffen schrauben Sie in diesem Fall in die Anschläge.

8 Arbeitsplatte auf einer Klappwerkbank anbringen

Um die Arbeitsplatte auf eine Klappwerkbank zu montieren, schrauben Sie eine starke Leiste an eine Hilfsplatte, die dann von unten an die Arbeitsplatte geschraubt wird. Spannen Sie die Leiste zwischen die Spannbacken der Werkbank. Die Zusatzplatte verstärkt die Auflage der Arbeitsplatte.

Zwingen an der Arbeitsplatte anbringen

Die Seiten eines Werkstücks zwischen Anschläge einzuspannen, ist meist ausreichend, um das Werkstück zu fixieren. Es ist jedoch ratsam, für den Fall, dass Sie ein Werkstück mit Druck von oben auf die Arbeitsplatte spannen oder Führungsleisten befestigen möchten, weitere Zwingen anzubringen. Fräsen Sie ein Raster aus T-Nuten in die Arbeitsplatte, um spezielle Kniehebelzwingen anzubringen.

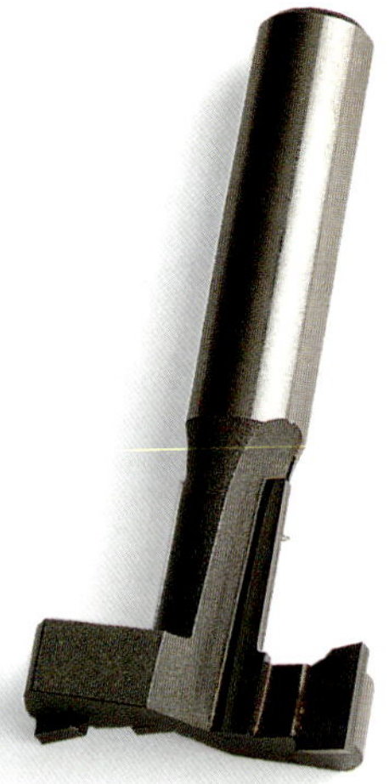

Schaftfräser für T-Nuten
Diese Fräser, die ursprünglich zur Herstellung von zerlegbaren Regalen und Regalsystemen dienten, können zur Herstellung des Nutrasters verwendet werden. Führen Sie die Fräse an einem auf die Platte gespannten Richtscheit oder T-Winkel entlang (siehe Seite 47/48).

Fräsen der Nuten
Schneiden Sie die Arbeitsplatte aus 32-mm-MDF zu. Fräsen Sie zunächst das Raster mit einem einfachen Nutfräser, dann den Grund der T-Nuten mit dem T-Nutfräser.

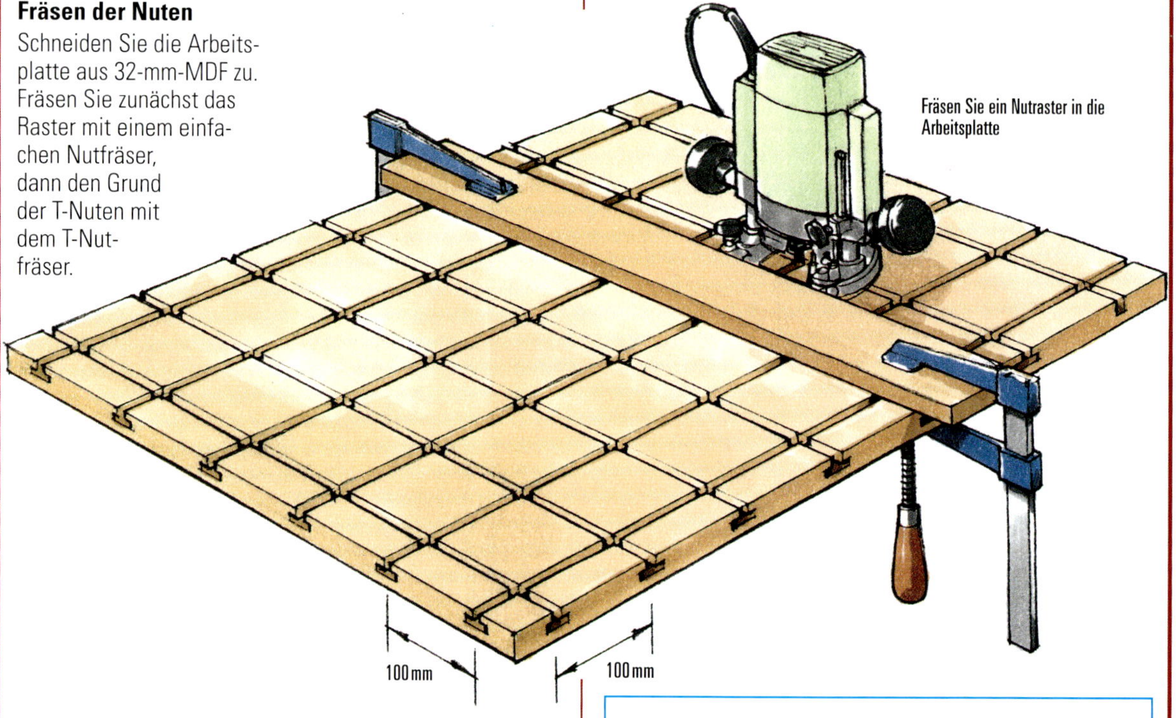

Fräsen Sie ein Nutraster in die Arbeitsplatte

Kniehebelzwingen und Montageplättchen
Die Grundplatte der Kniehebelzwinge wird in ein gebogenes kleines Metallplättchen eingesetzt. Es wird an ein T-Profil geschraubt, das in den Nuten läuft, die Sie in die Arbeitsplatte gefräst haben.

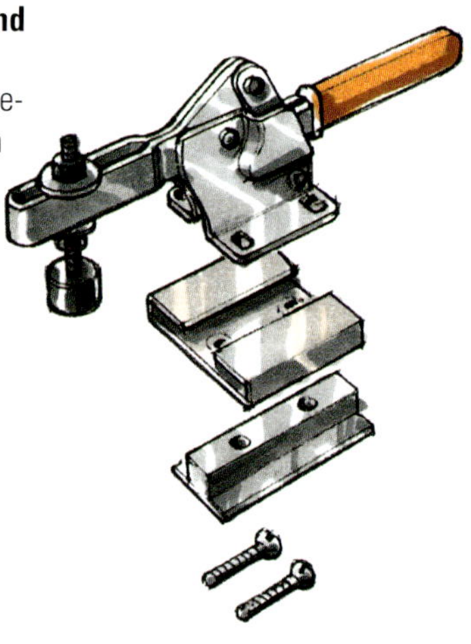

Verwendung von Werkstattzwingen

Sie können normale Schnellspanner oder Bügelschraubzwingen verwenden, um das Werkstück auf einer Arbeitsplatte oder einer Werkbank festzuspannen. Um die Oberfläche frei zu haben, können Sie auch eine Kantenzwinge verwenden, die in ein Loch in einem Ende des Werkstücks eingesetzt werden kann. Solche Zwingen können auch zum Festspannen von Führungsleisten verwendet werden.

Vakuum-Spannvorrichtung

Vakuum-Spannvorrichtungen werden meist in Profiwerkstätten für die Serienfertigung verwendet. Für einen Heimwerker ist dies wegen der teuren Vakuumpumpe recht kostspielig. Für bestimmte Projekte lässt sich eine Vakuum-Spannvorrichtung jedoch einfach und günstig herstellen. Eine Alternative ist die Verwendung eines Haushalts- oder Industriestaubsaugers. Hier sollten Sie allerdings sicherstellen, dass das Gerät dafür geeignet ist und nicht durch die Einschränkung der Luftzufuhr beschädigt wird.

Materialien und Geräte

Sie bekommen alles, was Sie für eine Vakuum-Spannvorrichtung brauchen, einschließlich einer kleinen professionellen Pumpe mit Fußschalter, im Fachhandel. Neopren-Dichtungsmaterial ist in selbstklebenden Streifen oder mit rundem Querschnitt zum Einsetzen in eine gefräste Nut erhältlich. Außerdem gibt es Neopren auch in Bögen zu kaufen.

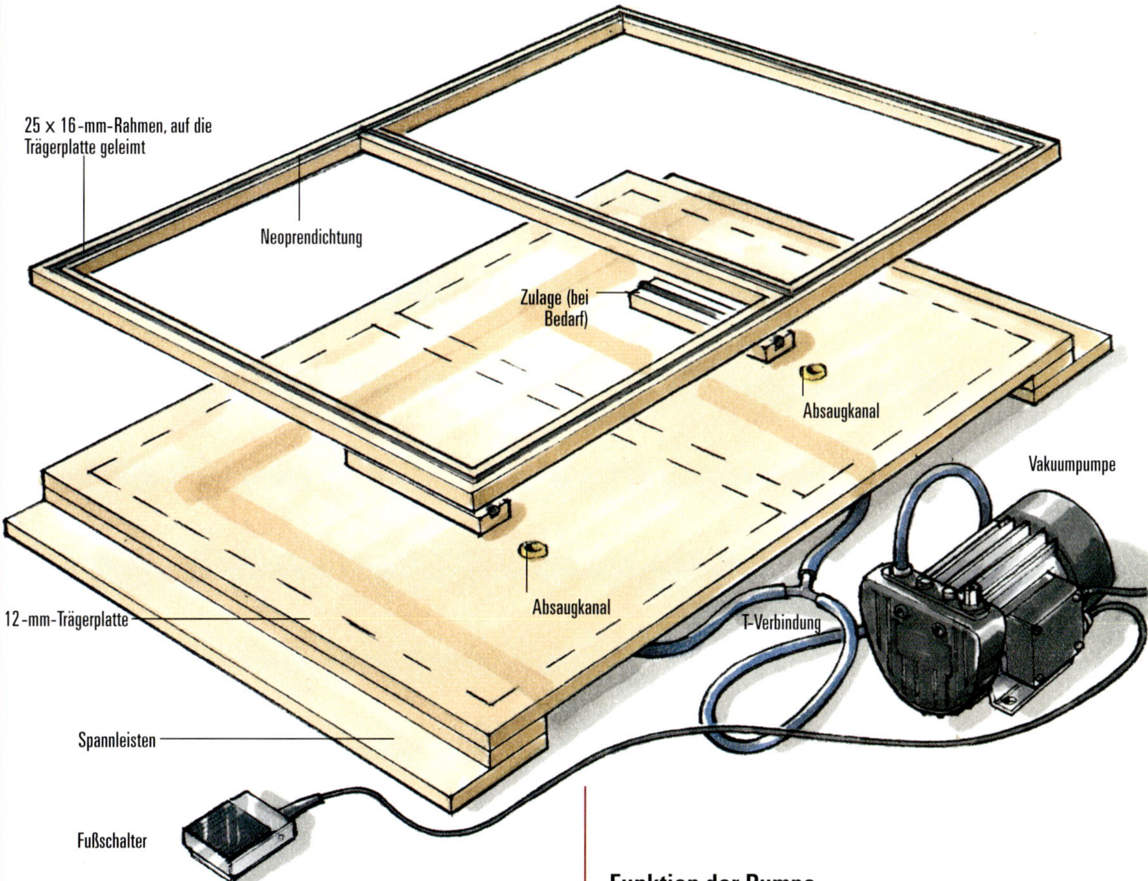

Abmessungen

Die Größe der Aufspannvorrichtung bzw. einer Kammer sollte so weit wie möglich der Größe des Werkstücks entsprechen. Für die meisten Arbeiten reicht eine Aufspannvorrichtung von 600 x 900 mm. Sie kann in zwei Kammern unterteilt werden. Die Tiefe ergibt sich aus dem Rahmen und dem Neoprenstreifen.

Funktion der Pumpe

Die Pumpe erzeugt ein Vakuum in der Kammer unter dem Werkstück. Die Vakuumkammer wird mit Hilfe komprimierbarer Neoprendichtungsstreifen gefertigt, die in eine ebene Oberfläche eingelassen oder aufgeklebt werden. In die Kammer wird ein Absaugkanal gebohrt, an den dann die Vakuumpumpe angeschlossen wird. Dadurch kann die Luft unter dem Werkstück abgesaugt und ein Vakuum erzeugt werden. Durch zwei oder mehrere Kammern lässt sich die Aufspannvorrichtung verkleinern.

Dichtungsstreifen anbringen

Die Kammer braucht nicht rechtwinklig zu sein, da die Dichtungsnut entlang jeder Form gefräst werden kann. Fasen Sie die Kanten der Nut ab, damit der Streifen gut abdichten kann.

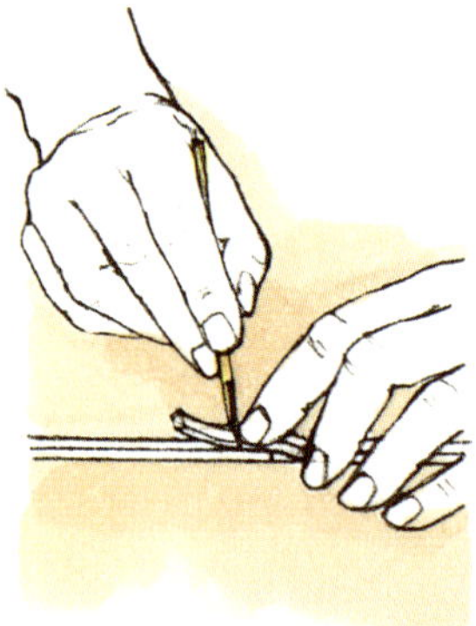

Selbstklebende Streifen verwenden

Für kleine Aufspannvorrichtungen können Sie selbstklebende Dichtungsstreifen der Form des Werkstücks folgend direkt auf die Trägerplatte aufkleben. Achten Sie darauf, dass die Oberflächen staub- und fettfrei sind, und versiegeln Sie grobporige Oberflächen mit Schleifgrund oder Lack.

Selbstklebende Bögen aufkleben

Bei komplizierten Formen zeichnen Sie sich die Form auf den Neoprenbogen und schneiden sie aus. Kleben Sie die Umrissform auf die Trägerplatte.

Das Werkstück zusätzlich abstützen

Damit ein dünnes Werkstück sich nicht verbiegt, wenn die Vakuumpumpe eingeschaltet wird, legen Sie in gleichmäßigen Abständen Zulagen unter das Werkstück. Kleben Sie dazu kleine Holzklötze oder -leisten in den Vakuumbereich. Achten Sie darauf, dass die Zulagen nicht ganz die Höhe der Neoprendichtungen erreichen, damit die Vakuumkammer entlang der Kanten dicht abschließen kann.

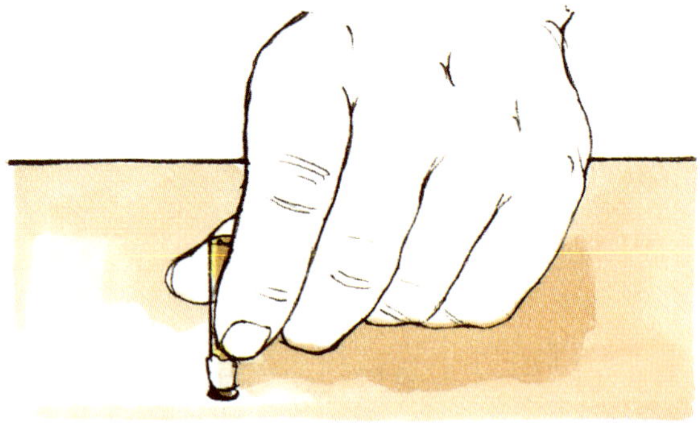

Einen Absaugkanal einsetzen

Bohren Sie an einer passenden Stelle der Vakuumkammer ein Loch, in das ein kurzes Stück Messing- oder Aluminiumrohr mit 3–4 mm Durchmesser eingesetzt wird. Kleben Sie das Rohrstück mit Epoxidharzkleber in das Loch. Schließen Sie dann ein Stück Plastikschlauch an das Rohrstück an.

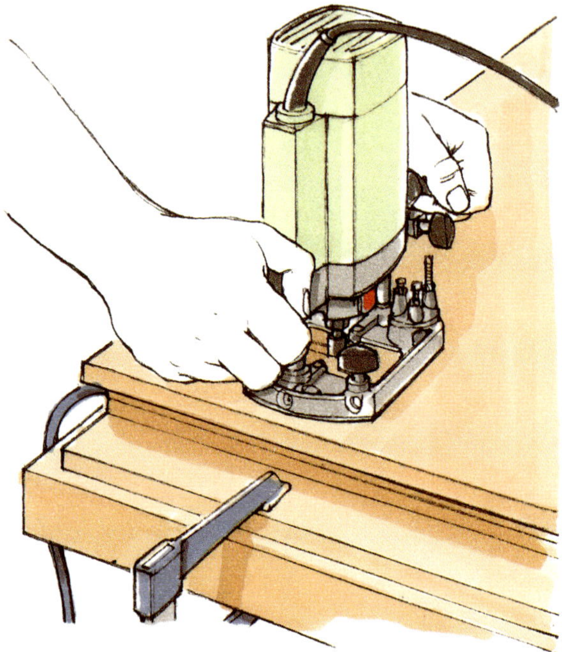

Das Werkstück aufspannen

Befestigen Sie die Spannvorrichtung auf einer stabilen Werkbank und schließen Sie das Absauggerät an. Legen Sie das Werkstück auf die Spannvorrichtung, so dass es ganz auf den Dichtungen liegt und eine Vakuumkammer entsteht. Schalten Sie die Pumpe ein, bevor Sie mit dem Fräsen beginnen. Um das Werkstück wieder abzunehmen, schalten Sie die Pumpe ab. Lassen Sie die Pumpe oder das Absauggerät nie länger als nötig laufen.

Das Werkstück kann zwar an den Seiten der Spannvorrichtung überstehen, der Überhang sollte jedoch nicht zu groß sein, da sonst das Gewicht der Fräse das Werkstück von den Dichtungen abheben kann.

Muss das Werkstück gedreht werden, weil Sie mehrere Kanten oder beide Seiten des Werkstücks bearbeiten, spannen Sie das Werkstück auf der Spannvorrichtung ein und legen Sie eine Schablone mit Fixierklötzen auf. Das Gewicht der Fräse hält die Schablone in ihrer Position.

KAPITEL 5

Führen der Fräse

Um eine Fräse sauber führen zu können, nützt die Präzision der Maschine allein noch nicht viel. Man braucht das nötige Zubehör. Die meisten Fräsen verfügen über einen Parallelanschlag und mindestens einen Kopierring. Was die Fräse letztendlich von einem Elektrohobel abhebt, ist die Vielzahl an Zubehörteilen und Schablonen, die dafür erhältlich sind oder selbst angefertigt werden können.

Der Parallelanschlag

Um gerade Schnitte parallel zur Kante oder entlang eines Werkstücks zu fräsen, verwenden Sie den Parallelanschlag.

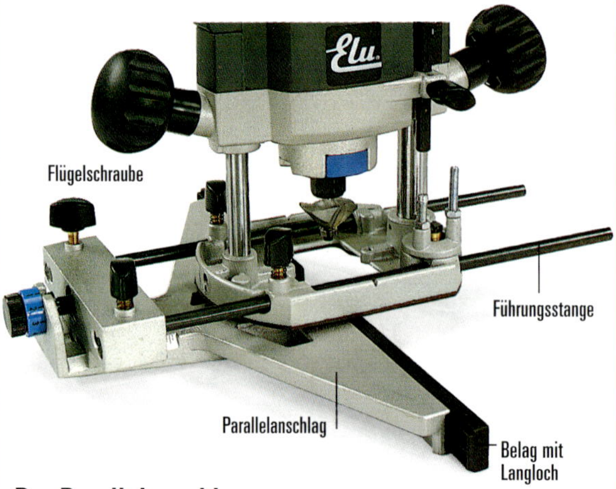

Der Parallelanschlag

Der übliche Parallelanschlag hat zwei einzeln verstellbare Plastikbeläge oder verfügt über Bohrungen zum Anschrauben fester Holzbeläge. Die Befestigungsschrauben werden in Langlöcher geschraubt, wobei die Köpfe in die Oberfläche der Beläge eingelassen sind. Mit Hilfe dieser Schrauben lassen sich die Beläge seitlich verstellen. So können sie so nahe wie möglich zum Fräser eingestellt werden. Dadurch wird verhindert, dass der Fräser zu Beginn und Ende eines Schnitts an das Werkstück gezogen wird und es beschädigt.
Der Anschlag sitzt auf zwei Metallstangen, die auf der Grundplatte angebracht sind. Der maximale Abstand von der Werkstückkante hängt von der Länge der Führungsstangen ab. Längere Führungsstangen sollten starr sein und sich beim Fräsen nicht durchbiegen. Wenn Sie längere Stangen verwenden, bringen Sie an den Parallelanschlag zusätzlich eine längere Holzleiste an (siehe rechts unten).

Hindernisse vermeiden

Achten Sie darauf, dass die überstehenden Enden von Anschlagschienen oder Belägen beim Fräsen nicht an Zwingen oder ähnlichen Hindernissen hängen bleiben können. Achten Sie außerdem darauf, dass das Netzkabel nicht zwischen Führungskante und Anschlag gerät.

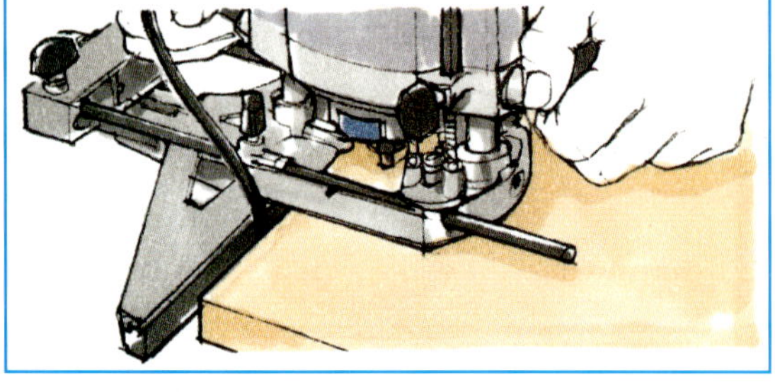

Längere Beläge anbringen

Längere Beläge verringern die Gefahr, dass der Fräser zu Beginn und am Ende eines Schnitts ausreißt und in das Werkstück gedreht wird. Darüber hinaus lässt sich ein Anschlag mit längeren Belägen besser an die Führungskante drücken.

Seitenleisten verwenden

Sie können auch Leisten aus Abfallholz an beide Enden des Werkstücks spannen, um zu verhindern, dass der Fräser zu Beginn und Ende eines Schnitts in das Werkstück läuft. Dadurch wird auch ein Ausreißen des Holzes am Schnittende verhindert.

Schmale Profile fräsen

Wenn Sie ein schmales Kantenprofil fräsen, d.h. ein Profil, bei dem nicht die gesamte Kante des Werkstücks entfernt wird, können Sie einen stärkeren Belag anbringen und den Fräser nur bis zu einer bestimmten Tiefe darin absenken. So erhalten Sie einen durchgehenden Anschlag, und es kann nicht wie bei gewöhnlichen Belägen passieren, dass die Innenkanten am Werkstück hängen bleiben. Auch das Verlaufen des Fräsers zu Beginn und am Ende eines Schnitts wird weitgehend ausgeschlossen.

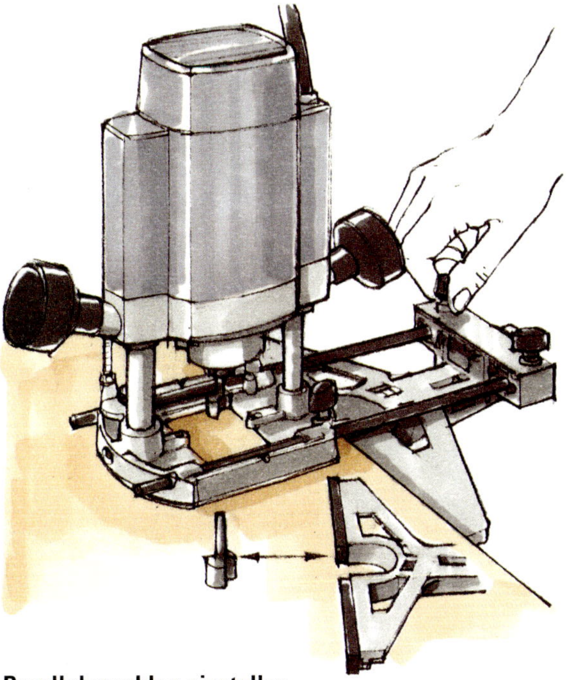

Parallelanschlag einstellen

Um den gewünschten Abstand von der Werkstückkante einzustellen, verschieben Sie den Anschlag der Fräse auf den Führungsstangen. Fixieren Sie ihn mit den Feststellschrauben auf dem Anschlag und auf der Grundplatte der Fräse. Für Nuten und eingefräste Oberflächenprofile messen Sie den erforderlichen Abstand zwischen dem Belag und der Spitze einer Schneide des Fräsers und stellen den Anschlag entsprechend ein.

Einstellung des Anschlags überprüfen

Zeichnen Sie die Position und die Breite des gewünschten Schnitts auf der Oberfläche des Werkstücks an. Setzen Sie die Fräse auf das Werkstück auf und senken Sie den Fräser so weit ab, dass er die Oberfläche des Werkstücks berührt. Überprüfen Sie die Position des Fräsers und des Anschlags.

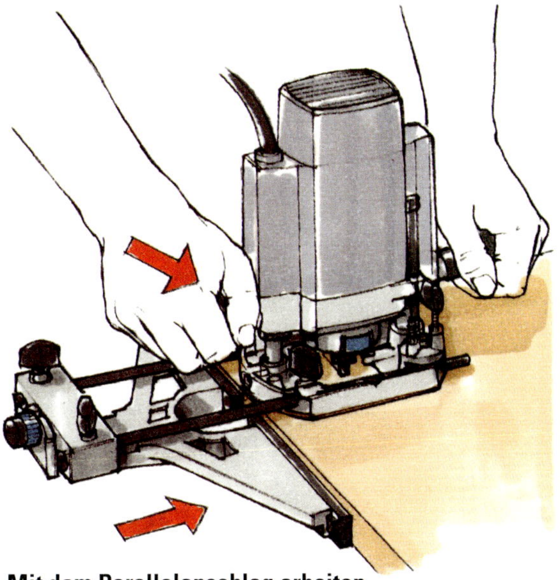

Mit dem Parallelanschlag arbeiten

Stellen Sie die gewünschte Frästiefe mit dem Tiefenanschlag der Fräse ein. Für einen tiefen Schnitt können Sie den Revolverkopfanschlag für die verschiedenen Fräsgänge voreinstellen. Wenn Sie mit dem Parallelanschlag arbeiten, muss die Werkstückkante (die Führungskante) gerade und eben sein. Entfernen Sie daher abstehendes Material sowie Harz- oder Leimrückstände. Führen Sie den Anschlag während des Fräsens fest an der Führungskante entlang. Beim Profilieren einer Kante spielt es keine große Rolle, wenn der Anschlag manchmal nicht ganz an der Führungskante liegt. Beim zweiten Fräsgang wird dieser Fehler korrigiert. Beim Fräsen von Nuten oder Oberflächenprofilen lassen seitliche Bewegungen die Fräse jedoch von ihrer vorgesehenen Linie abweichen und ein gerader Schnitt parallel zur Kante ist nicht gewährleistet.

Führungsrichtung

Bei den meisten Arbeiten mit Parallelanschlag sollte die Fräse gegen die Drehrichtung des Fräsers geführt werden. Falls nötig, können Sie zum Bündigfräsen und Profilieren von Kanten auch mit der Drehrichtung des Fräsers arbeiten, jedoch nie zum Fräsen von Nuten und Oberflächenprofilen. Beim Fräsen mit der Drehrichtung des Fräsers verläuft die Maschine leicht, da der Anschlag von der Führungskante wegzieht.

Vergrößern der Führungskante

Achten Sie immer darauf, dass die Führungskante so breit ist, dass der Anschlag der Fräse sicher aufliegt.

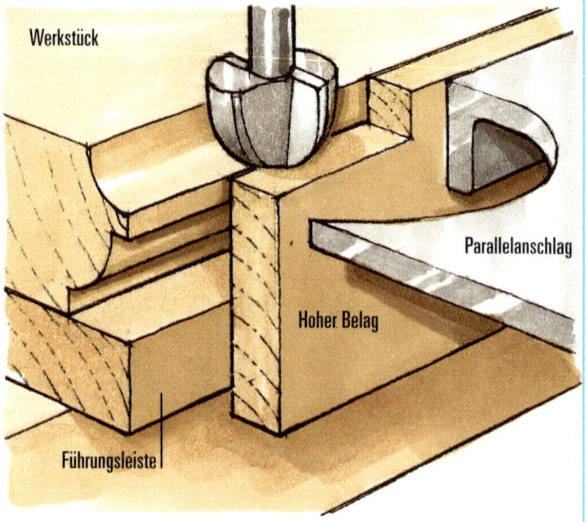

Verwenden einer Führungsleiste

Wenn Sie ein Profil schneiden, bei dem nur eine schmale, rechtwinklige Kante stehen bleibt, klemmen Sie eine Führungsleiste unter das Werkstück. Sie können das Werkstück auch bündig mit der Kante der Werkbank einspannen und den Anschlag daran entlangführen.

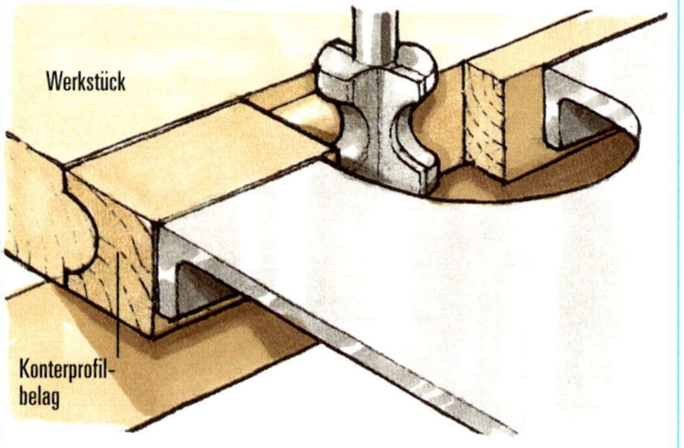

Anbringen eines Konterprofilbelags

Wenn Sie Kantenprofilfräser verwenden, die über die gesamte Kantenstärke Holz abnehmen, sollten Sie den hinteren Belag des Anschlags durch einen Belag mit dem Konterprofil des Fräsers ersetzen. So erhalten Sie eine Stütze auch hinter dem Fräser.

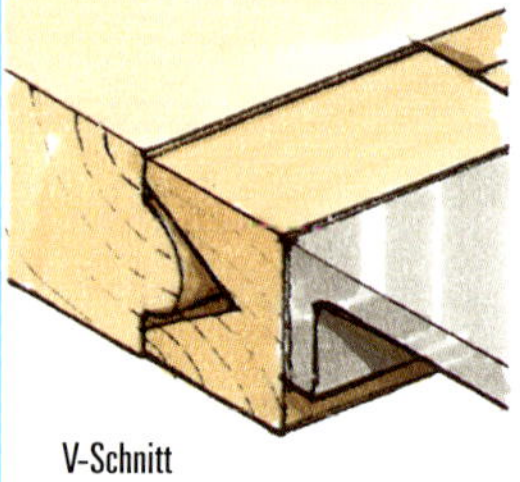

1 Verwenden eines doppelten Anschlags

Zum Fräsen von Zapfenlöchern, Falzen oder Profilen in schmale Werkstücke werden zwei Parallelanschläge verwendet. Sie sind auf je einer Seite der Fräse angebracht und werden an den Flächen des Werkstücks entlanggeführt. Achten Sie darauf, dass die Flächen des Werkstücks parallel verlaufen, denn bei konisch zulaufenden Flächen blockieren die Anschläge oder sie liegen nicht richtig auf. Stellen Sie den Abstand zwischen den beiden Anschlägen mit minimalem Spiel ein. Er sollte gerade so groß sein, dass Sie die Fräse gleichmäßig führen können. Wenn Sie mit doppeltem Parallelanschlag arbeiten, können Sie den Fräser in beliebiger Richtung führen.

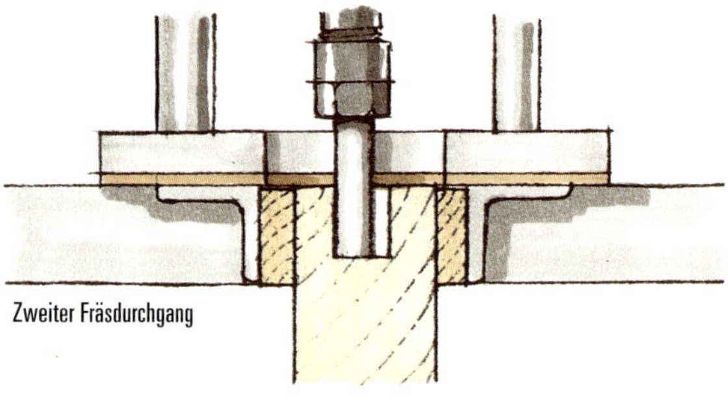

2 Den Schnitt zentrieren

Um einen Schnitt bei Verwendung eines doppelten Parallelanschlags zu zentrieren, führen Sie zunächst den ersten Schnitt aus, drehen die Fräse um und führen dann den zweiten Schnitt in Gegenrichtung aus. Prüfen Sie die Breite der Nut und stellen Sie die Breite der zugehörigen Feder passend ein.

Führung mit Richtscheit

Nuten, Schlitze und andere Oberflächenschnitte lassen sich leicht fräsen, wenn Sie eine Oberfräse an einem Richtscheit entlangführen, das rechtwinklig oder auch in einem anderen Winkel auf die Oberfläche eines Werkstücks gespannt ist. Dazu haben die meisten Fräsen eine Grundplatte mit mindestens einer geraden Seite oder eine zum Fräser konzentrische runde Grundplatte.
Aus Gründen der Sicherheit und Genauigkeit sollte das Richtscheit stabil sein und sich nicht durchbiegen. Zwingen Sie es stets fest und sicher auf Ihr Werkstück. Achten Sie darauf, dass der Fräse keine Zwingen im Weg sind. Das Richtscheit sollte länger sein als das Werkstück, damit die Fräse rechtwinklig in das Werkstück und aus ihm heraus geführt werden kann.

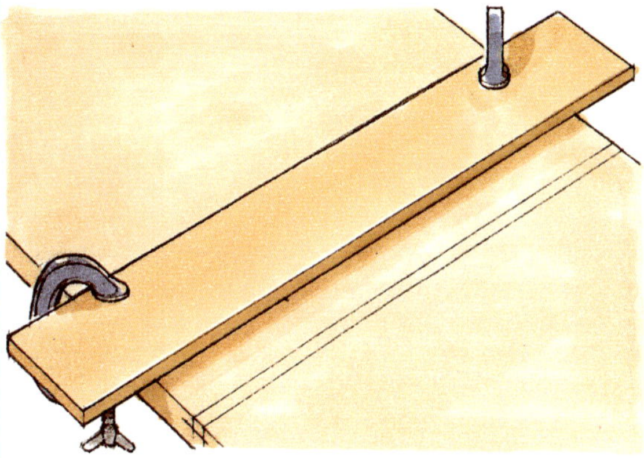

Anfertigen eines Richtscheits

Schneiden Sie ein Richtscheit aus festem Material wie etwa MDF, Sperrholz, Polycarbonat oder einem anderen splitterfreien Kunststoff. Das Richtscheit sollte mindestens 150 mm breit und 6–9 mm stark sein. Hobeln Sie eine Führungskante gerade und rechtwinklig.

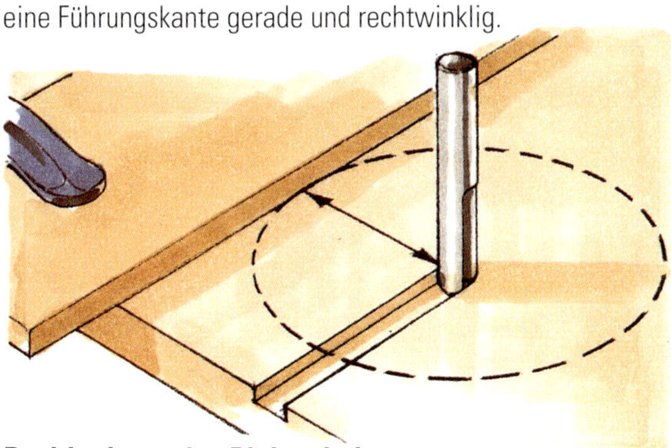

Positionieren des Richtscheits

Reißen Sie beispielsweise eine Quernut auf der Oberfläche des Werkstücks an. Messen Sie den Abstand zwischen der Kante der Grundplatte der Fräse und der Schneide des Fräsers. Bringen Sie das Richtscheit in diesem Abstand von der Quernut an.

Gleitflächen für die Grundplatte

Nuten in gleichmäßigen Abständen fräsen

Mit Hilfe einer Leiste, die an die Unterseite eines Richtscheits geschraubt wird, können Sie Nuten in gleichmäßigen Abständen fräsen. Die Leiste muss genau in die Nuten passen. Die erste Nut wird mit Hilfe des Parallelanschlags oder eines anderen Richtscheits parallel zur Kante des Werkstücks eingefräst. Danach wird die Leiste jeweils in die nächste Nut eingesetzt, um das Führungsrichtscheit richtig zu positionieren.

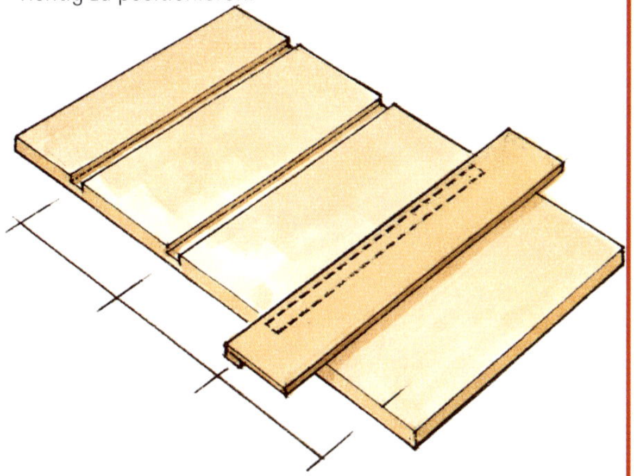

Führungsrichtung

Wenn Sie ein Richtscheit verwenden, führen Sie die Fräse von links nach rechts. Durch die Drehrichtung des Fräsers wird die Fräse an die Leiste gezogen, so dass sie nicht so leicht verläuft.

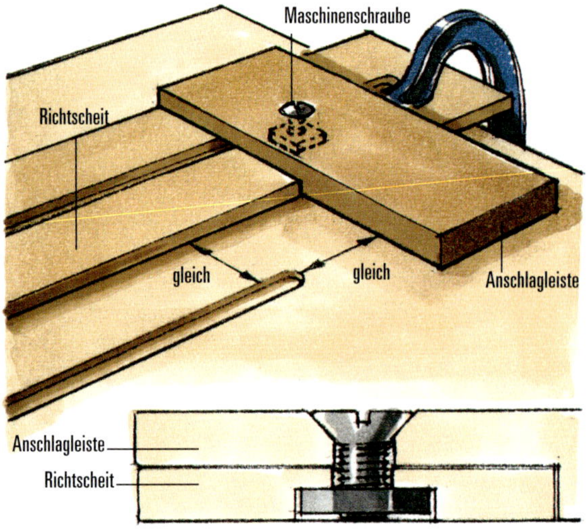

Abgesetzte Nuten fräsen

Sie können das Ende einer abgesetzten Nut mit Bleistift auf dem Richtscheit anzeichnen und den Fräser aus dem Werkstück nehmen, wenn Sie diese Markierung erreichen. Es wird jedoch genauer, wenn Sie auf dem Richtscheit kurze Leisten als Anschlag für die Fräse anbringen. Verwenden Sie dazu versenkte Maschinenschrauben, die mit Gewindeplättchen verbunden werden, die in einer Nut in der Unterseite des Richtscheits laufen.

Abgestufte Richtscheite

Zum Bearbeiten einer unebenen Oberfläche verwenden Sie ein abgestuftes Richtscheit, das aus zwei Leisten hergestellt wird. Schneiden Sie eine Leiste um 63 mm breiter als die andere und leimen Sie sie so zusammen, dass ihre Hinterkanten bündig sind. Setzen Sie einen geraden Fräser ein, führen Sie die Fräse entlang der oberen, schmaleren Leiste und fräsen Sie die Kante der unteren Leiste parallel dazu. Wenn Sie mehrere Schnitte vornehmen möchten, bringen Sie noch ein Kopfstück an.

Klemmen Sie das abgestufte Richtscheit wie schon beschrieben quer über das Werkstück und verändern Sie die Frästiefe um die Stärke der unteren Leiste. Führen Sie die Fräse über die abgestufte Fläche der Leiste, wobei die obere Leiste als Führungskante dient.

Herstellen eines T-Winkels

Um das Richtscheit rechtwinklig an die Kante eines Werkstücks anzulegen, fertigen Sie sich einen T-Winkel, indem Sie ein Kopfstück an dem Richtscheit anbringen.

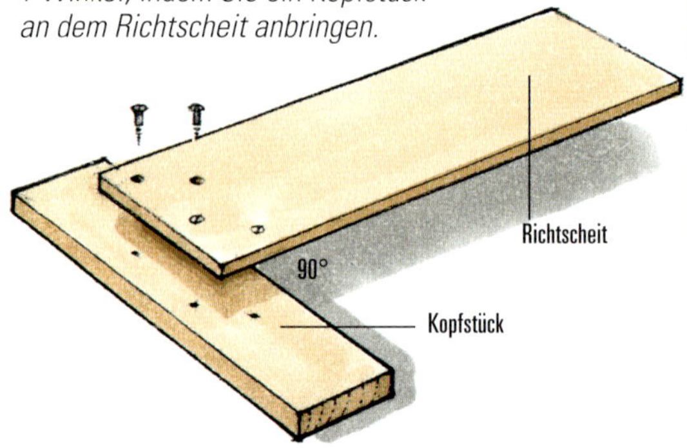

1 Das Kopfstück anbringen

Schneiden Sie ein 400 mm langes Kopfstück aus 75 x 12 mm Hartholz. Das Kopfstück wird in einem Winkel von genau 90° an das Ende des Richtscheits geschraubt und verleimt.

2 Fräsen der Mittelnut

Klemmen Sie den T-Winkel an ein Abfallbrett. Setzen Sie einen geraden Fräser ein und stellen Sie die Frästiefe auf ein Drittel der Stärke des Kopfstücks ein. Fahren Sie mit der Grundplatte der Fräse an der Schiene des T-Winkels entlang und fräsen Sie einen Schlitz in das Kopfstück. Setzen Sie dann einen V-Nutfräser ein. Führen Sie die Fräse am T-Winkel entlang und fräsen Sie eine dünne Linie entlang der Mittellinie des Schlitzes.

3 Eine andere Führung

Alternativ dazu können Sie den Schlitz im Kopfstück mit demselben Fräser schneiden, den Sie auch für die Nut im Werkstück verwenden möchten. Richten Sie den Schlitz mit der angezeichneten Nut auf dem Werkstück aus. Wenn Sie den Winkel später mit einem Fräser anderer Größe verwenden möchten, leimen Sie ein Hartholzstück in den Schlitz und fräsen Sie einen neuen Schlitz.

T-Winkel anlegen

Ein T-Winkel wird exakt angelegt, indem man die V-Nut im Kopfstück an einem auf dem Werkstück angezeichneten Schnitt ausrichtet. Beispielsweise wird die V-Nut an der Mittellinie einer angezeichneten Nut ausgerichtet.

Abgewinkelten T-Winkel herstellen

Wenn Sie Nuten in einem anderen Winkel in ein Werkstück fräsen möchten, befestigen Sie das Kopfstück mit einer Wagenbauschraube und einer Flügelmutter an der Schiene. Fräsen Sie in das Kopfstück eine Kerbe, in die eine Bügelschraubzwinge passt. Wenn Sie den Winkel nur für gleiche Schnitte verwenden, können Sie das Kopfstück im gewünschten Winkel fest an ein Richtscheit schrauben.

Fräsrahmen

Um eine breite oder zwei parallele Nuten zu fräsen, führen Sie die Fräse zwischen zwei miteinander verbundenen Richtscheiten. Bei einem verstellbaren Rahmen, dessen Teile mit Wagenbauschrauben und Flügelmuttern verbunden sind, können Sie die Richtscheite auf jeden beliebigen Winkel einstellen.

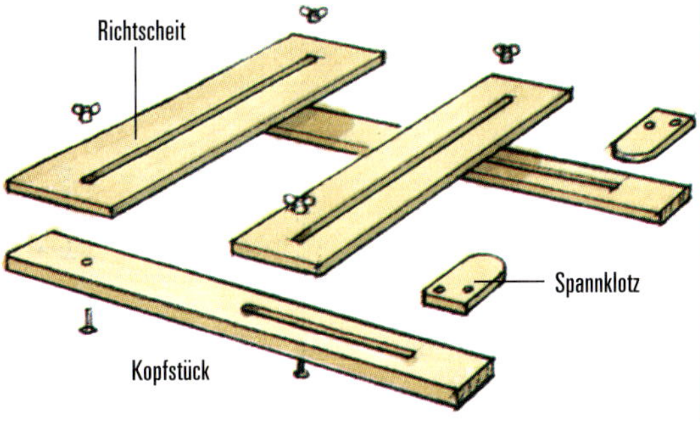

1 Herstellen eines Fräsrahmens

Fertigen Sie zwei 600-mm-Kopfstücke aus 75 x 12 mm Hartholz. Bohren Sie ein 6-mm-Loch in das eine Ende der beiden Kopfstücke und fräsen Sie zum anderen Ende hin 6 mm breite Langlöcher entlang der Mittellinie des Kopfstücks. Schneiden Sie ebensolche Langlöcher in zwei 150 mm breite Richtscheite. Fräsen Sie in beide Kopfstücke eine Führungsnut.

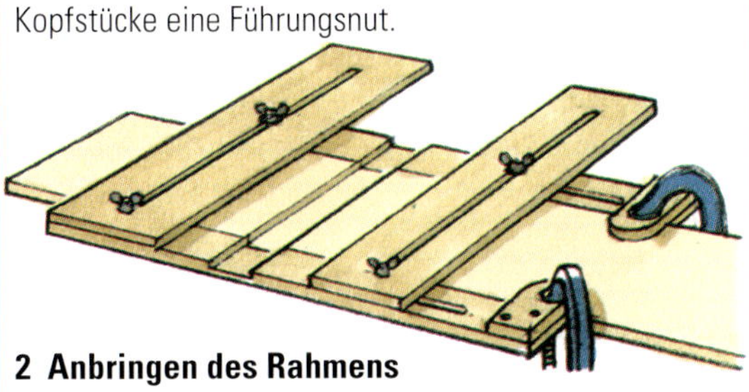

2 Anbringen des Rahmens

Schieben Sie die Kopfstücke an die beiden Kanten des Werkstücks. Stellen Sie ein Richtscheit auf den nötigen Winkel ein und ziehen Sie die Flügelmuttern an. Stellen Sie dann das andere Richtscheit ein. Prüfen Sie Position und Winkel und zwingen Sie den Rahmen an den Holzklötzen fest, die an den Kopfstücken befestigt sind.

Rahmen für Oberflächenprofile

Um Profile in die Oberfläche eines Quadrats oder Rechtecks zu fräsen, bringen Sie zwei Leisten zwischen den Richtscheiten eines Fräsrahmens an. Schrauben Sie diese fest oder befestigen Sie sie mit Maschinenschrauben. Wenn Sie innen an einem Rahmen entlangfräsen, führen Sie die Fräse im Uhrzeigersinn.

Verwenden von Kopierringen

Mit Hilfe von Kopierringen lässt sich eine Fräse einfach und direkt führen. Kopierringe können in Verbindung mit Schablonen und Richtscheiten verwendet oder oft auch direkt an der Kante des Werkstücks entlanggeführt werden. Ein Kopierring ist eine Art ringförmiger Metallanschlag. Er ist mit dem Fräser konzentrisch und ragt über die Unterseite der Grundplatte heraus. Der Kopierring stellt sicher, dass zwischen der Schneide des Fräsers und der Schablone bzw. der Führungskante immer der gleiche Abstand gehalten wird.

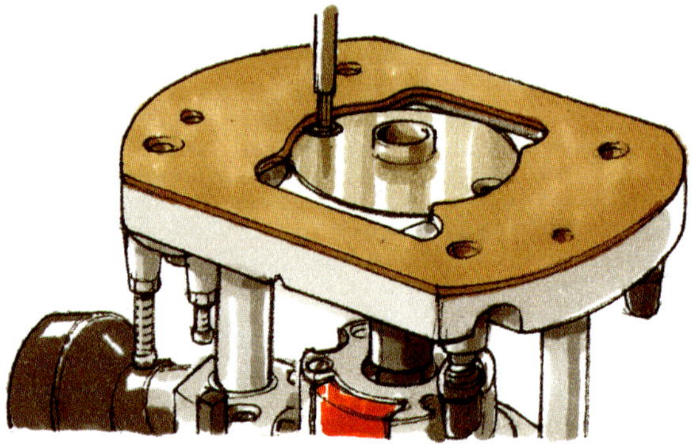

Kopierringe einsetzen

Die einzelnen Fräsenhersteller verwenden verschiedene Methoden zum Einsetzen von Kopierringen. Am häufigsten wird der Kopierring mit zwei Senkkopfschrauben befestigt. Dazu befinden sich in der Grundplatte zwei Bohrungen, so dass der Kopierring immer konzentrisch zum Fräser angebracht wird. Bei anderen Modellen werden die Kopierringe mit Rundkopfschrauben befestigt. Es gibt jedoch auch Kopierringe mit Bajonettfassung.

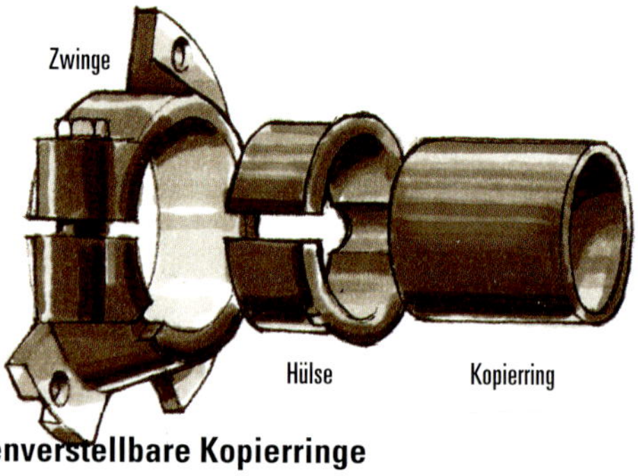

Höhenverstellbare Kopierringe

Es gibt Kopierringe, deren Höhe sich einstellen lässt. Diese werden bei schweren Fräsen für Arbeiten verwendet, bei denen der Kopierring auf einer größeren Fläche an der Führungskante oder Schablone aufliegen muss. Damit können Sie auch die Höhe des Spunds regulieren. Diese Kopierringe werden entweder durch eine Klemmschraube gehalten, die oberhalb der Grundplatte angebracht ist, oder verfügen über ein Gewinde und können in eine Halterung an der Unterseite der Grundplatte eingeschraubt werden.

Kopierringabstand

Kopierringe gibt es in verschiedenen Durchmessern. Dadurch werden nicht nur die verschiedenen Fräsergrößen abgedeckt, sondern Sie können auch verschiedene Kombinationen von Fräser und Kopierring verwenden. Der Durchmesser des Fräsers ist jedoch immer geringer als der des Kopierrings. Durch den Abstand zwischen dem Außendurchmesser des Kopierrings und der Schneidkante des Fräsers ergibt sich der Kopierringabstand. Dies ist der Abstand zwischen der Kante der Schablone und der tatsächlichen Schnittlinie. Bei der Verwendung von Schablonen bzw. der Positionierung von Führungskanten muss der Kopierringabstand berücksichtigt werden.

Außenschablone

Innenschablone

Schablonen anfertigen

Eine Außenschablone (bei der man außen an der Kante entlangfährt) muss um den Kopierringabstand kleiner sein als die geplante Arbeit. Analog dazu muss eine Innenschablone (bei der man die Fräse an der Innenkante entlangführt) um dieses Maß größer sein. Zur Berechnung des Kopierringabstands ziehen Sie den Fräserdurchmesser vom Außendurchmesser des Kopierrings ab und teilen das Ergebnis durch zwei.

Abstand zum Fräser

Bei der Auswahl des Kopierrings und des Fräsers sollten Sie darauf achten, dass zwischen beiden genügend Abstand für den Auswurf der Frässpäne vorhanden ist. Der Abstand solltc etwa 3–4 mm betragen.

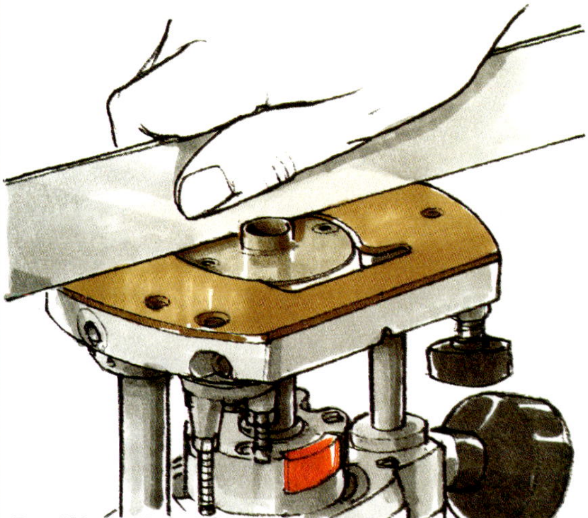

Das Werkstück schützen

Ganz gleich, welche Art Kopierring bei Ihrer Fräse eingesetzt wird, Sie sollten immer sicherstellen, dass weder der Flansch des Kopierrings noch die Schrauben an der Unterseite der Grundplatte überstehen. Der Flansch des Kopierrings sollte immer flach in der dafür vorgesehenen Aussparung liegen. Entfernen Sie Holzstaub und Harz aus der Aussparung, bevor Sie einen Kopierring einsetzen.

Stärke der Schablone

Wenn Sie mit Kopierringen arbeiten, sollten Sie immer darauf achten, dass das Schablonenmaterial so stark ist, dass der Kopierring nicht auf dem Werkstück aufsitzt. Ansonsten kann der Spund die Oberfläche des Werkstücks kratzen und der Fräser leicht verlaufen. Bei leichten und feinen Arbeiten können Sie die Höhe des Spunds auch verringern, indem Sie ihn abfeilen oder abschleifen.

Einlegestücke fräsen

Mit verschiedenen Kombinationen aus Fräser und Kopierring lassen sich für dekorative und konstruktive Arbeiten sowohl die Einlegestücke als auch die entsprechenden Vertiefungen einfach und präzise fräsen. Für solche Einlegearbeiten verwendet man zwei verschiedene Kopierringe mit demselben Fräser. Eine typische Kombination ist z.B. ein 50-mm-Kopierring, ein 26-mm-Kopierring und ein 12-mm-Fräser. Der Durchmesser des größeren Kopierrings minus dem Fräserdurchmesser muss hier dem Durchmesser des kleineren Kopierrings plus dem Fräserdurchmesser entsprechen. Wenn Sie für die Einlegestücke wertvolles Material verwenden, sollten Sie einen kleinen Fräser wählen, der möglichst wenig Frässpäne produziert. Sowohl die Ecken des Einlegestücks als auch der entsprechenden Aussparung müssen möglicherweise von Hand nachgearbeitet werden.

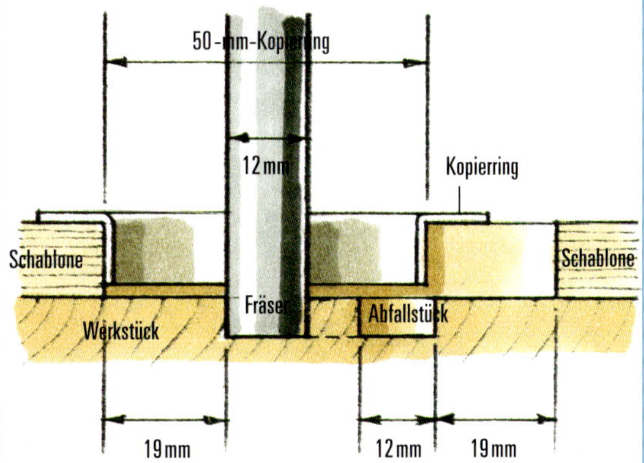

1 Vertiefung ausfräsen

Zum Ausfräsen der Vertiefung oder des Abfallstücks verwenden Sie den größeren Kopierring.

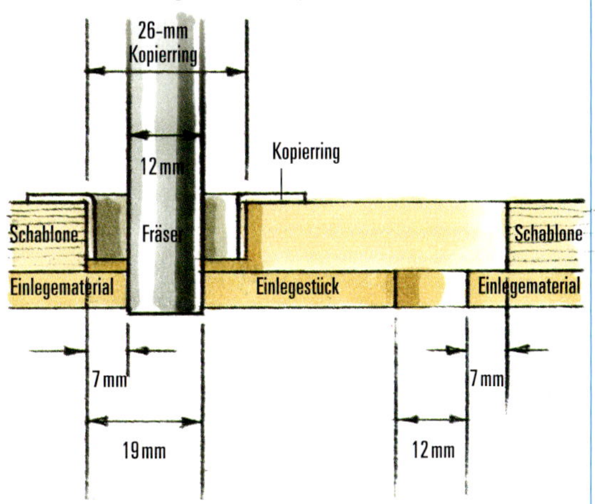

2 Einlegestück ausfräsen

Legen Sie den kleineren Kopierring ein und fräsen Sie das passende Einlegestück aus Furnier oder Massivholz.

Fräser mit eigener Führung

Beim Bündigfräsen, Profilieren und Fälzen von Kanten werden häufig Fräser mit eigener Führung verwendet. Diese Fräser haben einen festen Anlaufzapfen an der Spitze oder ein Anlaufkugellager, das an der Spitze oder am Schaft genau über den Schneiden angebracht ist. Fräser mit eigener Führung werden in der Regel für Arbeiten verwendet, bei denen der Fräser der Kontur der Werkstückkante oder einer Schablone folgt.

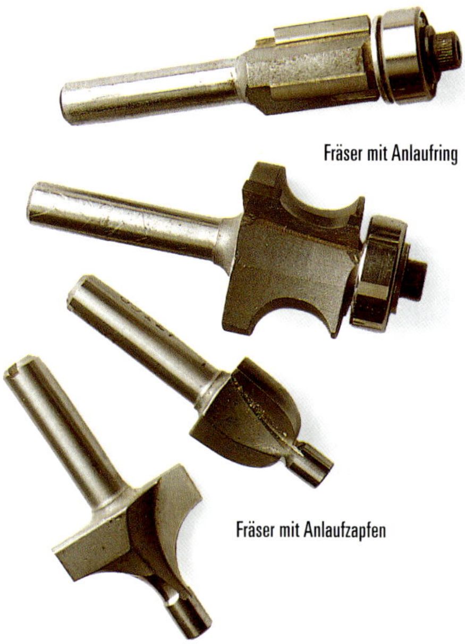

Fräser mit Anlaufring

Fräser mit Anlaufzapfen

Fräser mit Anlaufzapfen

Fräser mit Anlaufzapfen sind in der Regel um einiges günstiger als Fräser mit Anlaufkugellager. Außerdem kann der Anlaufzapfen sehr viel dünner sein als ein Anlaufring. Dadurch können Sie tiefer in Ecken fräsen. Die Reibung zwischen Führungszapfen und Holz kann jedoch leicht zu hohe Temperaturen verursachen, was zu Brandspuren auf der Schnittfläche führen kann. Fräser mit Anlaufzapfen sind daher eher für leichte sowie für feine und komplizierte Arbeiten geeignet.

Fräser mit Anlaufring

Diese Fräser verfügen über Anlaufkugellager, die in der Regel auf einen Gewindestift an der Spitze des Fräsers geschraubt und von einer kleinen Schraube oder Mutter festgehalten werden.
Wenn Sie einen Fräser mit Anlaufring verwenden, prüfen Sie zuerst, ob das Kugellager sicher sitzt. Üben Sie beim Fräsen seitlich nicht zu viel Druck auf den Anlaufring aus. Dadurch kann sich der Stift oder die Schraube mit dem Anlaufring leicht verbiegen.

Kantenbearbeitung

Anlaufringe und Anlaufzapfen folgen genau dem Profil der Führungskante, so dass auch alle Unregelmäßigkeiten mit übertragen werden. Achten Sie darauf, dass die Kanten des Werkstücks bzw. der Schablone glatt und gerade sind.

Pflege des Anlaufrings

Lassen Sie Anlaufringe möglichst nicht zu heiß werden. Dadurch wird das Schmierfett geschmolzen, was dazu führt, dass das Kugellager sich festfrisst oder bricht. Reinigen Sie einen Anlaufring niemals, indem Sie ihn in Lösungsmittel legen. Dadurch löst sich das Schmierfett, und es ist praktisch unmöglich, das Lager ausreichend nachzuschmieren.

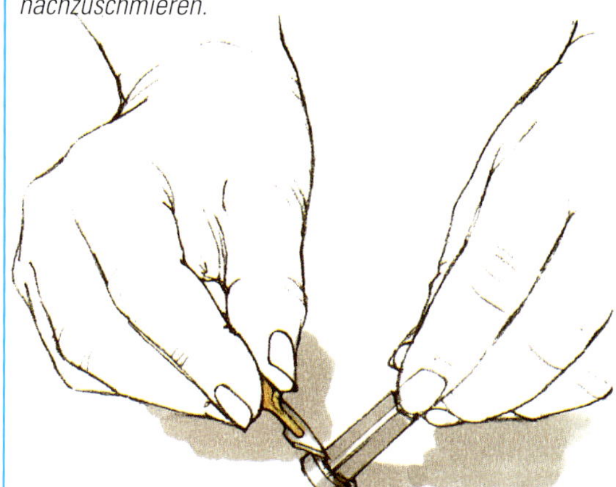

Ablagerungen entfernen

Entfernen Sie Ablagerungen vom Kugellager, indem Sie es vorsichtig mit einem mit Lösungsmittel befeuchteten Lappen abreiben. Sie können Ablagerungen auch vorsichtig abkratzen. Lassen Sie den Leim beim Aufbringen von Furnieren oder Beschichtungen immer gut trocknen, bevor Sie die Kanten bündig fräsen, da sich sonst das Kugellager zusetzen kann. Sie können beschädigte oder lockere Anlaufringe ersetzen, indem Sie die Halteschraube oder -mutter mit einem Imbus- oder Schraubenschlüssel entfernen und ein neues Lager anbringen.

Verwendung einer Tauchfräse
Bei Tauchfräsen gilt für Fräser mit eigener Führung dasselbe wie für einfache Fräser. Achten Sie jedoch darauf, dass der Anlaufring an einer geeigneten Kante entlanggeführt wird. Wird die Kante bis auf eine Stärke unter 3 mm abgefräst, zwingen Sie eine stärkere Leiste oder Schablone unter das Werkstück (siehe Seite 46).

Auf dem Schaft sitzende Anlaufringe
Wenn Sie Anlaufringe verwenden, die auf dem Schaft des Fräsers sitzen, stellen Sie die Frästiefe so ein, dass der Anlaufring ganz auf der Führungskante aufliegt. Bei flachen Schnitten sollten Sie die Stärke der Schablone oder des Richtscheits vergrößern, um eine ausreichende Führungsfläche zu haben.

Umgedrehte Fräse
Ähnliches gilt bei der Verwendung von Fräsen in Fräsständern oder Frästischen. Auch hier sollte der Anlaufring nicht an einer zu schmalen Kante entlanglaufen. Aus Sicherheitsgründen sollten Sie bei der Verwendung von Fräsern mit eigener Führung das Tischlineal und die Schutzhaube verwenden. Ist das nicht möglich, bringen Sie eine Schutzabdeckung über dem Fräser an.

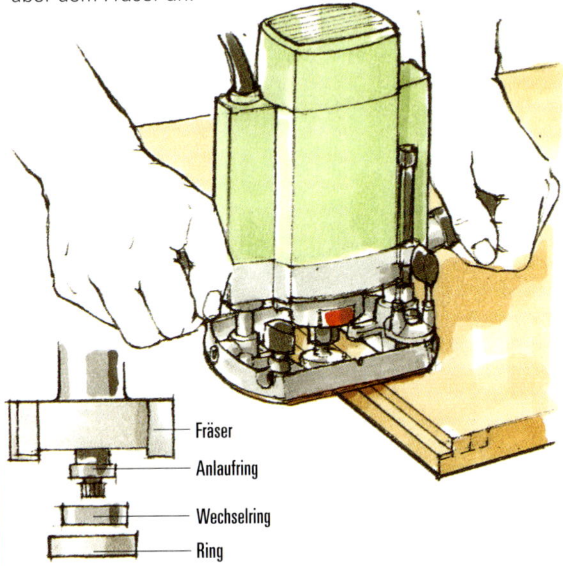

Fälzen mit Fräsern mit Anlaufring
Falze verschiedener Tiefe, abgestufte Falze oder abgestufte Zierprofile können Sie mit demselben Fräser herstellen, wenn Sie den Anlaufring gegen einen anderen Ring mit anderem Durchmesser ersetzen. Es gibt auch Ringe aus Metall oder Nylon, die auf einen Anlaufring aufgesetzt werden können, um dessen Durchmesser zu vergrößern. Wenn Sie beim Fachhändler keine solchen Zusatzringe bekommen, können Sie sich selbst solche Ringe auf einer Drehbank drehen. Der Innendurchmesser sollte straff auf einem normalen Anlaufring sitzen.

Kreise und Kurven fräsen

Es gibt natürlich Schablonen zum Fräsen von Bögen oder Kurven. Sie können sie jedoch auch mit Hilfe eines verstellbaren Stangenzirkels schneiden. Ein Stangenzirkel ist eine starre Stange, an deren Ende sich eine höhenverstellbare Zentrierspitze befindet. Stangenzirkel gibt es auch für Ellipsen. Da sich die meisten Fräser mit einem Stangenzirkel bestücken lassen, können Sie damit einfache oder profilierte Kreise und Ellipsen fräsen. Sie können aber auch eine gerade Kreisnut mit einem Stangenzirkel fräsen und anschließend das Profil mit einem Fräser mit Anlaufring anfräsen.

Einstellen des Stangenzirkels

Lösen Sie die Anschlagschraube, um die Länge der Zirkelstange auf den gewünschten Radius einzustellen. Wenn Sie Außenbögen schneiden, müssen Sie den Abstand von der Zentrierspitze bis zur inneren Schneide messen, für einen Innenbogen wird der Fräserdurchmesser eingerechnet und bis zur äußeren Schneide gemessen.

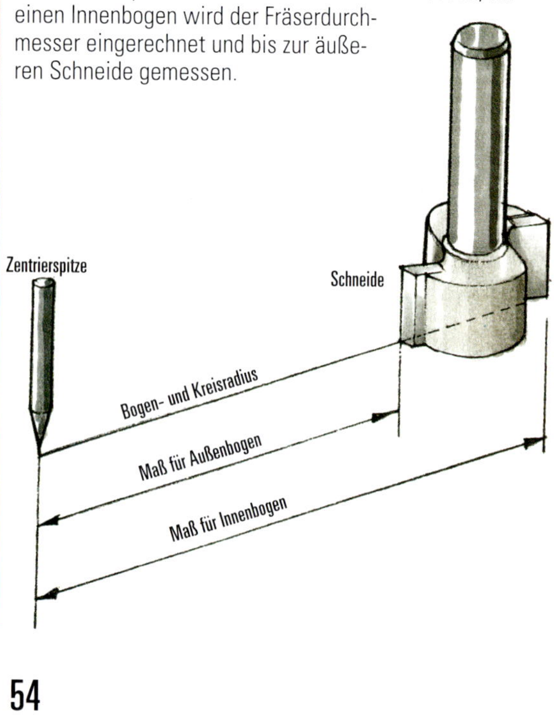

Einstangenzirkel

Der einfachste Stangenzirkel besteht lediglich aus einer Stange, die in die Führung des Parallelanschlags auf der Grundplatte der Fräse eingesetzt wird. Die Zentrierspitze ist in der Regel in ein Gewinde am Ende der Stange eingedreht und kann in der Höhe verstellt werden.

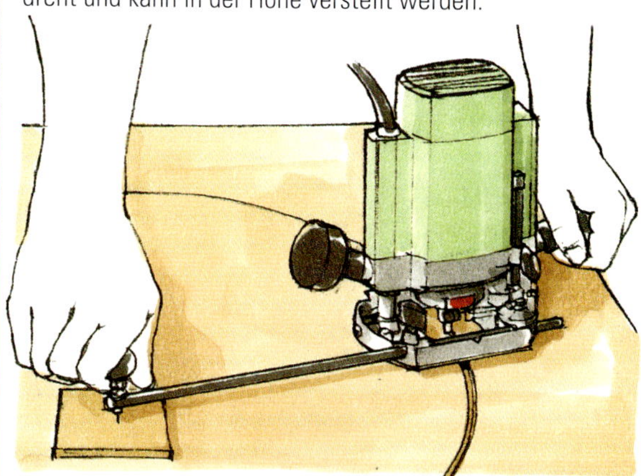

Fixieren der Zentrierspitze

Wenn Sie in wegfallende Holzbereiche oder in eine Fläche fräsen, die gefüllt oder beschichtet werden kann, können Sie die Zentrierspitze direkt in die Oberfläche des Werkstücks drücken. Soll die Zentrierspitze keine Spuren hinterlassen, kleben Sie mit einem Stück doppelseitigem Klebeband oder Heißleim ein kleines Sperrholzstückchen auf den Mittelpunkt.

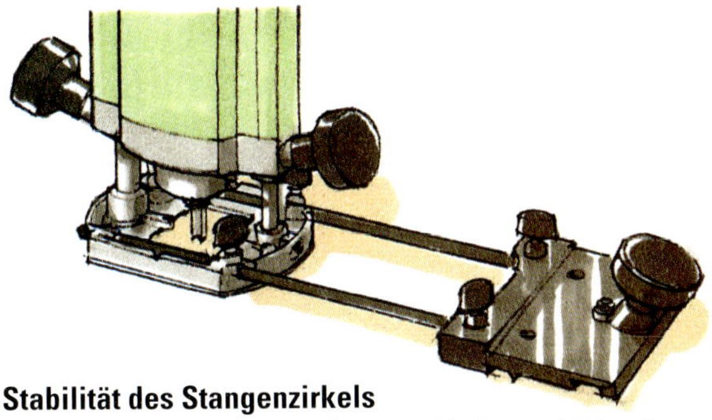

Stabilität des Stangenzirkels

Achten Sie darauf, dass der Stangenzirkel so stabil ist, dass er sich beim Fräsen nicht verbiegt, da sonst der Radius beim Führen der Fräse um den Mittelpunkt nicht gleichmäßig wird. Um große Kreise zu fräsen, verwenden Sie am besten einen Stangenzirkel mit zwei Stangen oder einer flachen Zirkelleiste, die zusätzlich an der Grundplatte angebracht wird.

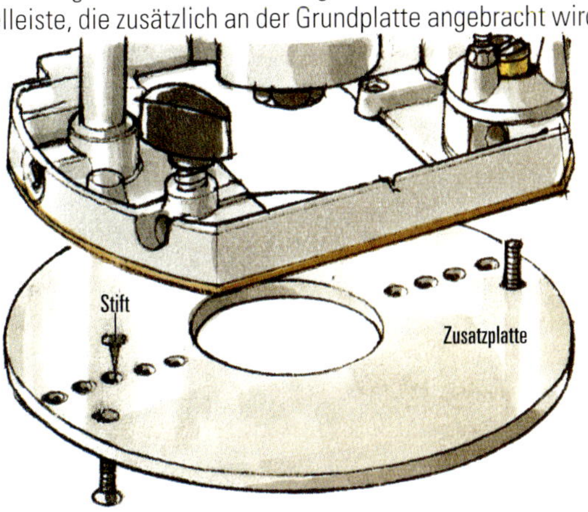

Kleine Kreise fräsen

Um Kreise zu fräsen, die einen kleineren Durchmesser als die Grundplatte haben, verwenden Sie eine Zusatzplatte mit integrierter Zentrierspitze. Schneiden Sie sich dazu eine Scheibe aus Polycarbonat oder splitterfreiem Acryl zu. In diese Scheibe bohren Sie mehrere Senklöcher für einen Stift oder eine Zwecke mit großem Kopf, so dass der Radius in gleichmäßigen Abständen eingestellt werden kann. Setzen Sie den Stift in das gewünschte Loch und schrauben Sie die Zusatzplatte an die Grundplatte der Fräse.

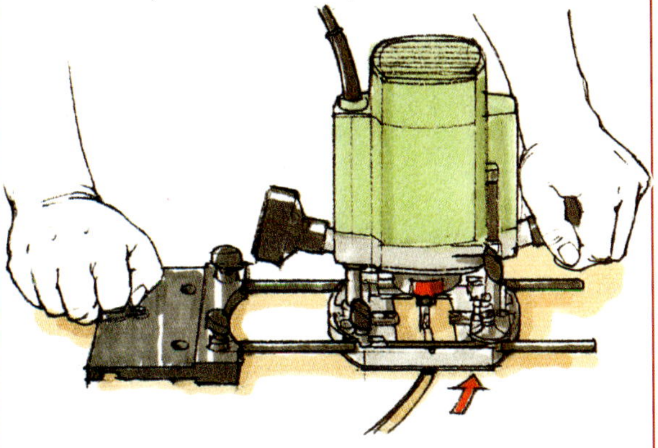

Mit dem Stangenzirkel arbeiten

Wenn Sie einen Stangenzirkel verwenden, drücken Sie die Zentrierspitze fest in das Werkstück oder das Unterlegplättchen. Führen Sie die Fräse gegen den Uhrzeigersinn.

Ellipsen fräsen

Ellipsenzirkel oder Schablonen haben zwei verschiebbare Drehzapfen. Einer dient zum Einstellen der Länge der großen Achse, der andere zum Einstellen der kleinen.

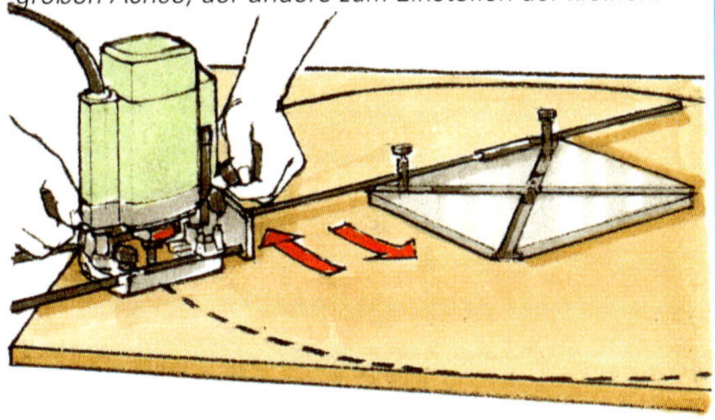

Führungsrichtung

Beide Drehzapfen laufen in T-Schlitzen oder T-Nuten, die rechtwinklig zueinander in eine Mittelplatte gefräst wurden. Diese Platte wird in der Mitte des Werkstücks befestigt, bevor die Länge der Achsen eingestellt wird. Zum Schneiden der Ellipse wird die Fräse um die Mittelplatte geführt. Da beide Drehzapfen fest in ihren Schienen laufen, kann die Fräse beim Schneiden der Ellipse in beide Richtungen geführt werden. Es ist besser, die Fräse in der Drehrichtung des Fräsers zu führen (Hinterfräsen), da so die Holzfasern kaum ausreißen und Sie eine glattere Kante erhalten.

Mehrere gleiche Schnitte durchführen

Wenn Sie mehrere Schnitte vom gleichen Mittelpunkt aus machen, kann die Zirkelspitze ihr Einsatzloch vergrößern. Es gibt zwei Möglichkeiten, das zu verhindern.

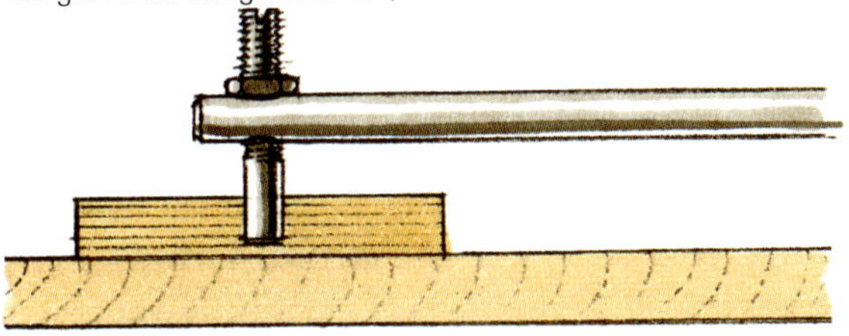

1 Verwenden eines Gewindebolzens

Ersetzen Sie die Gewindespitze des Zirkels durch einen Bolzen mit Teilgewinde. Bohren Sie ein Loch mit passendem Durchmesser in den Unterlegklotz.

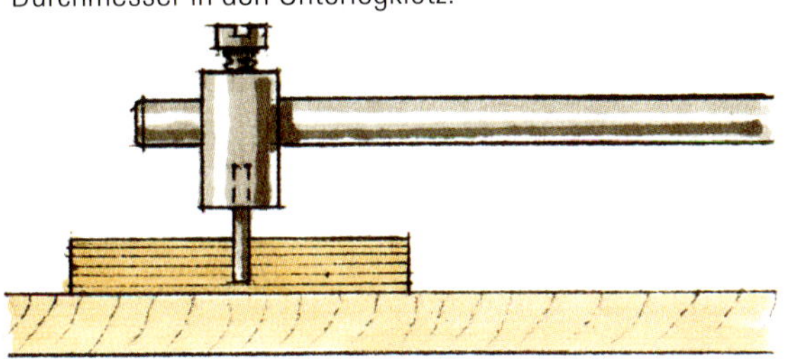

2 Verwenden eines Führungskopfs

Fertigen Sie einen verstellbaren Führungskopf, der sich auf der Zirkelstange verschieben lässt. Setzen Sie diesen lose auf einen Drehzapfen.

Schablonen

Schablonen erleichtern in Verbindung mit Kopierringen und Fräsern mit Anlaufringen anspruchsvolle Fräsarbeiten wie das Flachrelieffräsen und ermöglichen es, sich wiederholende Prozesse wie das Fräsen von Holzverbindungen und Scharnieraussparungen schnell und genau auszuführen. Schablonen sparen Zeit und verringern die Produktion von Ausschuss. Sie sind zur schnellen und sicheren Fixierung häufig in Spannvorrichtungen eingesetzt. So lassen sich auch mehrere Werkstücke gleichzeitig bearbeiten.

Schablonen anfertigen

Sie können Schablonen mit traditionellen Handwerkzeugen, einer elektrischen Stichsäge oder anderen Elektrowerkzeugen herstellen. Häufig ist es jedoch sinnvoll, die Fräse selbst zu verwenden, da Sie mit der Fräse saubere und rechtwinklige Schablonenkanten schneiden können.

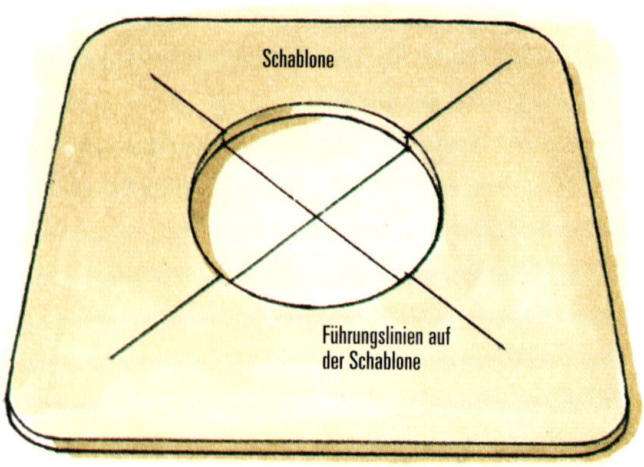

Positionieren der Schablone

Sie können Positionierungsleisten, Klötze oder Holzdübel an der Schablone anbringen, um sie damit genau auf dem Werkstück auszurichten. Man kann die Schablone auch mit Mittellinien und Positionierungsmarkierungen versehen und sie an entsprechenden Markierungen auf dem Werkstück ausrichten.

Schablonenmaterial

Schablonen können aus jedem beliebigen glatten Plattenmaterial hergestellt werden, das sich leicht bearbeiten lässt. Das Material muss so dick sein, dass ein Kopierring nicht auf dem Werkstück aufsitzt. Es darf aber nicht so dick sein, dass die erforderliche Frästiefe nicht mehr erreicht wird. MDF ist für die meisten Arbeiten gut geeignet, für komplizierte und häufig verwendete Schablonen ist es jedoch besser, splitterfreien Kunststoff wie Polycarbonat zu verwenden.

Schablonen fixieren

Spannen Sie Schablonen immer fest ein. Positionierungsleisten und das Gewicht der Fräse reichen meist nicht aus. Es ist besser, die Schablone mit Zwingen oder anderen Mitteln zu fixieren. Schablonen können an groben, lackierten oder unauffälligen Stellen auf das Werkstück geschraubt oder mit Stiften befestigt werden. Bei glatten Oberflächen können Sie auch doppelseitiges Klebeband verwenden, sofern beide Flächen staub- und fettfrei sind. Um eine bessere Klebewirkung zu erzielen, können Sie die Oberfläche der Schablone (und falls möglich auch die des Werkstücks) mit Schleifgrund versiegeln.

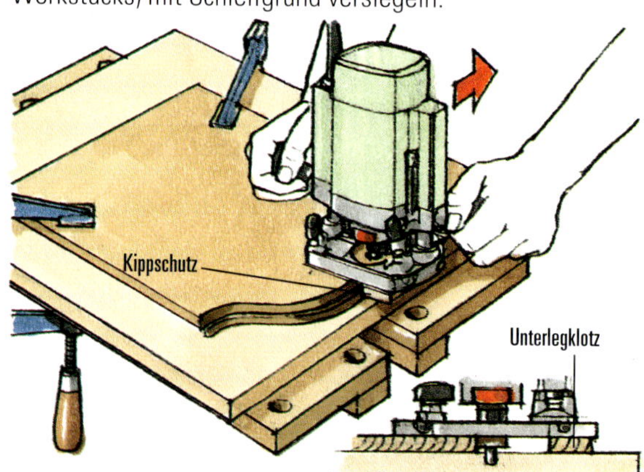

Stützen der Fräse

Die Schablonen sollten der Fräse so weit wie möglich als Auflage dienen. Wenn die Fräse an der Kante einer Schablone oder des Werkstücks übersteht, legen Sie Klötze unter oder bringen Sie einen Kippschutz an der Grundplatte der Fräse an.

KAPITEL 6

Fräsarbeiten

Was die Arbeit mit der Oberfräse so attraktiv macht, ist ihre Vielseitigkeit. Mit einer einfachen Handfräse können Sie eine Reihe von Arbeiten erledigen, vom Fräsen einfacher Nuten bis zum Bohren von Löchern. Und das ist nur der Anfang. Mit Fantasie und etwas Erfahrung können Sie Zierprofile, Hohlkehlen oder Rundstäbe in sich verjüngende Werkstücke schneiden oder dekorative Wandvertäfelungen fräsen.

Nuten

Nuten sind nichts weiter als in die Oberfläche oder die Kante eines Werkstücks geschnittene Rillen oder Schlitze. Eine Längsnut verläuft immer in Längsrichtung, parallel zur Faser, eine Quernut dagegen quer zur Faser. Bei der Bearbeitung von Verbundmaterial, wie MDF, gibt es kaum einen Unterschied. Dennoch verwenden wir auch hier den Begriff Quernut, wenn dies von den Proportionen des Werkstücks her sinnvoll ist.
Längsnuten werden verwendet, um Schrankrückwände oder Schubladenböden einzusetzen. Auch Türrahmen haben häufig innen eine Nut, um Füllungen aufzunehmen. Quernuten werden eher konstruktiv verwendet, wie zum Einsetzen fester Regalböden oder zum Einsetzen der Trittflächen von Treppenstufen.

Längsnuten fräsen

Zum Fräsen von Längsnuten in die Oberfläche eines Werkstücks legen Sie das Holz flach auf eine Werkbank oder Sägeböcke. Achten Sie darauf, dass keine Zwingen oder Spannzangen die Fräse behindern. Führen Sie beim Fräsen den Parallelanschlag oder die Grundplatte der Fräse fest an einer Führungskante entlang, damit das Fräswerkzeug nicht verläuft.
Beim Fräsen einer durchgehenden Nut senken Sie den Fräser ab, bevor Sie ihn in das Werkstück führen. Wenn Sie eine abgesetzte Nut fräsen, senken Sie den Fräser entweder an einer Bleistiftmarkierung ab, die die Länge der Nut vorgibt, oder bringen Sie Begrenzungsleisten an ein Richtscheit an, das als Führung verwendet wird.

Breite Nuten

Ist eine Nut oder ein Schlitz zu breit, um in einem Durchgang gefräst zu werden, setzen Sie einen kleineren geraden Nutfräser ein und führen Sie mehrere parallele Schnitte aus. Fräsen Sie zunächst den ersten Schnitt in mehreren Etappen auf die gewünschte Tiefe. Stellen Sie den Parallelanschlag oder die Führungsleiste dann nach, so dass die Nut breiter wird.

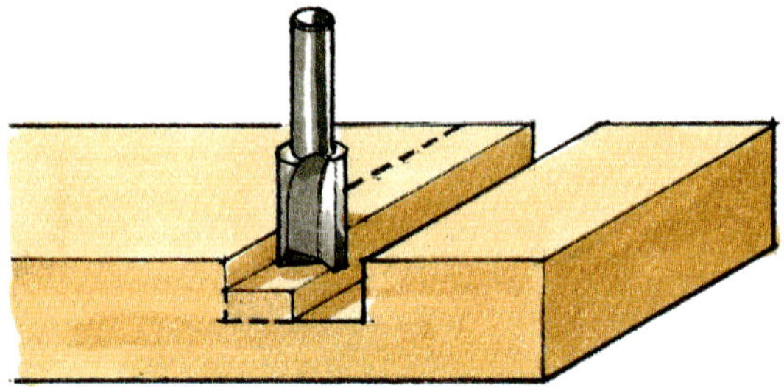

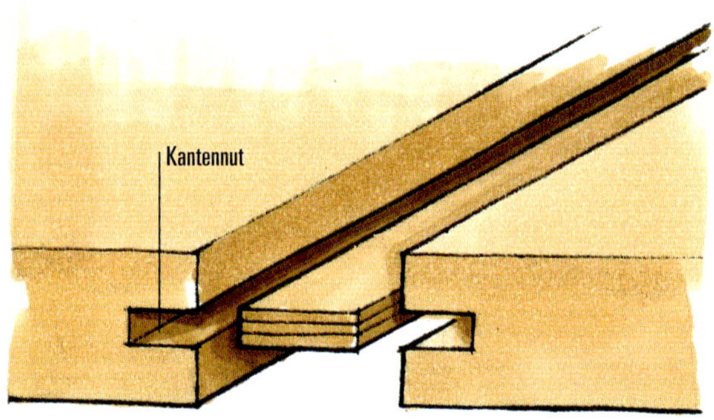

Kantennuten fräsen

Sie können Brettkanten verbinden, indem Sie in die Kanten Nuten fräsen und in diese eine Sperrholzfeder leimen. Wenn Sie einen normalen geraden Nutfräser verwenden, klemmen Sie das Werkstück hochkant in die Vorderzange oder mit Bügelzwingen an die Vorderkante der Hobelbank. Lange Werkstücke müssen an den Enden und in der Mitte abgestützt werden, damit sie sich nicht durchbiegen. Mit einem doppelten Parallelanschlag lässt sich die Fräse sicher auf der vorgesehenen Linie führen.

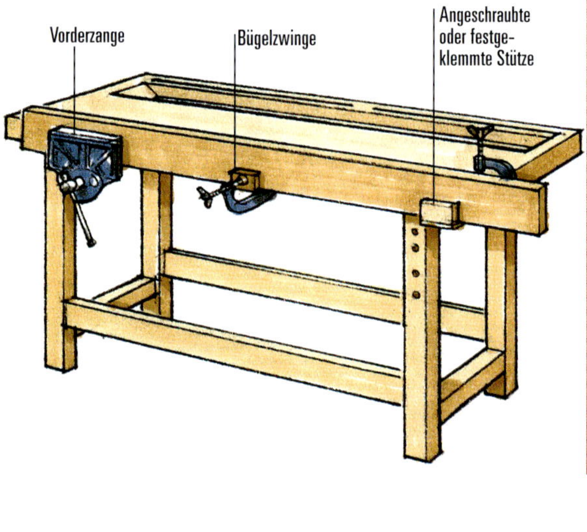

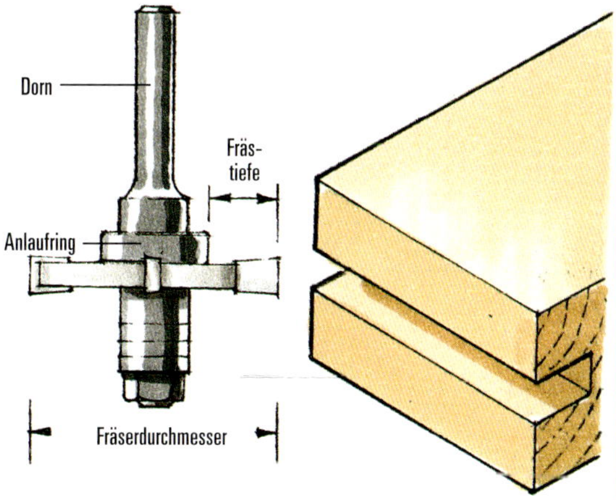

Verwendung eines Scheibennutfräsers

Auf einen Dorn montierte Scheibennutfräser können einzeln oder kombiniert verwendet werden, um Schlitze oder Nuten in die Kanten zu fräsen. Das Werkstück ist dabei entweder flach auf einer Werkbank oder hochkant eingespannt. In ein hochkant eingespanntes Werkstück können Sie so Nuten und Schlitze bis zu einem bestimmten Abstand von der Werkstückkante fräsen. Die Frästiefe ergibt sich aus dem Radius des Fräsers minus dem des Anlaufrings. Der Anlaufring kann über oder unter dem Fräsmesser auf den Dorn aufgesetzt werden. Mit dieser Art Fräser können Sie die meisten Schlitze und Nuten zwar in einem Frässgang schneiden, Sie sollten jedoch bei schwierigem Holz die Frästiefe für den ersten Durchgang begrenzen, indem Sie den Parallelanschlag entsprechend einstellen.

Kreisnuten fräsen

Möchten Sie eine Kreisnut in einem perfekten Bogen schneiden, um etwa bei einem Schreibtisch einen Möbelrolladen einzusetzen, bringen Sie einen Stangenzirkel an die Fräse an. Befestigen Sie das Werkstück auf einer ebenen Unterlage und zeichnen Sie den Kreismittelpunkt an. Befindet sich der Kreismittelpunkt nicht auf dem Werkstück, kleben oder schrauben Sie vorübergehend ein Holzstück auf die Hobelbank und setzen Sie die Zirkelspitze dort auf.

Ungleichmäßige Kurven nachfahren

Um eine Nut mit einem unregelmäßigen Kurvenverlauf zu fräsen, verwenden Sie eine Führung, mit der Sie an einer Außen- oder Innenschablone entlangfahren können. Die Schablone sollte dabei immer fest auf das Werkstück gespannt sein.

Quernuten fräsen

Zum Fräsen einer Quernut verwenden Sie ein Richtscheit oder einen T-Winkel, an dem Sie die Fräse entlangführen. Damit die Nuten für die Einlegeböden eines Schranks auf beiden Seiten gleich sind, spannen Sie entweder beide Schrankseiten nebeneinander auf und bearbeiten sie gleichzeitig, oder Sie fräsen die Nuten in gleichmäßigen Abständen mit Hilfe einer Abstandsleiste.

Schräge Quernuten fräsen

Die Nuten für Treppentrittflächen werden nicht rechtwinklig in die Treppenzargen gefräst. Führen Sie die Fräse in diesem Fall mit Hilfe eines Richtscheits, das im gewünschten Winkel auf das Werkstück gespannt ist. Noch genauer und schneller können Sie mit einem verstellbaren T-Winkel arbeiten, den Sie selbst anfertigen können.

Ausrisse vermeiden

Bei Schnitten quer zur Faser reißen die Holzfasern nahe der Kante leicht aus, wenn der Fräser am Ende des Werkstücks angelangt ist. Dies lässt sich vermeiden, indem Sie eine Abfallleiste an die Kante klemmen, um die Holzfasern zu stützen. Wenn Sie auch ein Profil oder einen Falz an die Werkstückkante fräsen wollen, schneiden Sie die Quernut zuerst. Die ausgerissenen Fasern werden bei der Bearbeitung der Kante in Faserrichtung entfernt.

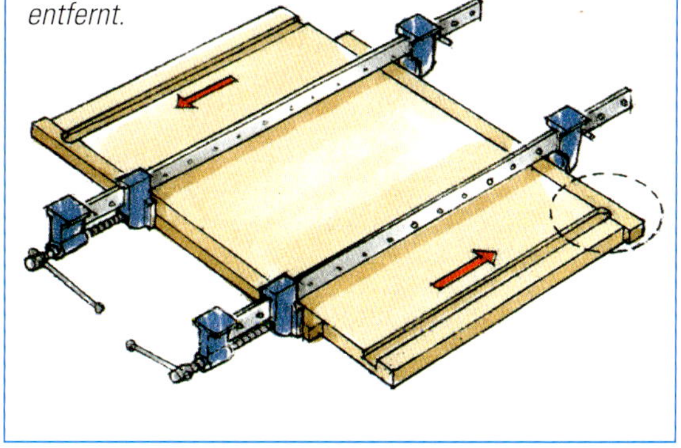

Falze fräsen

Ein an die Kante eines Werkstücks gefräster Falz oder Absatz wird häufig verwendet, um etwa eine Schrankrückwand oder den Boden einer Kiste einzusetzen. Ein beidseitiger Falz an einer Werkstückkante ergibt einen Spund.

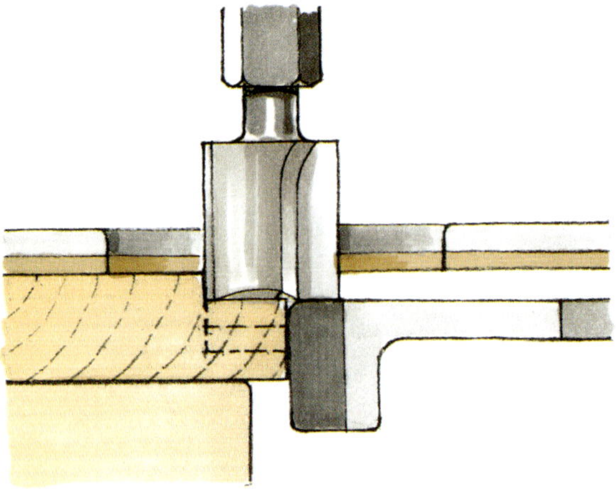

Verwendung eines geraden Nutfräsers

Verwenden Sie einen stirnschneidenden Nutfräser. Der Durchmesser des Fräsers sollte etwas größer als die Falzbreite sein. Stellen Sie den Parallelanschlag so ein, dass der Fräser mit der Innenkante des Falzes eine Linie bildet. Fräsen Sie in mehreren Schritten bis zur Falztiefe. Wenn Sie einen Fräser mit einem kleineren Durchmesser verwenden, fräsen Sie zuerst einen schmaleren Falz und erweitern ihn dann.

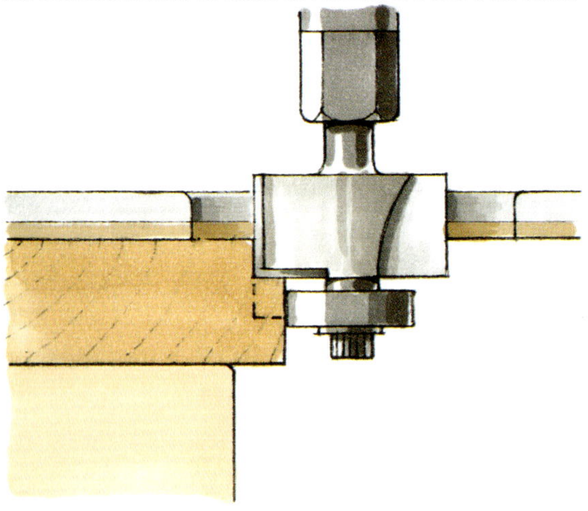

Verwendung eines Fräsers mit Führung

Fräser mit Führungszapfen oder Anlaufring können sowohl an geraden als auch gerundeten Kanten verwendet werden. Allerdings ist hier die Falzbreite durch die Größe der verfügbaren Fräser und Anlaufringdurchmesser beschränkt. Stellen Sie die Frästiefe für den ersten Schnitt ein und führen Sie den Anlaufring an der Werkstückkante oder einer darunter angebrachten Schablone entlang.

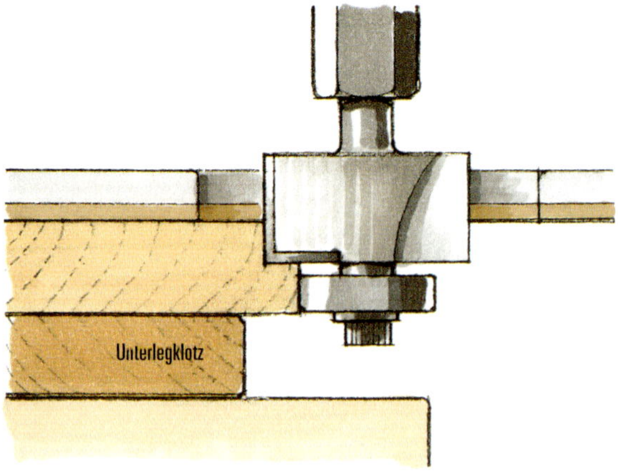

Platz für Anlaufring schaffen

In der Regel klemmt man ein Werkstück, das gefalzt werden soll, so auf die Hobelbank, dass es an den Kanten übersteht. Wird dies schwierig, etwa beim Bearbeiten eines runden oder ungleichmäßig geformten Werkstücks, müssen Sie für den Fräser Platz schaffen, indem Sie das Werkstück auf einen Unterlegklotz legen. Das Werkstück und der Unterlegklotz müssen festgespannt sein, bevor Sie mit dem Fräsen beginnen.

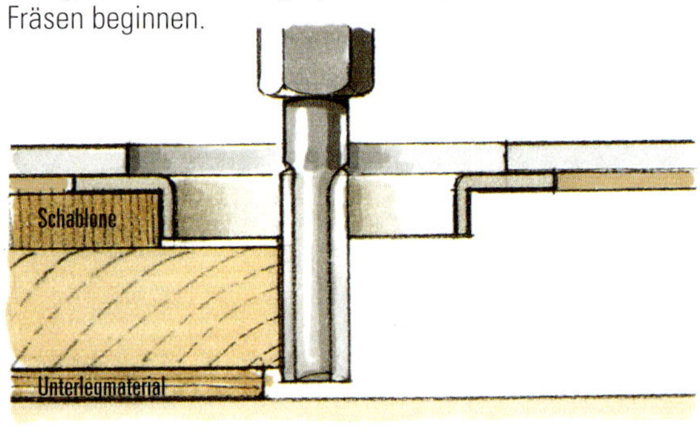

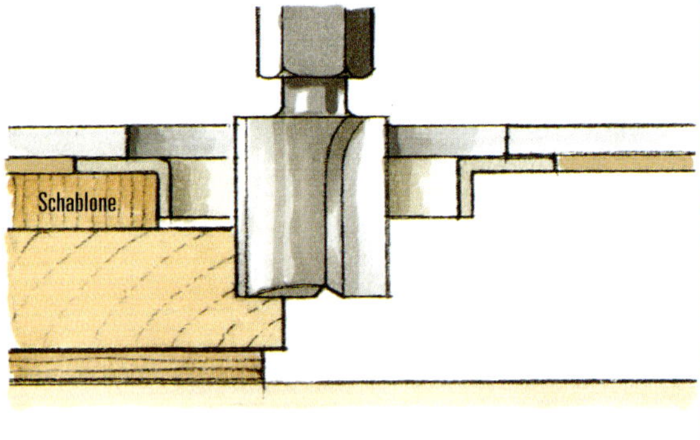

Verwendung von Schablone und Kopierring

Wählen Sie einen Kopierring und zwei gerade Nutfräser. Mit dem einen fräsen Sie die Kante rechtwinklig, mit dem anderen den Falz. Legen Sie dünnes Abfallholz unter das Werkstück und klemmen Sie beides fest. Bringen Sie die Schablone am Werkstück an. Vergessen Sie nicht, den Kopierringabstand zu berücksichtigen. Schneiden Sie mit dem dünneren Fräser die Kante des Werkstücks rechtwinklig. Zum Fräsen des Falzes nehmen Sie denselben Kopierring und ersetzen den schmaleren durch einen breiteren Fräser.

Kanten profilieren

Zierprofile werden sehr häufig eingesetzt, um Kanten von Tischplatten, Rahmen für Türfüllungen oder Deckel von Truhen zu gestalten. Für die Kantenbearbeitung wird in der Regel der Parallelanschlag oder ein selbstführender Fräser verwendet. Beim Profilieren von Kanten sollten Sie eine größere Zusatzplatte an der Grundplatte der Fräse anbringen, damit die Maschine nicht so leicht kippen kann.

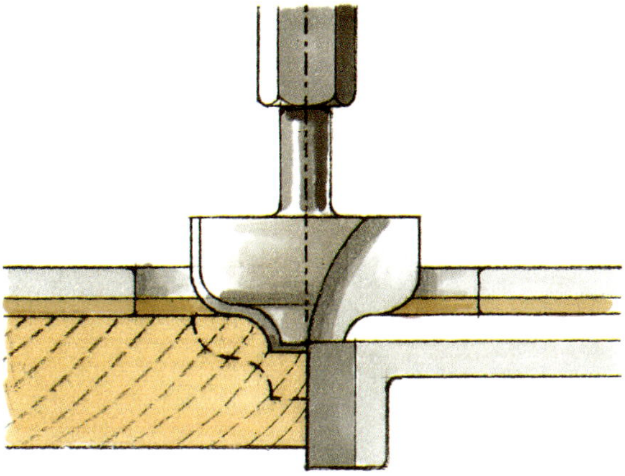

Gerade Kanten profilieren
Sorgen Sie dafür, dass die Werkstückkante rechtwinklig und glatt ist. Setzen Sie einen einfachen Profilfräser ein und richten Sie die Vorderkante des Parallelanschlags mit der Fräserachse aus. Stellen Sie die Frästiefe für den ersten Fräsgang ein und vergrößern Sie dann die Frästiefe.

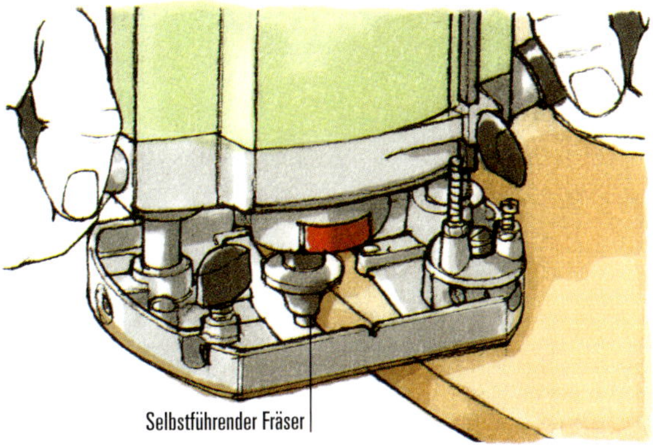

Verwendung von selbstführenden Profilfräsern
Selbstführende Profilfräser können sowohl an geraden als auch gebogenen Kanten eingesetzt werden. Durch die Verwendung von Anlaufringen unterschiedlichen Durchmessers lässt sich das Profil variieren. Stellen Sie die Frästiefe für den ersten Fräsgang ein und führen Sie den Anlaufring an der Werkstückkante oder einer darunter angebrachten Schablone entlang. Wenn Sie das Werkstück nicht so einspannen können, dass es an der Kante der Hobelbank übersteht, gehen Sie wie bei selbstführenden Falzfräsern vor.

Kanten vorfräsen

Um die Schneiden der Fräser so wenig wie möglich zu beanspruchen, sollten Sie das Werkstück vorher mit einer Stich- oder Bandsäge grob bis auf 3 mm vorschneiden. Schneiden Sie eine Schablone auf die endgültige Form des Werkstücks zu und fräsen Sie mit deren Hilfe und einem Bündigfräser die Kante gerade und rechtwinklig für das anschließende Profilieren vor.

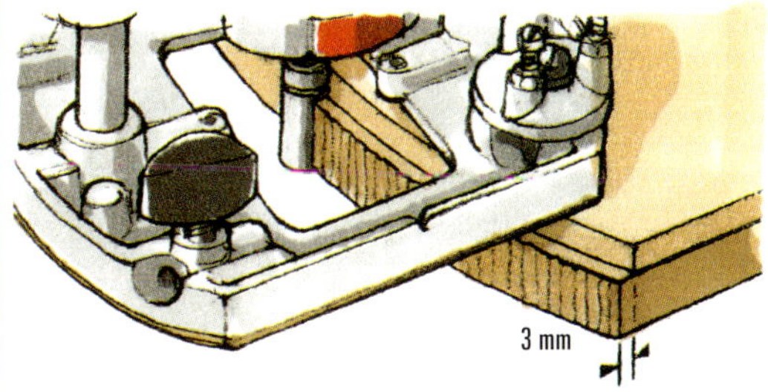

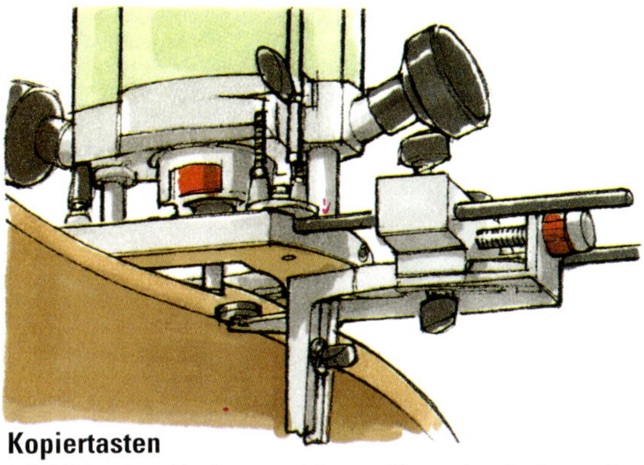

Kopiertasten
Mit Hilfe einer Kopiertaste können Sie auch mit einem einfachen Fräser ohne Führungszapfen oder Anlaufring an jede Krümmung einen Falz oder ein Profil fräsen. Eine Kopiertaste hat ein kleines Rad und wird mit Hilfe einer speziellen Halterung oder der Führungsstangen des Parallelanschlags seitlich an der Fräse befestigt.

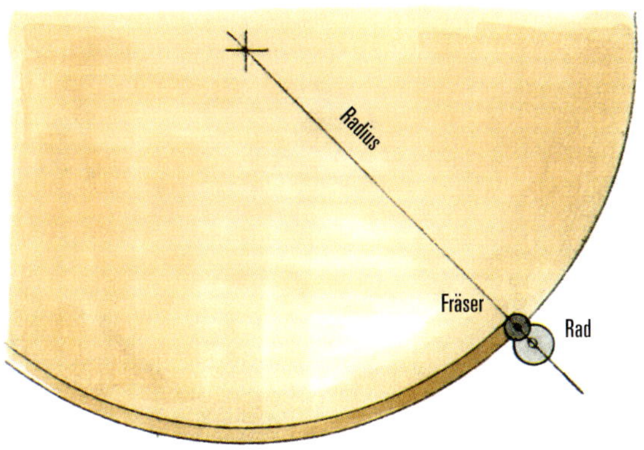

Kopiertaste und Fräser ausrichten
Beim Fräsen ist es wichtig, dass die Achsen von Rad und Fräser in einer Linie mit dem Radius der bearbeiteten Werkstückkante verlaufen.

Löcher bohren

Die meisten Schreiner würden wahrscheinlich eine Fräse nicht als Bohrer verwenden. Da der Tauchmechanismus der Fräse jedoch so ausgelegt ist, dass das Werkzeug in einem 90°-Winkel in das Werkstück abgesenkt und wieder herausgehoben werden kann, lassen sich mit einer Fräse sehr exakte Löcher bohren.
Verwenden Sie jedoch keine normalen Bohreinsätze oder Steinbohrer in einer Oberfräse. Es gibt spezielle Bohreinsätze, Dübellochbohrer und Scheibenschneider sowie gerade Bohrfräser und Spiralfräser zum Bohren. Kurze Dübellochbohrer mit geringer Spiralwindung werden zum Bohren von Dübellöchern verwendet. Halten Sie dabei immer die vom Hersteller empfohlenen Drehzahlen für den Fräser ein.

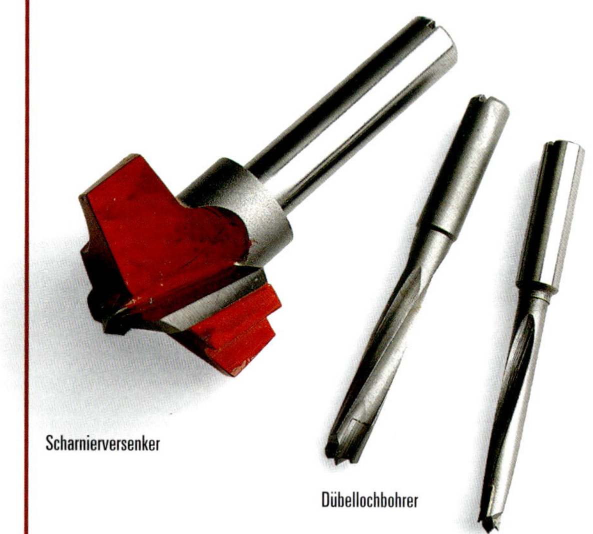

Bohrfräser

Fräser, die zum Bohren verwendet werden, müssen stirnschneidend sein. Gerade Fräser können zwar zum Bohren verwendet werden, aufwärts schneidende Spiralfräser werfen die Frässpäne jedoch weitaus besser aus. Wenn Sie gerade Fräser verwenden oder flache Löcher mit einem Fräser großen Durchmessers bohren, gehen Sie in mehreren Schritten vor. Heben Sie den Fräser nach jedem Durchgang ganz aus dem Werkstück, um die Späne zu entfernen. Dies empfiehlt sich auch bei anderen Fräsern, wenn die Späne den Fräser zusetzen oder dieser zu heiß wird.

Zentrieren der Fräse

Manche Fräser haben eine Zentrierspitze zum genauen Positionieren auf dem Werkstück. Flache Fräser und Bohrer müssen Sie jedoch mit Hilfe von Markierungen auf der Grundplatte und auf dem Werkstück ausrichten.

Grundplatte markieren

Wenn Ihre Fräse nicht schon vom Hersteller mit Zentrierungsmarkierungen auf der Grundplatte versehen wurde, zeichnen Sie zwei Linien, die sich in einem 90°-Winkel kreuzen, auf eine ebene Oberfläche. Setzen Sie einen spitzen Stift in die Spannzange ein und richten Sie die Spitze mit dem Mittelpunkt der sich kreuzenden Linien aus. Drehen Sie das Fräsengehäuse so, dass die Achsen der Tauchsäulen in einer Linie mit einer der Zentrierlinien liegen. Zeichnen Sie dann die vier Zentrierpunkte auf der Grundplatte der Fräse an. Überprüfen Sie die Markierungen, bevor Sie sie mit einer Dreiecksfeile einritzen.

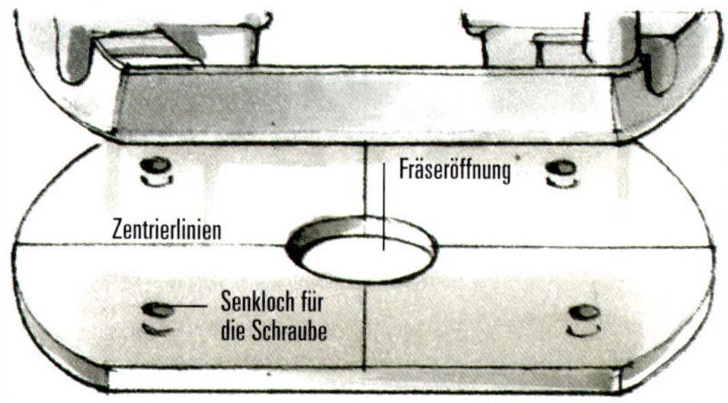

Zusatzplatte herstellen

Sie können stattdessen auch eine Zusatzplatte aus durchsichtigem splitterfreiem Kunststoff anbringen. Reißen Sie zwei Zentrierlinien an, die sich in einem 90°-Winkel kreuzen, bevor Sie das Material zuschneiden. Setzen Sie einen spitzen Stift in die Spannzange ein und kleben Sie doppelseitiges Klebeband auf die Unterseite der Grundplatte. Richten Sie die Spitze des Stifts mit dem Schnittpunkt der Linien aus und drücken Sie die Grundplatte auf die Kunststoffplatte. Zeichnen Sie den Umriss der Grundplatte auf der Kunststoffplatte an. Drehen Sie die Fräse mit der daran befestigten Kunststoffplatte um und zeichnen Sie die Mittelpunkte der Löcher für die Befestigungsschrauben an. Entfernen Sie die Kunststoffplatte und schneiden Sie sie zu, bevor Sie die Senklöcher für die Befestigungsschrauben bohren. Prüfen Sie noch einmal, ob der Mittelpunkt mit der Stiftspitze übereinstimmt.

Fixieren der Fräse

Damit die Fräse nicht verläuft, kleben Sie mit doppelseitigem Klebeband ein rundes Stück mittelfeines Schleifpapier an die Unterseite der Zusatzplatte.

Mit einer einfachen selbst gebauten Haltevorrichtung können Sie die Fräse noch genauer in Position halten. Zeichnen Sie den äußeren Umriss der Grundplatte auf die Mitte einer 300 x 300 mm großen MDF-Platte. Schneiden Sie den Umriss aus, so dass eine passende Öffnung für die Grundplatte der Fräse entsteht. Legen Sie die MDF-Platte auf das Werkstück, richten Sie den Mittelpunkt anhand von Kreuzlinien aus und fixieren Sie sie mit Zwingen oder Kantenleisten.

Verwendung eines Kopierrings

Eine andere Möglichkeit ist die Verwendung eines großen Kopierrings. Bohren Sie ein gleich großes Loch in die Mitte der Platte. Positionieren und fixieren Sie die Schablone und setzen Sie die Fräse mit Hilfe des Kopierrings auf.

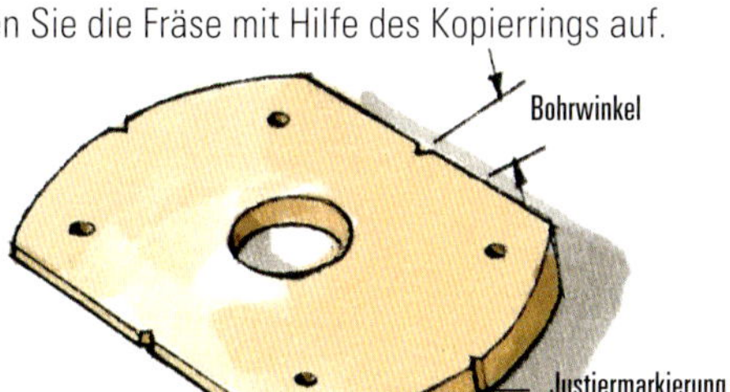

Schrägwinklig bohren

Um schrägwinklige Löcher zu bohren, verwenden Sie eine leicht abgeschrägte Zusatzplatte. Schneiden Sie die Zusatzplatte aus einem dicken Brett oder dickem Plastikmaterial. Markieren und bohren Sie ein großes Mittelloch für den Fräser. Schneiden Sie die Zusatzplatte auf den Winkel und feilen Sie Justiermarkierungen an die Kanten. Damit sich die Zusatzplatte auf dem Werkstück nicht bewegt, kleben Sie einen Bogen Schleifpapier auf die Unterseite.

Kopfsenker und Scheibenschneider

Stufenbohrer bohren gleichzeitig ein Spanloch für einen Schraubenschaft, eine Versenkung für den Schraubenkopf und ein Senkloch, um die Schraube zu versenken. Mit einem Scheibenschneider werden runde Zapfen aus passendem Holz gefräst, die dann in das Loch geleimt werden und die Schraube verdecken. Der Zapfen wird mit der Oberfläche bündig geschnitten und geschliffen. Mit einem ähnlichen Kopfsenker, der jedoch kein Senkloch für die Schraube bohrt, können Schrauben mit rechteckigen Köpfen und Bolzen eingelassen werden. Scheibenschneider werden auch dazu verwendet, Flickstücke auszuschneiden, mit denen kleinere Fehler im Holz ausgebessert werden können.

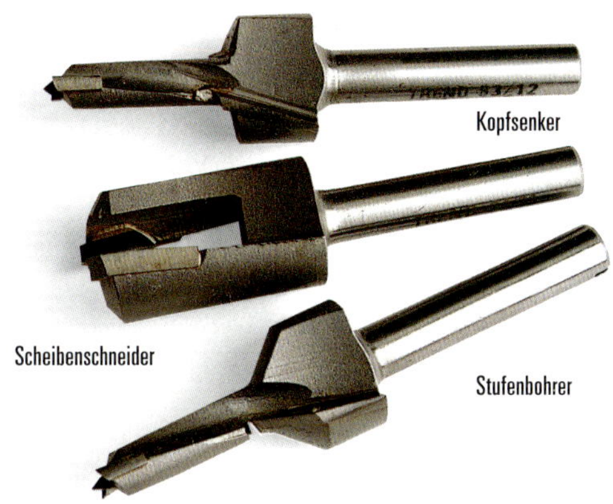

Kopfsenker ansetzen

Die Zentrierspitze eines Kopfsenkers reicht für die meisten Arbeiten aus. Um präziser zu arbeiten, fertigen Sie sich eine Positionierhilfe. Wenn Sie in ungewöhnlich geformte Oberflächen wie etwa einen Handlauf bohren legen Sie einen entsprechenden Auflageklotz unter.

Verwendung von Scheibenschneidern

Am sichersten verwenden Sie Scheibenschneider in einem Fräsständer und zwingen das Werkstück fest auf die Werkbank. Haben Sie nur eine Handtauchfräse zur Verfügung, fertigen Sie sich eine Positionierhilfe an, damit die Maschine nicht verläuft, wenn der Fräser in das Holz abgesenkt wird. Auf alle Fälle sollten Sie nur hartmetallbestückte Scheibenschneider verwenden.

Hohlkehlen und Rundstäbe

Das Schneiden von Hohlkehlen und Rundstäben an gedrechselte Spindeln und Beine ist relativ kompliziert. Sie brauchen dazu einen selbst gebauten Fräskasten oder eine Kannelliervorrichtung. In letzterer können Sie ein Werkstück auch drechseln. Es ist jedoch einfacher, die Form des Werkstücks auf einer richtigen Drechselbank zu drehen und dann einen Fräskasten dem gedrechselten Werkstück anzupassen. In diesem Fräskasten können Sie Hohlkehlen und Rundstäbe problemlos an das Werkstück fräsen.

Bauen eines Fräskastens

Um parallele Hohlkehlen und Rundstäbe in Längsrichtung an Tischbeine oder Spindeln zu fräsen, bauen Sie sich einen einfachen Fräskasten aus 18-mm-MDF oder -Sperrholz. Fügen Sie zwei 900 x 125 mm große Seitenteile und 125 x 100 mm große Endstücke mit ausgefalzten Eckverbindungen zusammen. Verstreben Sie die Seitenteile mit drei MDF-Leisten, die quer über die Unterseite des Kastens laufen. Fräsen Sie einen 9 mm tiefen und 5 mm breiten Falz an die obere Innenkante der Seitenteile, der als Auflage für die Zusatzplatte der Fräse dient. Schneiden Sie einen 6 mm breiten und 50 mm langen Schlitz (ab Oberkante) in die Mitte der Endstücke.

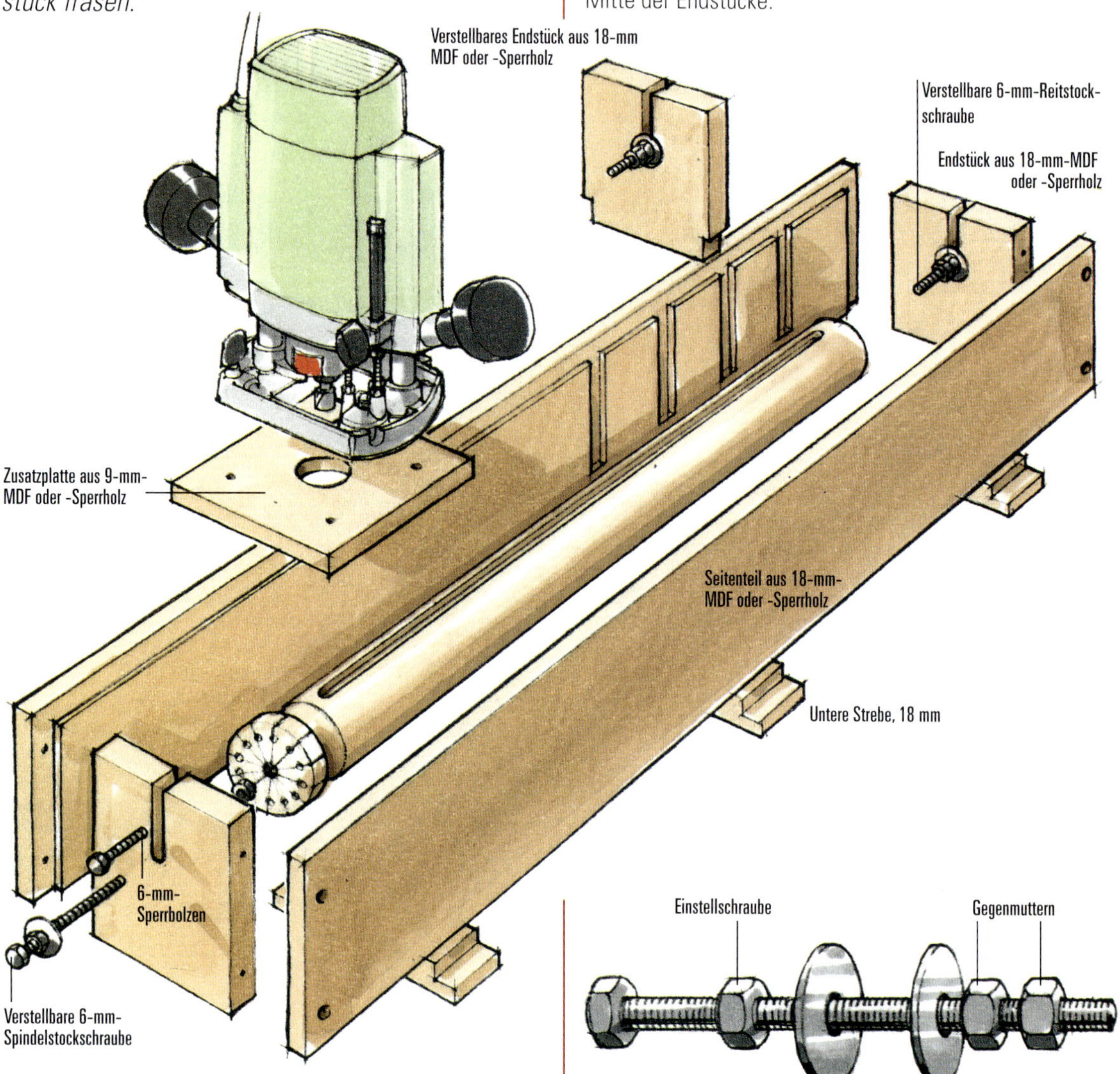

Ein verstellbares Endstück einbauen

Wenn der Fräskasten Werkstücke unterschiedlicher Größe aufnehmen soll, bauen Sie ein bewegliches Endstück ein, das in senkrechte Nuten in den Innenseiten der Seitenteile eingesetzt wird.

Herstellung des Spindelstocks und des Reitstocks

Fertigen Sie einen verstellbaren Spindelstock und Reitstock, an deren Enden das Werkstück von je einer 6-mm Schraube gehalten wird. Für beide Schrauben brauchen Sie zwei Gegenmuttern und Unterlegscheiben.

Die Teilscheibe anbringen

Mit Hilfe einer Teilscheibe aus 9-mm-MDF lässt sich das Werkstück in regelmäßigen Abständen drehen. Durch jeweils eines der 12 Löcher, die gleichmäßig über die Scheibe verteilt sind, wird die Scheibe in der gewünschten Lage fixiert. Die Scheibe wird auf ein Ende des Werkstücks genagelt und dann auf die Spindelstockschraube gesetzt. Jedes Mal, wenn das Werkstück gedreht wird, muss eine zweite Schraube, die durch den Schlitz im Endstück der Spannvorrichtung geführt wird, in eines der Löcher in der Scheibe eingesetzt werden. Markieren und nummerieren Sie zur besseren Orientierung die Positionen der Löcher.

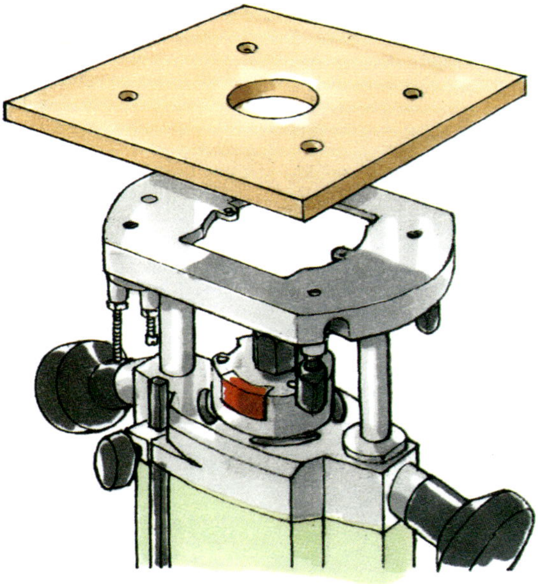

Die Fräse anbringen

Die Fräse wird auf eine 9 mm starke, 125 x 125 mm große Zusatzplatte gesetzt, die auf den Falzen an der Innenseite der Seitenteile bewegt wird. Bohren Sie ein 40 mm großes Loch in die Mitte der Zusatzplatte, durch die der Fräser abgesenkt wird. Befestigen Sie die Zusatzplatte in den Befestigungslöchern am Boden der Grundplatte.

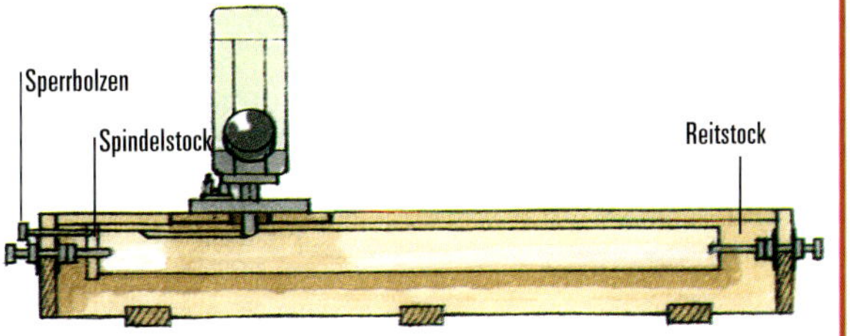

Ein gedrechseltes Werkstück kannelieren

Drehen Sie das Werkstück auf einer Drechselbank auf die gewünschte Größe. Lassen Sie an beiden Enden gleich viel Überstand. Bohren Sie in beide Enden ein Loch von 6 mm zur Aufnahme der Reitstock- und Spindelstockschrauben. Drehen Sie eine der Schrauben in das Werkstück und nageln Sie die Teilscheibe an das andere Ende.
Setzen Sie das Werkstück in den Fräskasten, richten Sie es horizontal aus und fixieren Sie es mit Hilfe der Gegenmuttern an Reit- und Spindelstock. Setzen Sie den Sperrbolzen in die Teilscheibe ein, um diese zu fixieren. Setzen Sie einen Hohlkehlfräser in die Maschine und stellen Sie die Frästiefe ein. Schalten Sie die Fräse ein, tauchen Sie den Fräser ab und führen Sie ihn bis an das andere Ende des Werkstücks. Lösen Sie die Tiefenarretierung und schalten Sie die Fräse ab. Lösen Sie die Fixierung der Teilscheibe und drehen Sie sie in die nächste Position.

Ein sich verjüngendes Werkstück kannelieren

Um Hohlkehlen in ein sich verjüngendes Stuhl- oder Tischbein zu schneiden, fertigen Sie sich zuerst eine Schnittzeichnung des Werkstücks im Maßstab 1:1 an, so dass Sie alle Maße und Winkel genau abmessen können.
Spannen Sie das Werkstück ein und justieren Sie die Höhe des Spindelstocks und des Reitstocks, bis die Oberfläche des Werkstücks parallel zu einem oben auf dem Kasten angebrachten Richtscheit liegt.
Ziehen Sie die Sicherungsmuttern an.

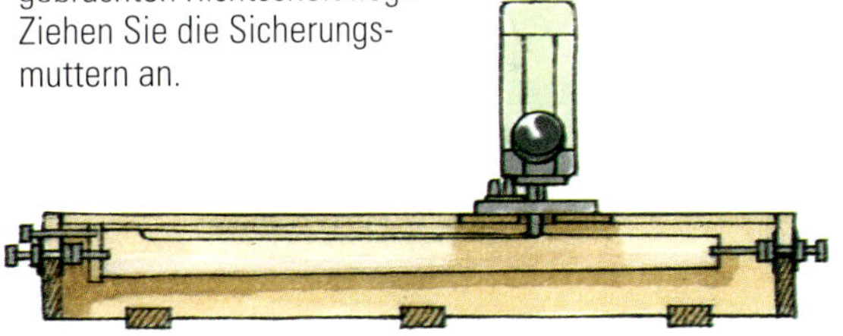

Kegelförmige Hohlkehlen

Hohlkehlen sehen an einem kegelförmigen Bein am besten aus, wenn auch sie sich verjüngen und zum dünneren Ende des Werkstücks hin schmaler werden. Um dies zu erreichen, messen Sie die Frästiefe am stärkeren Ende Ihres Werkstücks. Lösen Sie die Sicherungsmutter am anderen Ende des Kastens und senken Sie den Reitstock ungefähr um die halbe Frästiefe ab. Ziehen Sie die Sicherungsmutter am Reitstock wieder an und führen Sie einen Probeschnitt aus.

Kanneliervorrichtung

Eine Kanneliervorrichtung für die Oberfräse ist eine industriell hergestellte Vorrichtung mit derselben Funktion wie der Fräskasten. Die Kanneliervorrichtung ermöglicht jedoch ein genaueres Arbeiten und zusätzliche Fräsarbeiten, wie beispielsweise spiralgewundene Auskehlungen. Darüber hinaus können Sie auf der Kanneliervorrichtung das Werkstück drehen, während die Fräse auf dem Schlitten sitzt.

Gerade und spiralförmige Hohlkehlen und Rundstäbe

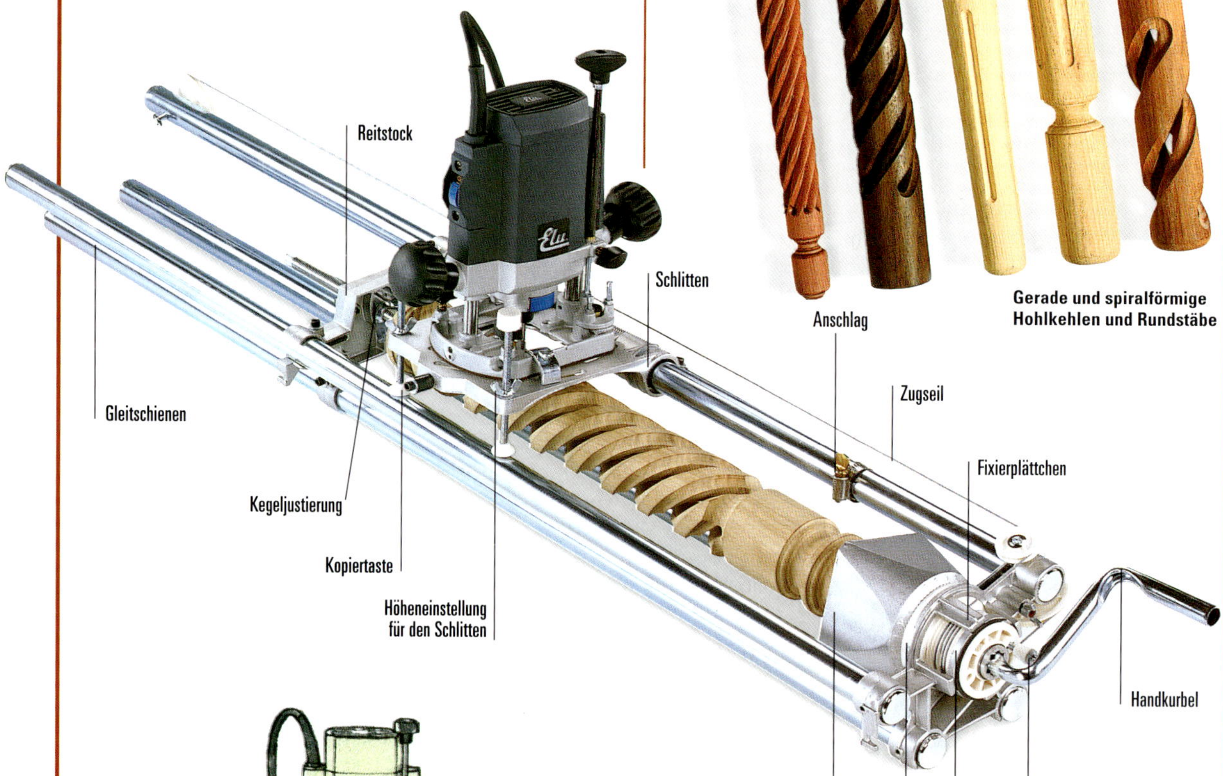

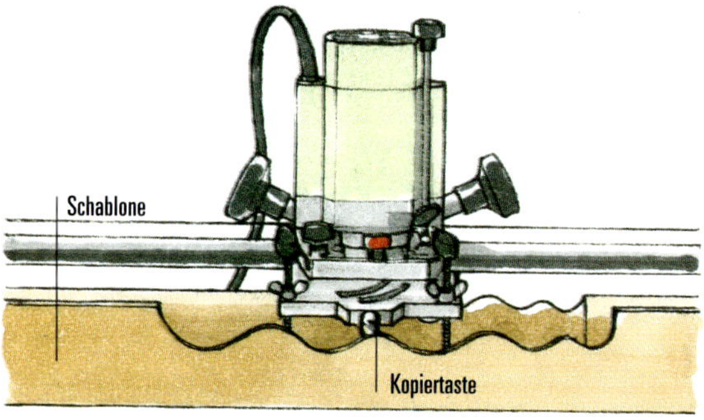

Kopierfräsen

Mit der Kanneliervorrichtung und einer an der Vorderseite angebrachten Schablone können Sie eine beliebige Anzahl gleicher Werkstücke fertigen. Eine Kopiertaste an der Grundplatte der Fräse folgt der Form der Schablone, während die Fräse auf der Vorrichtung bewegt wird.

Arbeiten mit einer Kanneliervorrichtung

Zum Schneiden gerader Hohlkehlen bleibt das Werkstück fest eingespannt, und die Fräse wird durch Drehen einer Handkurbel von einem Ende der Kanneliervorrichtung zum anderen gefahren. Mit verstellbaren Anschlägen können Sie den Vorschub begrenzen.

Bei der Herstellung von spiralgewundenen Hohlkehlen dreht sich das Werkstück in einer genau festgelegten Geschwindigkeit, die einem bestimmten Vorschub der Fräse entspricht. Das Verhältnis ist so eingestellt, dass sich für die Spiralen ein Steigungswinkel von 45° ergibt. Sie können damit sowohl linksläufige als auch rechtsläufige Windungen fräsen.

Freihandfräsen

Nachdem Sie die Kanten einer Schloss- oder Scharniereinlassöffnung oder die Wangen einer Zapfen- oder Überblattungsverbindung gefräst haben, können Sie die Fräse zum Abtragen des wegfallenden Materials auch freihändig führen. Das freihändige Führen der Fräse ermöglicht jedoch nicht nur einfache, sondern auch kreative Arbeiten. Holzschnitzer verwenden sie häufig für die grobe Vorarbeit oder als Gravierwerkzeug für das Schriften- und Flachrelieffräsen.

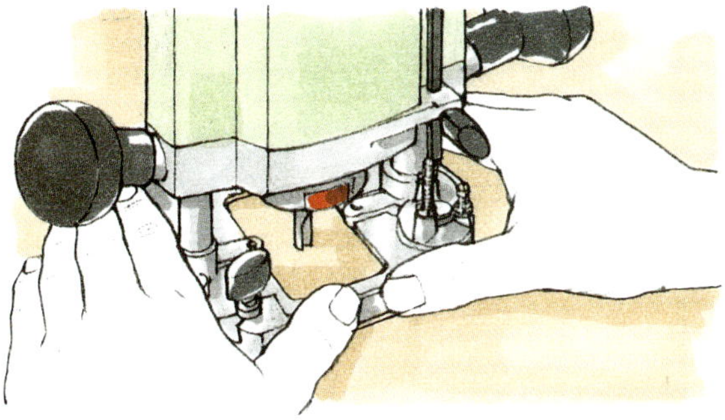

Führen der Fräse
Die Drehrichtung zieht den Fräser seitwärts ins Holz. Dies können Sie nutzen, wenn Sie eine Führung oder einen Anschlag verwenden. Beim Freihandfräsen müssen Sie dieser Tendenz des Fräsers entgegenwirken. Auch an Stellen mit unregelmäßigem Faserverlauf, Ästen oder Rissen wird der Fräser leicht abgelenkt. Sie müssen sich also auf plötzliche Richtungsänderungen der Fräse gefasst machen. Halten Sie die Fräse an der Grundplatte und lassen Sie Ihre Hände dabei leicht auf dem Werkstück aufliegen.

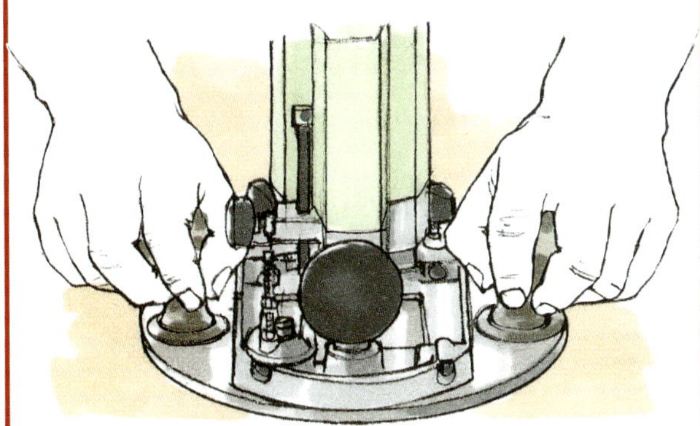

Verwendung einer Zusatzplatte
Die Fräse lässt sich leichter unter Kontrolle halten, wenn Sie eine Zusatzplatte mit zwei seitlichen Griffen aus durchsichtigem Kunststoff oder MDF verwenden. Schneiden Sie ein Loch mit 40 mm Durchmesser in die Mitte der Platte und bohren Sie Löcher, in die Sie die Befestigungsschrauben einsetzen können.

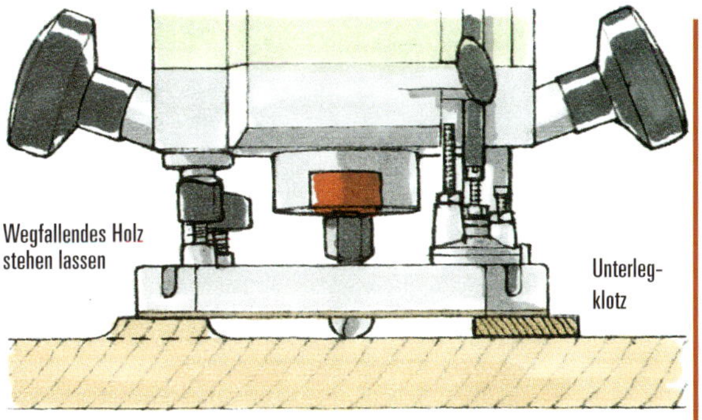

Auflegen der Fräse
Um eine ausreichende Auflagefläche für die Grundplatte zu haben, sollten Sie die Arbeitsschritte so planen, dass einige wegfallende Bereiche des Werkstücks stehen bleiben, bis das meiste Holz abgetragen ist. Ist das nicht möglich, bringen Sie einen Kippschutz an der Grundplatte an oder kleben Sie Stützklötze mit doppelseitigem Klebeband auf das Werkstück. Sie können sich auch eine asymmetrische Zusatzplatte anfertigen, mit deren Hilfe sich die Niveauunterschiede ausgleichen, wenn Sie nahe einer Kante fräsen.

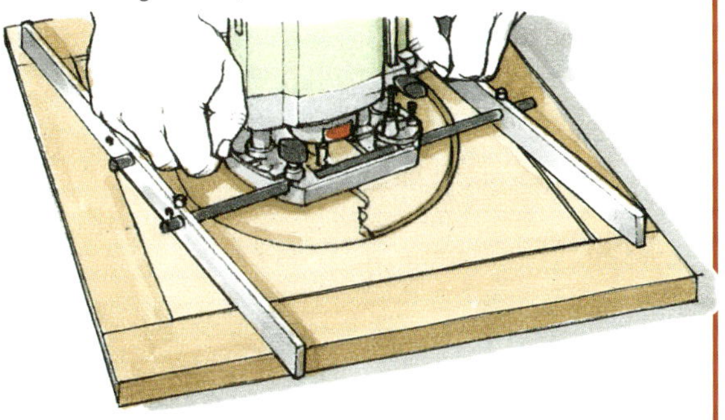

Verwendung eines Schienen-Sets
Ein Schienen-Set kann an den Führungsstangen des Parallelanschlags angebracht werden und stützt die Fräse über eine größere Fläche hin ab. Dies ist beim Reliefschnitzen oder beim Ausfräsen wegfallenden Holzes sehr hilfreich. Die Schienen werden auf Leisten geführt, die um das Werkstück angebracht sind. Sie können auch mit Gleitbelägen aus Nylon bestückt werden, die auf der Hobelbank liegen.

Fräser und Raspeln

Eine ganze Reihe von Fräsern eignet sich zum Freihandfräsen. Fräser mit einem flachen Ende hinterlassen eine glatte Oberfläche, während Sie mit V-Nutfräsern und Ziernutfräsern die Oberfläche strukturieren können. Turbo- und Raspelfräser eignen sich zum Formen und Glätten des Holzes. Versuchen Sie, in der normalen Vorschubrichtung zu fräsen – gegenläufig zur Drehrichtung des Fräsers – und nehmen Sie wenig Holz auf einmal ab.

Turbofräser

Schriften fräsen und Schnitzen

Man kann eine Fräse auch zum freihändigen oder schablonengeführten Fräsen von Schriften verwenden. Beides sind beliebte Methoden zum Herstellen von dekorativen Schildern. Für die groben Vorarbeiten kann jede normale Oberfräse verwendet werden. Eine leichte Fräse ist jedoch auch ein leistungsfähiges Werkzeug zum Herstellen von Skulpturen. Bei einer solchen Fräse sollten Sie jedoch nur Turbo- oder Raspelfräser verwenden.

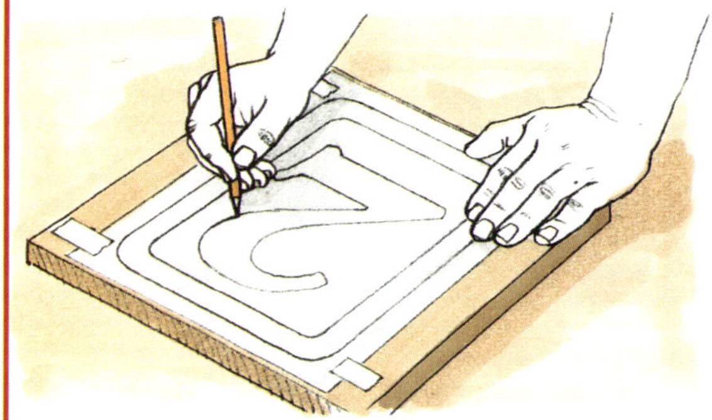

Material vorbereiten
Schriften können als Relief gearbeitet werden, d. h. hier wird Hintergrund weggefräst und die Schrift bleibt erhöht stehen. Sie können aber auch die Buchstaben einfräsen und Umrahmungen oder Verzierungen hinzufügen. Zeichnen Sie sich das gewünschte Motiv auf Papier und achten Sie darauf, dass Sie zwischen den einzelnen Buchstaben genügend Platz lassen. Wenn Sie sich nicht zutrauen, Ihre Arbeit selbst zu entwerfen, können Sie auch einen Grafikdesigner damit beauftragen.
Übertragen Sie den Entwurf auf das Werkstück, indem Sie die Rückseite mit einem weichen Bleistift abreiben, das Muster aufkleben und die Linien nachfahren. Bei dunklem Holz verwenden Sie eine Fotokopie, die Sie auf die Oberfläche kleben.

Schriften freihändig fräsen
Fahren Sie die Umrisse von Buchstaben oder anderen Motiven nach, die auf dem Werkstück aufgezeichnet sind. Folgen Sie dabei der Beschreibung zum Führen der Fräse.

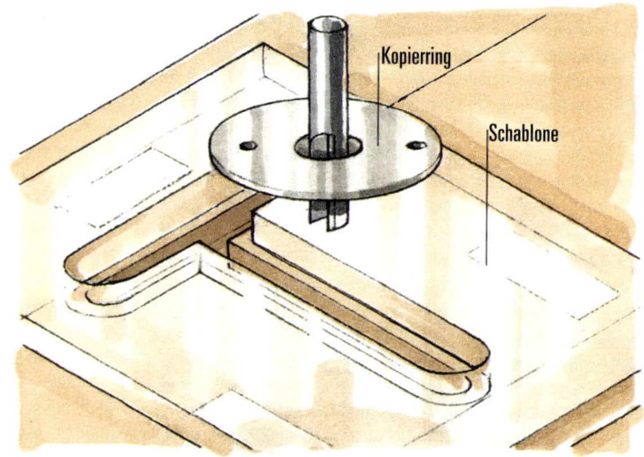

Schriftschablonen
Manche Schreiner bevorzugen zum Fräsen von Buchstaben eine Schablone, an der sie die Fräse entlangführen können. Sie können sich auch selbst Schablonen aus 6 mm starkem Kunststoff anfertigen. Fertige Schablonensätze sind auch im Handel erhältlich. Befestigen Sie die Schablonen mit doppelseitigem Klebeband auf dem Werkstück.

Schnitzen mit der Fräse

Zeichnen Sie das Motiv vor oder zeichnen Sie es direkt auf das Werkstück. Schraffieren Sie Bereiche mit ähnlicher Tiefe oder Struktur mit einem Bleistift. Setzen Sie einen groben Turbofräser oder einen Raspelfräser in die Fräse ein. Halten Sie die Maschine mit beiden Händen fest und fräsen Sie zunächst die größeren Aussparungen. Setzen Sie dann zur Feinbearbeitung einen feineren Turbofräser ein. Sie sollten regelmäßig die Frässpäne aus dem Turbofräser entfernen.

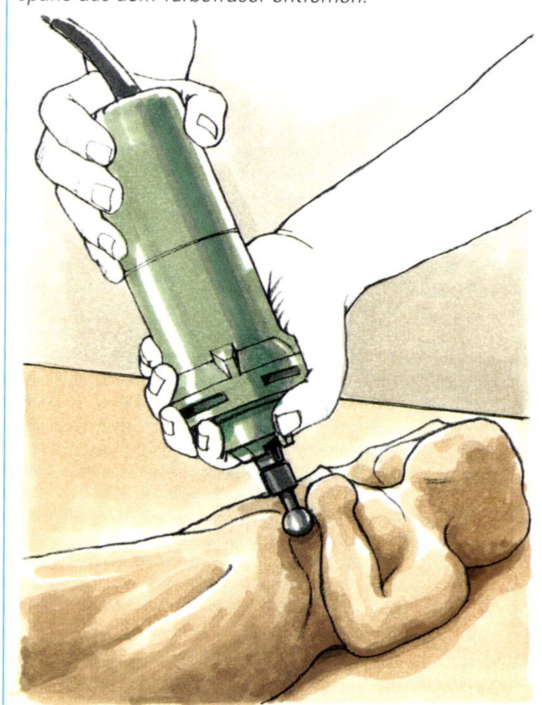

KAPITEL 7

Tischfräsen

Das Tischfräsen gewährt mehr Präzision, Kontrolle und Sicherheit, als dies bei einer Handfräse möglich ist. Es gibt dafür spezielle Fräs- und Kombitische, Sie können jedoch auch eine Radialarmsäge zum Fräsen umbauen. Bei einer Fräse, die auf einen Frästisch montiert ist, können Sie relativ große, komplizierte Fräser verwenden. Hierfür brauchen Sie jedoch eine Maschine mit variabler Drehzahlregelung.

Frästische

Ein normaler Frästisch zum umgekehrten Einbau einer Fräse besteht aus einem Auflagetisch für das Werkstück, einer Befestigungsplatte für die Oberfräse und einem geraden Anschlag. Weitere wichtige Bestandteile sind Schutzabdeckungen und Spannvorrichtungen.
Der Tisch kann entweder auf einen Schrank oder auf ein niedriges Gestell gestellt werden, das auf eine tragbare Werkbank montiert werden kann. In jedem Fall sollten Sie dafür sorgen, dass die Bedienelemente der Fräse gut erreichbar sind.

Hilfsanschläge an dem Anschlag anbringen

Verstellbare Hilfsanschläge am Tischanschlag verhindern, dass das Werkstück am Ende eines Fräsgangs an den Fräser kippt (siehe Seite 44).

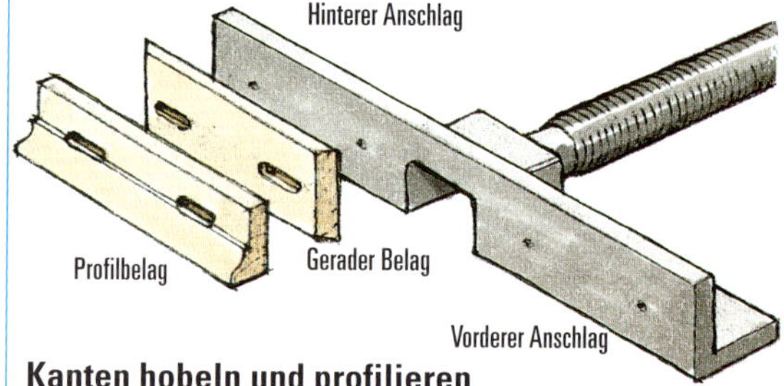

Kanten hobeln und profilieren

Ein flacher Hilfsanschlag am Ende des Tischanschlags stützt die Kante des Werkstücks beim Kantenhobeln. Wenn Sie eine Kante über die gesamte Breite profilieren, bringen Sie einen Profilbelag an (siehe Seite 46).

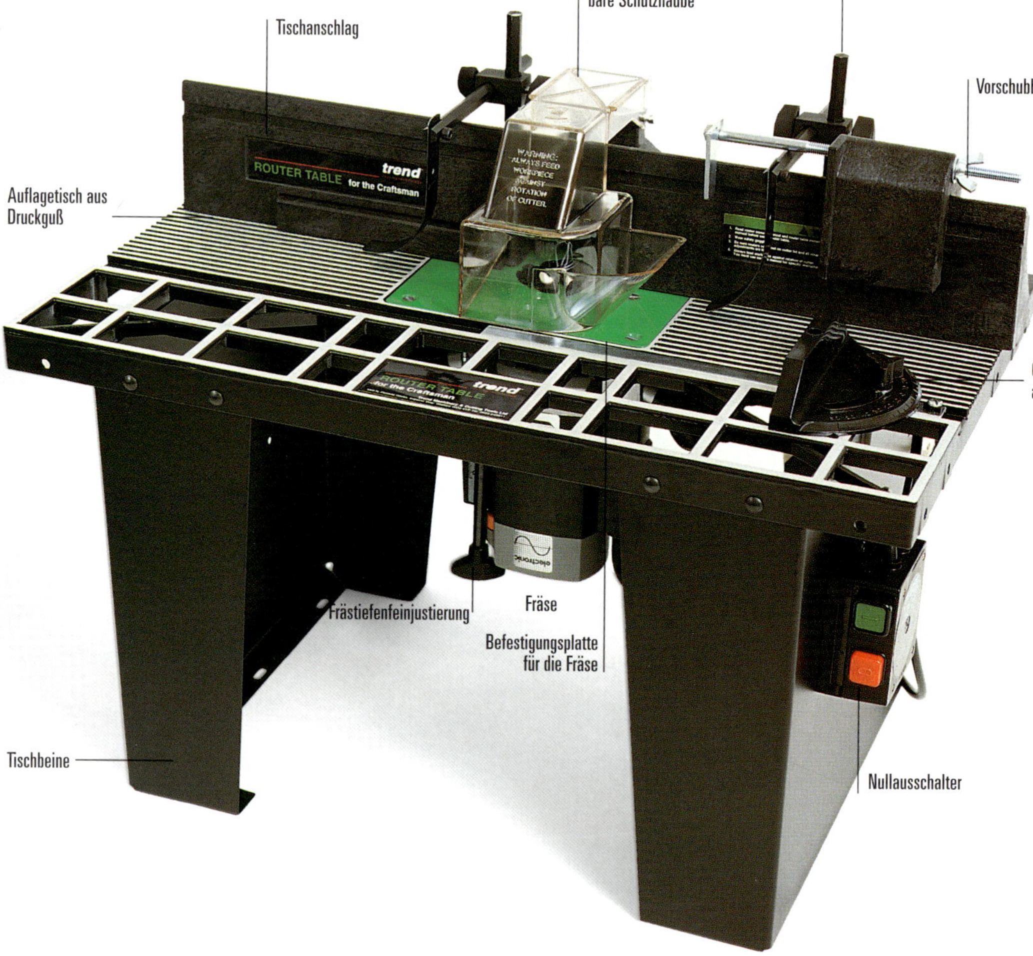

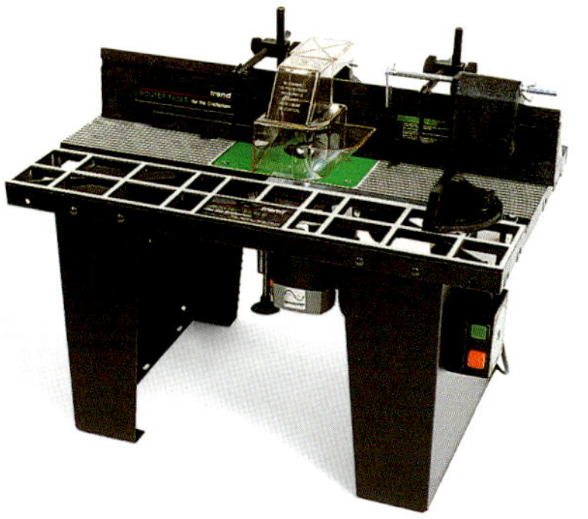

Tischanschlag

Der Tisch verfügt über ein starres Anschlaglineal, das nach hinten und vorn verstellbar sein sollte. Um Profile an eine Werkstückkante zu fräsen, sollte die Mittellinie des Fräsers hinter der Vorderseite des Anschlags liegen. Um Nuten zu fräsen, muss der Tischanschlag auf einen sinnvollen Abstand zum Fräser eingestellt werden. Stellen Sie den Tischanschlag parallel zur Tischkante ein, um das Werkstück mit den verschiebbaren Gehrungsanschlägen, Werkstückhalterungen und anderen Spannvorrichtungen und Führungen genau ausrichten zu können.

Staubabsaugung

Es ist sinnvoll einen Anschluss für die Staubabsaugung an den Tischanschlag anzubringen. Dieser Anschluss sollte direkt hinter der Fräseröffnung angebracht und am besten mit einer Abdeckung versehen sein.

Druckfedern

Diese Vorrichtungen drücken das Werkstück fest auf den Auflagetisch.

Gehrungsanschlag

Ein schwenkbarer Gehrungsanschlag ermöglicht Ihnen die Bearbeitung der Enden schmaler Werkstücke.

Schiebestock

Ein Schiebestock, der auf dem Tischanschlag angebracht ist, ermöglicht eine stirnseitige Bearbeitung von Werkstücken.

Sicherheitsschalter

Sie sollten nicht unter den Tisch fassen müssen, um die Fräse an- und auszuschalten. Bringen Sie deshalb einen Sicherheitsschalter an der Seite des Frästisches an. Nullausschalter eignen sich für diesen Zweck am besten, da so nach einem Stromausfall die Fräse erst wieder anläuft, wenn Sie den Startschalter betätigen. Außerdem sollte ein leicht erreichbarer Notschalter vorhanden sein, mit dem Sie den Strom schnell unterbrechen können. Nullausschalter erhalten Sie im Fachhandel für Fräsenzubehör.

Frästiefenfeinjustierung

Da der Eintauchmechanismus bei den meisten Arbeiten am Frästisch nicht gebraucht wird, sollten Sie eine Feinjustierung an der Fräse anbringen, mit der Sie genau einstellen können, wie weit der Fräser über den Auflagetisch herausragen soll.

Schutzabdeckungen

Wie bei allen Elektrowerkzeugen und Werkzeugmaschinen müssen Sie an der Fräse geeignete Schutzabdeckungen anbringen, um Unfällen vorzubeugen. Bei den meisten Frästischen sorgt die Staubabsaughaube für Schutz hinter dem Fräser. Der Fräser muss während der Arbeit jedoch auch vorn vor dem Tischanschlag abgedeckt werden. Sie sollten auf keinen Fall mit der Hand näher als 25 mm an den laufenden Fräser herankommen. In einigen Abbildungen wurden die Schutzabdeckungen weggelassen, damit die anderen Maschinenteile besser erkennbar sind.

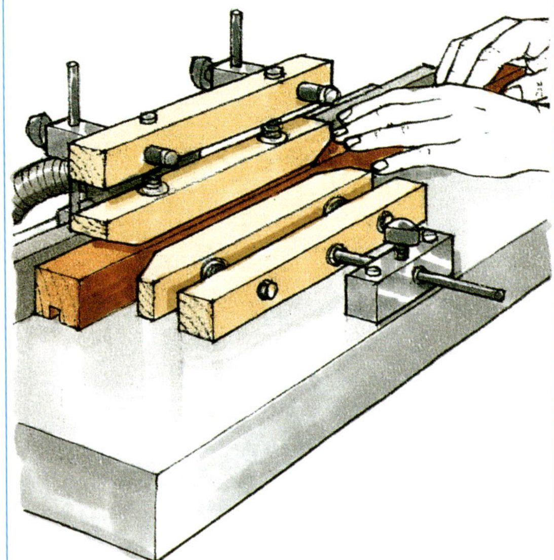

Klemmleisten

Klemmleisten bieten nicht nur Schutz vor dem Fräser, sondern erfüllen gleichzeitig die Funktion von Druckfedern. Vorn angebrachte Klemmleisten schirmen den Fräser nach vorn ab und drücken das Werkstück an den Tischanschlag.

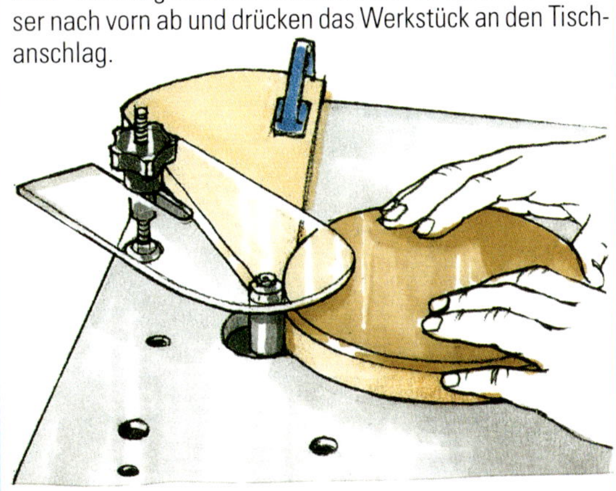

Obere Schutzabdeckungen

Wo Klemmleisten nicht geeignet sind, bringen Sie eine Schutzabdeckung über dem Fräser an. Sie kann am Tischanschlag oder an einer Halterung befestigt werden. Durchsichtige Abdeckungen sollten aus einem splitterfreien Kunststoff hergestellt sein.

Bauen eines Arbeitstischs

Die meisten im Handel angebotenen Frästische sind zwar aus Aluminium oder Stahl, doch für einen selbst gebauten Frästisch sind Holzwerkstoffplatten wie MDF oder eine dichte Spanplatte völlig ausreichend. Kunststoffbeschichtete Platten eignen sich besonders gut, da sie stabil und einfach zu bearbeiten sind und ihre Oberfläche wenig Reibungswiderstand erzeugt. Die Platte sollte auch auf der Rückseite beschichtet sein, damit sie sich nicht verbiegt. Montieren Sie die Arbeitsplatte auf ein stabiles Untergestell oder bauen Sie einen Kasten aus Holzwerkstoffplatten.

Montieren der Fräse

Die meisten Fräsen haben Grundplatten mit Gewindelöchern zur Aufnahme von Befestigungsschrauben für die Montage auf Tischen und in Einspannvorrichtungen. Der Vorteil eines dünneren Metalltischs liegt in der größeren möglichen Frästiefe. Wenn Sie ein dickeres Plattenmaterial verwenden, müssen Sie die Fräse in die Platte einlassen statt sie einfach darauf festzuschrauben. Sie können aber auch ein Loch in die Platte schneiden, das größer als die Fräse ist, und die Fräse auf einer Metallplatte befestigen, die bündig mit der Oberfläche des Tischs eingesetzt wird.

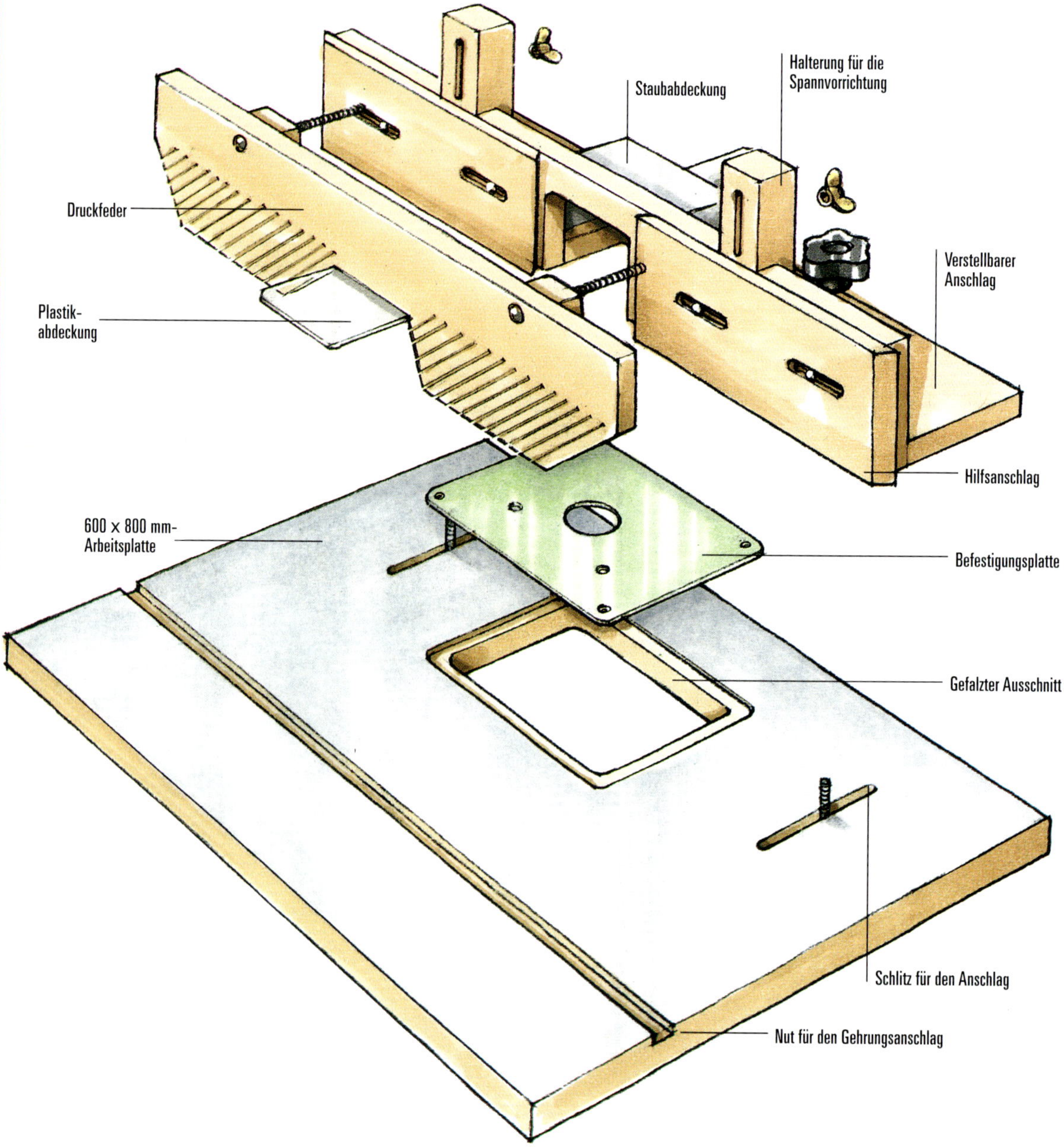

1 Tischplatte zuschneiden
Schneiden Sie eine 600 x 800-mm-Platte aus einer 38 mm starken beschichteten Spanplatte zu. Achten Sie darauf, dass alle Ecken rechtwinklig und die Seiten parallel sind.

2 Öffnung aufzeichnen
Zeichnen Sie den Mittelpunkt der Fräserposition auf die Unterseite der Platte. Der Fräserausschnitt kann genau in der Mitte der Platte oder in Richtung einer Kante hin versetzt positioniert werden.

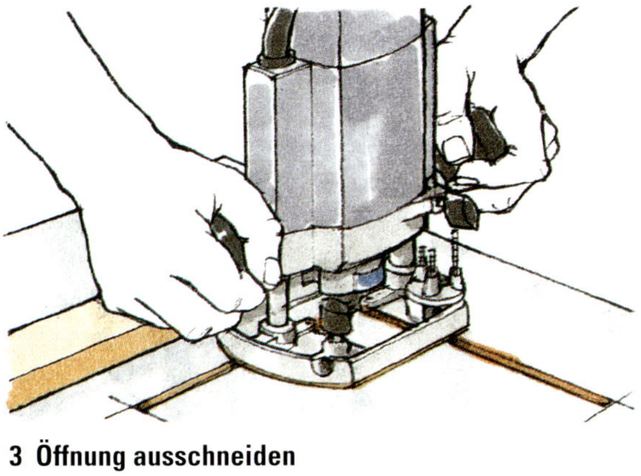

3 Öffnung ausschneiden
Klemmen Sie die Platte flach auf eine Hobelbank, wobei Sie ein Stück dünnes Abfallmaterial unterlegen. Setzen Sie einen hartmetallbestückten Fräser ein und nehmen Sie die nötigen Einstellungen vor. Der Fräser sollte mindestens einen Durchmesser von 10 mm haben und lang genug sein, um das Brett durchzuschneiden. Führen Sie mit Hilfe eines Richtscheits die Schnitte für die Seiten des Rechtecks schrittweise im Wechsel aus.

4 Falz für die Befestigungsplatte ausfräsen
Drehen Sie die Platte um und fräsen Sie mit einem selbstführenden Falzfräser oder mit einem Kopierring und einer Schablone einen 12-mm-Falz an die Kanten des Ausschnitts.

5 Befestigungsplatte ausschneiden
Schneiden Sie eine passende rechtwinklige Platte aus 3 mm starkem Aluminium oder Stahl für den Ausschnitt in der Arbeitsplatte. Zeichnen Sie die Grundplatte der Fräse ab und legen Sie die Vorlage mittig auf die Befestigungsplatte. Markieren Sie die Mitte der Befestigungspunkte und die Öffnung für den Fräser. Bohren Sie Löcher und Versenkungen für die Befestigungsschrauben und schneiden Sie die Fräseröffnung mit einer Metalllochsäge aus. Ein Durchmesser von 44 mm reicht in den meisten Fällen aus.

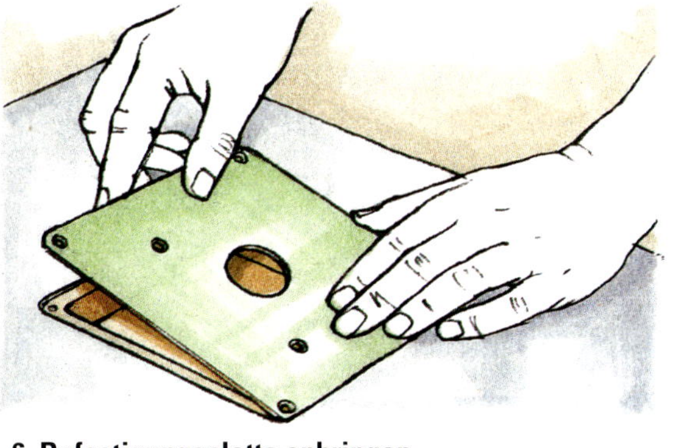

6 Befestigungsplatte anbringen
Bohren Sie in den Ecken der Befestigungsplatte Löcher und Versenkungen für 50 mm lange Befestigungsschrauben. Bohren Sie passende Löcher in die gefalzten Kanten des Ausschnitts im Tisch und befestigen Sie die Platte im Falz. Achten Sie darauf, daß die Platte bündig mit der Oberfläche des Tischs ist. Falls nötig, gleichen Sie Unebenheiten mit Beilagscheiben aus.

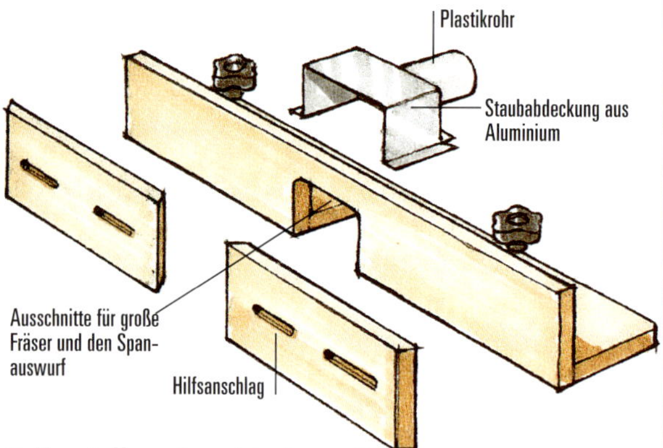

1 Herstellen eines Tischanschlags

Hobeln Sie zwei Stücke aus 75 x 12-mm-MDF rechtwinklig und parallel und schneiden Sie die Öffnungen aus. Leimen und schrauben Sie die beiden Stücke rechtwinklig zusammen. Fertigen Sie eine Staubabdeckung aus dünnem Sperrholz oder gebogenem Aluminium. Schneiden Sie in die Rückseite ein Loch und kleben Sie mit Epoxidharzleim ein kurzes Plastikrohr für den Absaugschlauch ein.

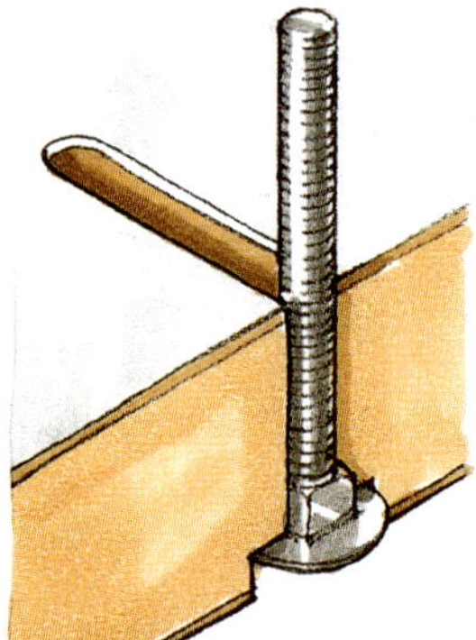

2 Anbringen des Tischanschlags

Befestigen Sie den Tischanschlag mit zwei Zwingen. Sie können auch Schlitze für 6-mm-Wagenbauschrauben in den Tisch fräsen (der quadratische Schaft verhindert ihr Drehen). Schneiden Sie in die Unterseite der Platte Aussparungen für die Schraubenköpfe.

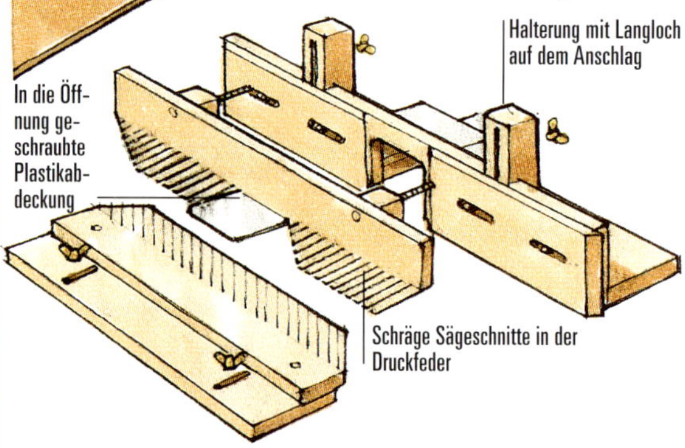

3 Herstellen der Druckfedern

Sie können Druckfedern zur Montage an einen Tischanschlag kaufen oder selbst herstellen. Zur Herstellung einer Druckfeder sägen Sie mehrere Schnitte in die Kante eines Stücks MDF oder Sperrholz. Befestigen Sie die vertikale Druckfeder an zwei geschlitzten Halterungen, die an den Tischanschlag geschraubt sind. Bringen Sie für zusätzlichen Schutz eine kleine Plastikabdeckung an.
Mit einer ähnlichen horizontalen Druckfeder, die an einer geschlitzten Leiste befestigt ist, wird das Werkstück gegen den Tischanschlag gedrückt. Bringen Sie sie mit Wagenbauschrauben und Flügelschrauben oder mit Zwingen auf dem Tisch an.

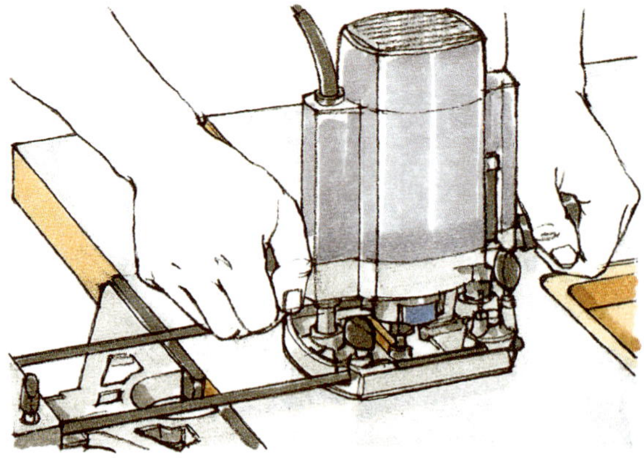

Nut für den Gehrungsanschlag fräsen

Um einen gekauften Gehrungsanschlag anzubringen, messen Sie die Breite der schmalen Laufschiene ab und fräsen eine passende Längsnut parallel zur Kante in den Tisch.

Arbeiten mit großen Fräsern

Wenn Sie einen Fräser mit einem großen Durchmesser verwenden möchten, der nicht mehr durch die Öffnung im Tisch passt, legen Sie eine Hilfsplatte aus MDF auf die Tischplatte und setzen den Fräser von oben ein.

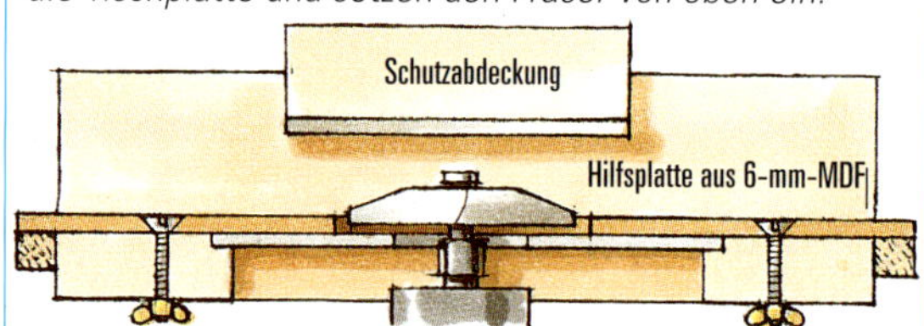

1 Zuschneiden der Hilfsplatte

Legen Sie ein Stück 6 mm starkes MDF auf die Tischplatte und zeichnen Sie die Position der Fräseröffnung an. Schneiden Sie das Loch 3 mm größer als den Fräser, den Sie verwenden möchten. Leimen Sie Holzleisten an die Seiten der MDF-Platte, damit sie auf dem Frästisch nicht verrutschen kann. Bohren Sie zur Aufnahme von Senkkopfschrauben mit Flügelmuttern zwei Löcher mit Versenkungen durch die MDF-Platte und die Tischplatte.

2 Fräser einstellen

Fahren Sie die Spannzange mit der Feinjustierung nach oben und setzen Sie den gewünschten Fräser ein, wobei Sie den Schaft von oben durch die Öffnung im Tisch führen. Der Schaft muss fest eingespannt sein. Senken Sie den Fräser ab, bis seine Unterseite zum Teil unter der Oberfläche der MDF-Platte liegt, aber noch nicht auf dem Tisch aufsitzt. Überprüfen Sie die Einstellungen an einem Probestück.

Frästischzubehör

Es gibt verschiedene Zubehörteile für Frästische, mit deren Hilfe man sicher arbeiten kann.

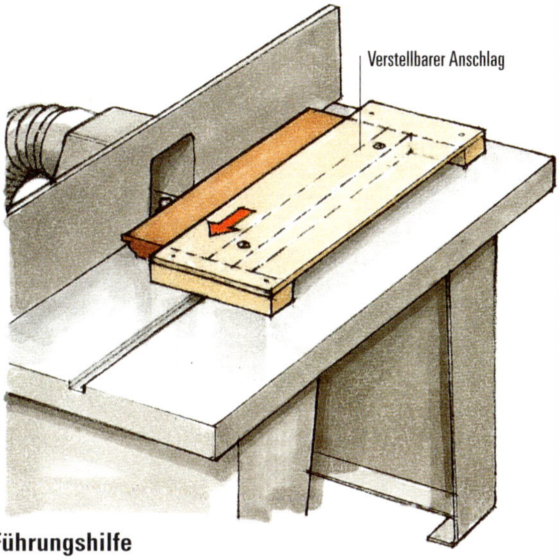

Führungshilfe
Um kleine oder schmale Werkstücke am Fräser vorbeizuführen, verwenden Sie eine speziell angefertigte Führungshilfe, die das Holz auf den Tisch und gegen den Tischanschlag drückt. Nageln oder schrauben Sie dazu eine dünne Holzwerkstoffplatte an Leisten, die genau so hoch sind wie das Werkstück und es an drei Seiten umfassen.

Schlitten
Sie können ein Werkstück auch auf einen Schlitten spannen, der über den Tisch geschoben wird. Der Schlitten kann an der Tischkante entlanggeführt werden oder mit einer Gleitleiste in die Nut für den Gehrungsanschlag eingesetzt werden.

Feste Auflage
Auf einer fest auf der Tischplatte aufgespannten Auflage können Sie ein Werkstück in einem bestimmten Winkel am Tischanschlag entlangführen. Nehmen Sie nicht zu viel Holz ab, damit die Führungskante am Werkstück nicht zu dünn wird.

Walzenständer
Sorgen Sie stets dafür, dass das Werkstück nicht herunterfallen oder kippen kann, wenn es an den Fräser heran- oder von ihm weggeführt wird. Bei langen oder breiten Werkstücken können Sie einen Zusatztisch oder an beiden Enden des Frästischs Walzenständer unterstellen.

Arbeiten an der Tischfräse

Sie sollten immer in mehreren flachen Schnitten bis auf die gewünschte Tiefe fräsen, anstatt das gesamte Holz in einem Frägang abzunehmen. Die Frästiefe der einzelnen Schritte hängt von der Größe des Fräsers, dem Schaftdurchmesser, dem Fräserprofil und der Leistung der Maschine ab.

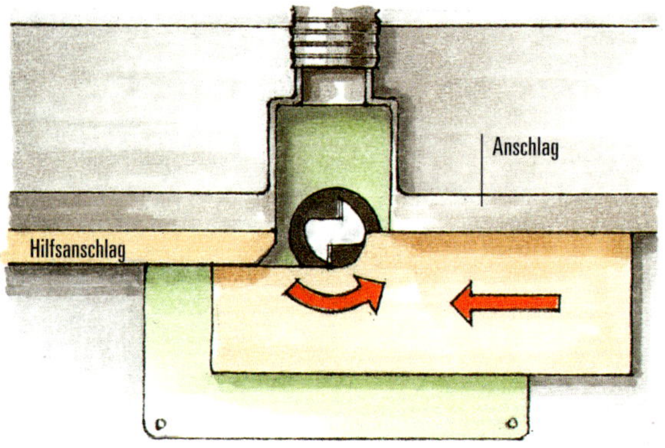

Vorschub

Wenn die Fräse umgekehrt eingebaut ist, läuft der Fräser gegen den Uhrzeigersinn. Daher müssen Sie das Werkstück gegen die Drehrichtung des Fräsers von rechts über den Tisch führen. Zur Bearbeitung einer Werkstückkante stellen Sie den Tischanschlag auf die gewünschte Schnittbreite ein und schieben das Werkstück am Anschlag entlang. Wenn Sie die gesamte Kante des Werkstücks fräsen, bringen Sie einen Auslaufklotz oder einen Hilfsanschlag an der Auslaufseite des Tischanschlags an. Dadurch gleichen Sie das wegfallende Holz aus und stützen das Werkstück beim Vorbeiführen am Fräser.

Verwendung von Fräsern mit Anlaufring

Stellen Sie den Tischanschlag mit Hilfe eines Stahllineals für gerade Schnitte bündig mit dem Anlaufring ein. Wenn der Anlaufring nur ein klein wenig über dem Anschlag hervorsteht, lenkt er das Werkstück am Ende des Schnitts ab.

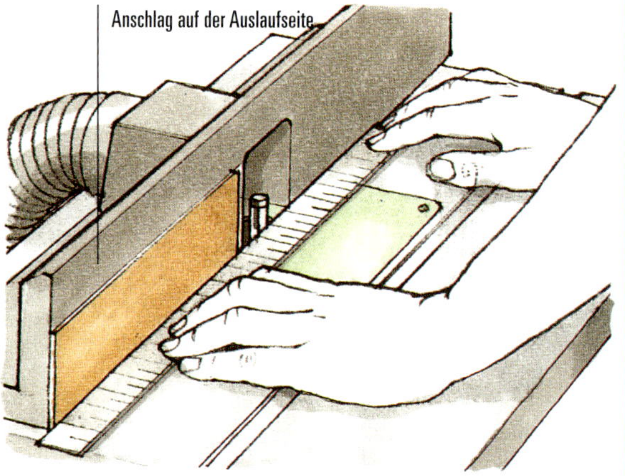

Kanten bearbeiten

Wenn Sie Kanten glatt hobeln oder bündig fräsen, bringen Sie einen 1,5 mm starken Hilfsanschlag an der Auslaufseite des Tischanschlags an. Mehr Material sollten Sie in einem Durchgang über die gesamte Breite einer Kante nicht abnehmen. Befestigen Sie den Hilfsanschlag mit Senkkopfschrauben oder doppelseitigem Klebeband am Tischanschlag. Setzen Sie einen zweischneidigen Fräser ein, dessen Schneidkanten etwas länger sind als die Werkstückkante. Legen Sie ein Stahllineal an die Auslaufseite mit dem Hilfsanschlag und richten Sie eine Schneidkante daran aus. Der Fräser steht über die Zuführseite über.
Führen Sie das Werkstück fest an der Zuführseite entlang, bis das halbe Werkstück den Fräser passiert hat. Verlagern Sie den Druck dann auf die Auslaufseite.

Kanten fälzen

Um Falze an eine Kante zu fräsen, führen Sie das Werkstück hochkant am Tischanschlag entlang oder legen Sie es flach auf den Frästisch und führen die Falzkante am Tischanschlag entlang. Wählen Sie einen geraden Fräser mit gleichem oder leicht größerem Durchmesser als die gewünschte Falzbreite. Stellen Sie den Tischanschlag auf die gewünschte Falzbreite ein, und stellen Sie die Höhe des Fräsers so ein, dass der erste Schnitt 3–4 mm tief wird. Fräsen Sie in mehreren Schnitten auf die volle Falztiefe, wobei Sie den Fräser zwischen den einzelnen Fräsdurchgängen immer weiter nach oben ausfahren.

Zierprofile fräsen

Zierprofile werden ähnlich wie Falze gefräst. Das Werkstück wird dabei entweder vertikal am Tischanschlag angelegt oder flach auf den Frästisch gelegt. Durch Verstellen des Tischanschlags und der Höhe des Fräsers können Sie das gesamte oder nur einen Teil des Fräserprofils nutzen und so verschiedene Profile fräsen.
Sie können das Profil auch variieren, indem Sie das Werkstück in einem anderen Winkel gegen den Fräser führen. Verwenden Sie dazu eine feste Auflage, damit der Winkel immer gleich bleibt.

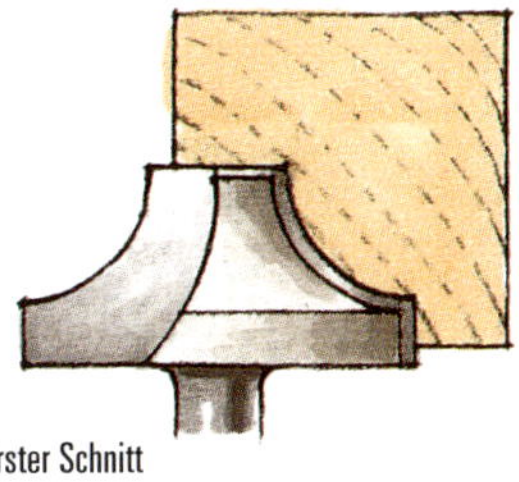

Erster Schnitt

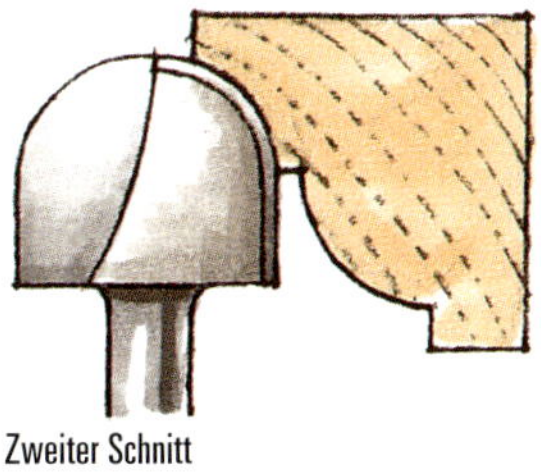

Zweiter Schnitt

Dritter Schnitt

Zusammengesetzte Profile

Es ist nicht immer nötig, zum Fräsen eines bestimmten Profils einen speziellen Fräser zu kaufen. Sie können ein Profil auch zusammensetzen, indem Sie verschiedene vorhandene Fräser kombinieren.
Beim Fräsen zusammengesetzter Profile sollten Sie sich vorher die beste Reihenfolge für die einzelnen Schnitte überlegen. Nutzen Sie die ebenen Flächen des Werkstücks als Führungskanten, bevor sie weggefräst werden und womöglich nur eine Kante übrig bleibt, für die Sie einen Profilanschlag auf der Auslaufseite des Tischanschlags brauchen.

Bogenförmige und geformte Werkstücke

Bogenförmige und unregelmäßig geformte Werkstücke können ebenfalls mit einer Tischfräse bearbeitet werden. Sie brauchen dazu Fräser mit Anlaufring oder müssen direkt über einem normalen Fräser ein Anlaufkugellager montieren. Auf jeden Fall sollten Sie eine Schutzabdeckung anbringen. Seien Sie beim Umgang mit kleinen Werkstücken besonders vorsichtig. Wenn nötig, fertigen Sie eine einfache Führungshilfe an.

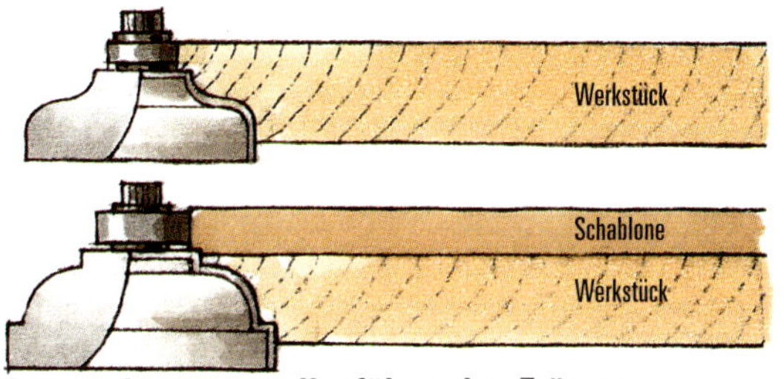

Verwendung von selbstführenden Fräsern

Führen Sie das Werkstück zum Kantenprofilieren am Anlaufring des Fräsers entlang oder befestigen Sie eine Schablone als Führung auf dem Werkstück. Führen Sie das Werkstück fest am Anlaufring und an der Zuführleiste entlang.

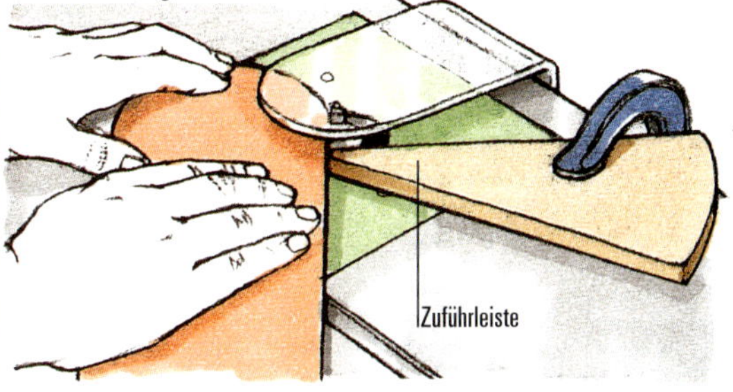

Zuführleiste anbringen

Um das Rückschlagen des Werkstücks beim Fräsen zu verhindern, sollten Sie eine selbst gemachte Zuführleiste auf die Tischoberfläche klemmen. Eine ähnliche Leiste können Sie auch hinter dem Fräser anbringen, damit das Werkstück am Ende des Schnitts nicht an den Fräser gezogen wird. Bei Rundungen mit einem kleinen Durchmesser ist dies jedoch nicht immer möglich.

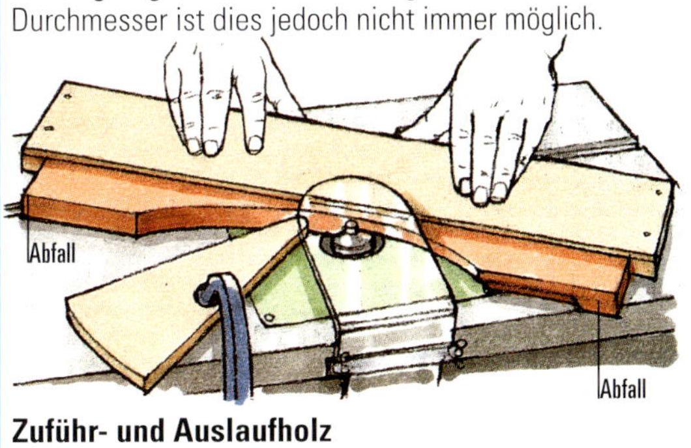

Zuführ- und Auslaufholz

Geben Sie beim Bündigfräsen oder Profilieren runder oder ungewöhnlich geformter Werkstücke an beiden Enden des Werkstücks etwas Holz dazu. So ist ausreichend Material vorhanden, um das Werkstück problemlos an den Fräser heran- und von ihm wegzuführen.

Nuten fräsen

Fräsen Sie Längs- und Quernuten, indem Sie die Vorderkante oder eine rechtwinklige Seite des Werkstücks am Tischanschlag entlangführen. Mit Hilfe des Gehrungsanschlags können Sie Quernuten in ein schmales Brett fräsen. Da es schwierig sein kann, den Fräser beim Schneiden von Quernuten in breite Bretter ausreichend abzudecken, ist es sicherer, dafür eine Handfräse zu verwenden, die an einem Richtscheit entlanggeführt wird (siehe Seite 47). Auch ein Fräsständer ist dafür geeignet.

Verwendung des Tischanschlags
Stellen Sie den Fräser auf die gewünschte Höhe ein und fräsen Sie den ersten Durchgang. Drücken Sie dabei das Werkstück flach auf den Arbeitstisch und die Führungskante fest gegen den Tischanschlag. Sie können das Ausbrechen der Holzfasern am Ende einer Quernut verhindern, indem Sie einen Schiebestock an die Hinterkante klemmen und ihn mit dem Werkstück am Fräser vorbeiführen.

Verwendung des Gehrungs- oder Queranschlags
Zum Fräsen normaler Quernuten stellen Sie den verschiebbaren Gehrungsanschlag auf einen 90°-Winkel zum Tischanschlag ein. Legen Sie eine Leiste aus Abfallholz zwischen Werkstück und Gehrungsanschlag. Halten Sie das Werkstück fest und schieben Sie den Gehrungsanschlag in Richtung des Fräsers.

Schwalbenschwanznuten fräsen
Sie können Schwalbenschwanznuten mit einer Handoberfräse schneiden oder wie links beschrieben vorgehen. Um einen Schwalbenschwanz an das Ende eines Bretts zu fräsen, stellen Sie die Fräserhöhe und den Tischanschlag auf die Maße der Nut ein und überprüfen Ihre Einstellungen an einem Probeschnitt. Legen Sie das Werkstück hochkant am Tischanschlag an und führen Sie es am Fräser vorbei. Drehen Sie das Werkstück um und schneiden Sie die andere Seite. Überprüfen Sie, ob der Schwalbenschwanz gut in die Nut passt, und ändern Sie bei Bedarf die Einstellungen, bevor Sie das eigentliche Werkstück bearbeiten.

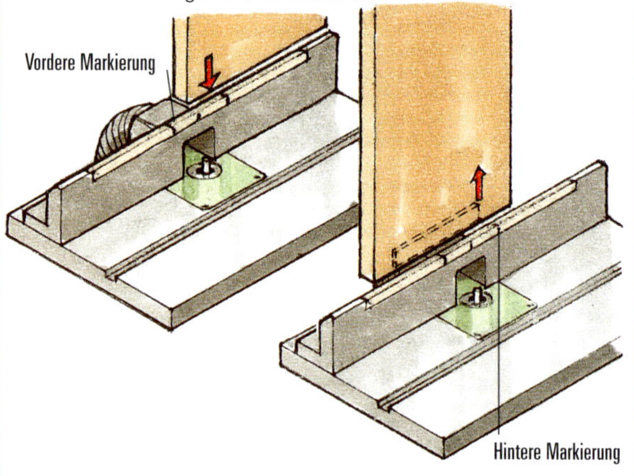

Abgesetzte Schnitte fräsen
Da der Fräser bei einer umgekehrten Fräse nicht in das Werkstück abgesenkt werden kann, müssen Sie bei abgesetzten Nuten, Fasen und Zapfenlöchern das Werkstück auf den Fräser absenken. Kleben Sie ein Stück Kreppband auf die Oberkante des Tischanschlags und zeichnen Sie mit Bleistift den abgesetzten Schnitt vor und hinter dem Fräser an. Halten Sie die Vorderkante des Werkstücks an die vordere Markierung und senken Sie das Werkstück auf den Fräser ab. Schieben Sie das Werkstück vor, bis die Hinterkante die hintere Markierung erreicht. Fahren Sie ein kleines Stück zurück und heben Sie das Werkstück vorsichtig vom Fräser.

Verwendung von Fügefräsern

Wenn Sie spezielle Fräsersätze zum Fräsen von Fingerzinkenverbindungen und profilierten Nut- und-Feder-Verbindungen verwenden möchten, ist eine umgekehrte Tischfräse durch nichts zu ersetzen. In der Regel können Sie die gesamte Kantenbreite auf einmal bearbeiten, Sie sollten jedoch besser in mehreren flachen Durchgängen auf die gewünschte Tiefe fräsen. Bevor Sie das eigentliche Werkstück bearbeiten, sollten Sie Probeschnitte machen, um zu sehen, ob die Verbindungsstücke wirklich passen.

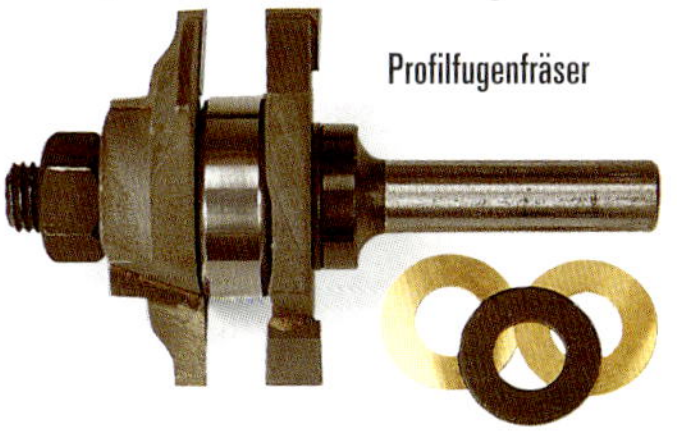

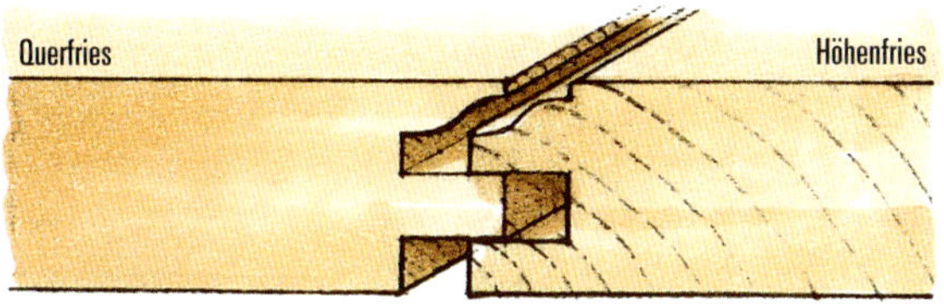

Profilrahmen herstellen

Sie können bei Rahmen von Türfüllungen die Verbindung mit einem einzigen Profilfugenfräsersatz fräsen. In einer Kombination fräst ein solcher Fräsersatz eine Nut und ein Profil entlang der Innenseite des Rahmens. Wenn Sie dieselben Fräsmesser umgekehrt anordnen, können Sie eine Profilfuge und einen Zapfen an das Ende der Querleiste oder der Fenstersprosse fräsen. Ein Fräsersatz mit einem 6- oder 10-mm-Schaft ist für den Einsatz in einer mittelschweren Fräse geeignet.

Beim Schneiden der Enden von Querleiste oder Fenstersprosse sollten Sie eine Vorschubeinrichtung verwenden, um das Werkstück rechtwinklig am Tischanschlag entlangzuführen. Legen Sie eine Leiste aus Abfallholz an, damit das Holz am Ende nicht ausreißt.

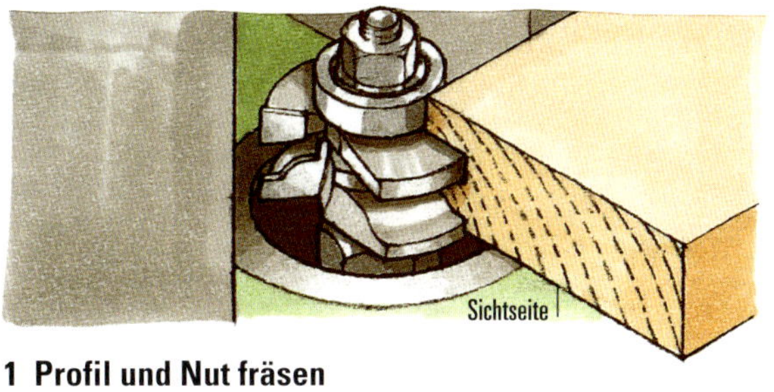

1 Profil und Nut fräsen

Montieren Sie den Fräsersatz und stellen Sie die Höhe des Fräsers auf die Stärke des Holzes ein. Stellen Sie den Tischanschlag so ein, dass nicht mehr als ein Drittel des Fräserprofils übersteht, und führen Sie einen Schnitt aus. Stellen Sie den Tischanschlag zwischen den einzelnen Durchgängen neu ein, bis die Frästiefe erreicht ist.

Überlappungen und Zapfen fräsen

Fräsen Sie Überlappungen und Zapfen mit einem Gehrungsanschlag oder einem Schiebeschlitten. Sie können mehrere schmale Querleisten in einem Durchgang bearbeiten. Legen Sie stets ein Schiebeholz hinter das Werkstück, um ein Ausreißen der Holzfasern zu verhindern.

2 Fräsen von Profilfuge und Zapfen

Trennen Sie die Fräse von der Stromversorgung und montieren Sie die Fräsmesser zum Schneiden des Konterprofils auf den Dorn. Die Fräserhöhe muss hier nicht verändert werden. Fräsen Sie die Profilfuge und den Zapfen an ein Probestück und passen Sie die Einstellungen an, bis die Verbindung exakt sitzt.

Sie sollten die Profilfuge und den Zapfen zuerst schneiden, da etwaige Ausrisse beim Anfräsen des Kantenprofils und der Nut beseitigt werden.

AbgefälzteTürfüllungen fräsen

Die Kante einer Türfüllung können Sie mit einem vertikalen Abplattfräser bearbeiten. Dazu sollten Sie aber eine mittelschwere Fräse verwenden. Die dünne Türfüllung muß während des Fräsens aufrecht stehen. Daher sollten Sie ein hohes Vorsetzbrett am Tischanschlag anbringen. Bearbeiten Sie die Kanten in mehreren Schritten. Stellen Sie den Fräser dazwischen jeweils um ein Stück höher. Führen Sie zuerst die Schnitte quer zur Faser aus. Etwaige Ausrisse werden beim Bearbeiten der Längskanten wieder beseitigt.

Fräsständer

Manche Schreiner montieren eine feststehende Fräse auf der Werkbank. Der Vorteil dabei ist, dass man den Fräsvorgang genau beobachten kann und Frässpäne problemlos ausgeworfen werden können. Bei einem professionellen Fräsständer wird der Absenkmechanismus über einen Fußschalter gesteuert. Dadurch haben Sie beide Hände frei und können das Werkstück während des gesamten Vorgangs sicher führen. Die meisten Fräsständer für Hobbyschreiner haben einen Handhebel zum Absenken der Fräse (ähnlich einer Ständerbohrmaschine) oder sogar nur eine einfache Höhenverstellung. Bei diesen Fräsständern werden die Werkstücke meist von der Kante her an den Fräser geführt und nicht in das Werkstück abgesenkt.

Im Fachhandel erhältlicher Fräsständer

Vorschubrichtung

Im Fräsständer rotiert der Fräser im Uhrzeigersinn, also muss das Werkstück von links nach rechts geführt werden.

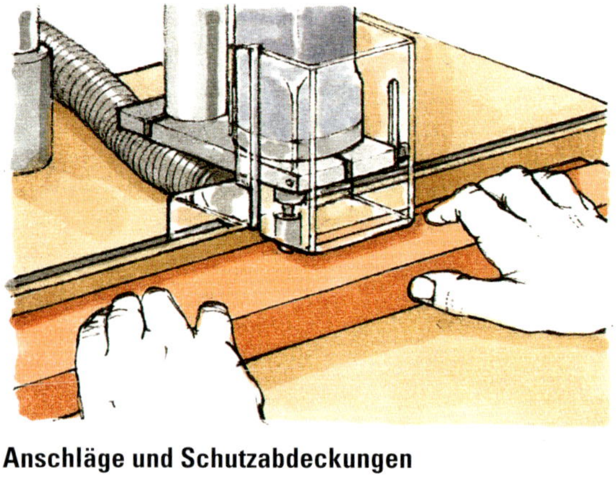

Anschläge und Schutzabdeckungen

Sie können eine einfache gerade Anschlagleiste auf den Tisch klemmen. Der Fräser, der über dem Werkstück angebracht ist, wird durch die Grundplatte der Fräse abgeschirmt. Bei leichten Fräsen, die von ihrer Grundplatte und den Tauchsäulen abgenommen werden können, sollten Sie jedoch eine zusätzliche Schutzhaube anbringen.

Einspannvorrichtungen

Sie können horizontale Klemmleisten anbringen, um das Werkstück an den Anschlag zu drücken. Falls nötig, bringen Sie auch vertikale Spannvorrichtungen auf beiden Seiten der Fräse an.

Bauen eines Fräsständers

Sie können sich einen einfachen Fräsständer auch selbst bauen. Bohren Sie dazu Löcher in einen Holzklotz, durch die die Führungsstangen für den Parallelanschlag der Fräse gesteckt werden. Klemmen Sie den fertigen Ständer auf eine Arbeitsplatte.

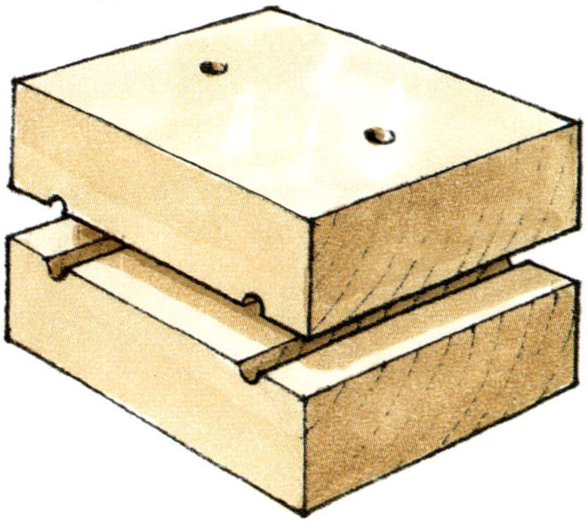

1 Holzklotz anfertigen

Schneiden Sie einen 125 x 100 x 75 mm großen Holzklotz an. Alle Seiten müssen rechtwinklig und parallel sein. Bohren Sie zwei Löcher zur Aufnahme der Führungsstangen des Parallelanschlags. Sägen Sie den Klotz in der Mitte der Löcher durch. Bohren Sie zwei vertikale Löcher für 8-mm-Schrauben durch die zwei Hälften.
Wenn Sie keine passende Säge haben, zwingen Sie zwei Holzklötze zusammen und bohren Sie die Löcher für die Führungsstangen durch die Kontaktfläche der Klötze.

2 Abstandsklötze anfertigen

Schneiden Sie Abstandsklötze in derselben Länge und Breite zu wie die beiden Klotzhälften und bohren Sie die Löcher für die Befestigungsschrauben. Diese Abstandsklötze dienen zum Einstellen der Höhe der Fräse.

3 Klötze auf der Trägerplatte anbringen

Schneiden Sie eine 600 x 500 mm große Trägerplatte aus 18 mm starkem MDF oder einem ähnlichen Material. Bohren Sie in Kantennähe zwei Löcher für die Befestigungsschrauben. Setzen Sie die Führungsstangen ein und schrauben Sie den Ständerklotz und die Abstandsklötze mit Unterlegscheiben und Flügelschrauben auf die Trägerplatte.

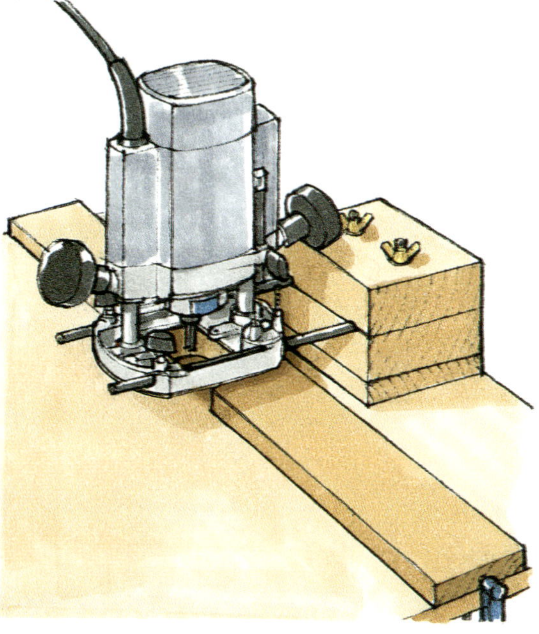

4 Anschläge anfertigen

Sie können eine Reihe einfacher Anschläge für die verschiedenen Frästypen verwenden. Schneiden Sie einen Anschlag aus 18 mm starkem MDF oder Hartholz zu und sägen Sie eine halbkreisförmige Öffnung für den Fräser aus. Sie können sich auch einen ähnlichen Anschlag wie für die Tischfräse anfertigen.

Radialarmoberfräsen

Viele Hobbyschreiner besitzen eine Radialarmsäge. Es ist eine kompakte und vielseitige Maschine, die hauptsächlich zum Zuschneiden von Brettern verwendet wird. Sie kann jedoch auch zum Bohren, Schleifen und Formen von Werkstücken umgebaut werden. Wenn Sie das Sägeblatt und den Blattschutz abnehmen und dafür eine Fräsenhalterung anbringen, können Sie eine Radialarmsäge auch als vielseitigen Fräsständer nutzen.
Mit den Quer- und Längsschneidevorrichtungen der Säge können Sie Nuten und Falze fräsen. Durch Kippen und Schwenken der Fräse können Sie mit dem Fräswerkzeug in unterschiedlichen Winkeln arbeiten. Für abgesetzte Schnitte können Sie den Absenkmechanismus der Fräse verwenden oder den Radialarm auf und ab kurbeln.

Einrichten der Maschine zum Fräsen
Trennen Sie zunächst den Sägenmotor von der Stromversorgung. Zur Sicherheit sollten Sie einen Nullausschalter an der Vorderkante des Tischs anbringen (siehe Seite 71). Wenn Sie den Arm leicht zur Seite drehen, kommen Sie besser an die Bedienelemente der Fräse heran und haben einen besseren Blick auf den Fräser.
Legen Sie eine dünne Platte aus Abfallholz auf den Arbeitstisch, damit Sie ein Werkstück durchtrennen können, ohne den Tisch zu beschädigen. Befestigen Sie die Platte außerhalb der Reichweite der Fräse. Die feste Grundplatte an der Fräse reicht als Schutzabdeckung aus. Wenn Sie eine abnehmbare Fräse verwenden, sollten Sie jedoch eine andere Schutzvorrichtung anbringen.

Verwenden der Kippvorrichtung
Mit der Kippvorrichtung können Sie den Fräser in einem bestimmten Winkel zum Werkstück einstellen. So können Sie mit einem geraden Fräser auch V-Nuten schneiden. Profile lassen sich variieren, wenn Sie den Profilfräser in einem anderen Winkel in das Werkstück führen.

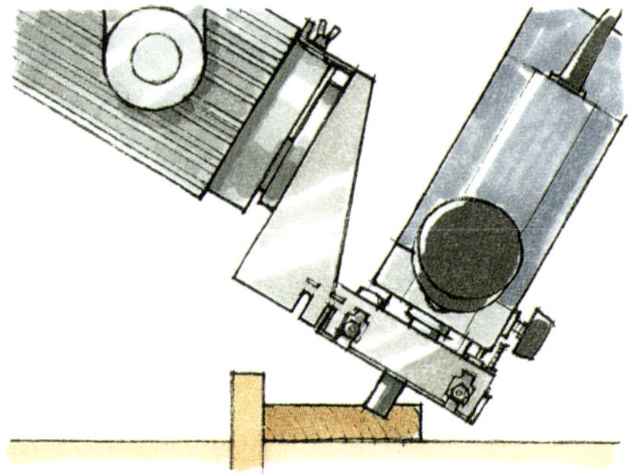

Einen rückwärtigen Anschlag einbauen
Ersetzen Sie den rückwärtigen Tischanschlag durch eine neue Anschlagleiste ähnlicher Größe aus Holz oder einem Holzwerkstoff. Zwingen Sie die Leiste fest. Schneiden Sie einen Ausschnitt in die Anschlagleiste, damit Sie den Fräser beim Kantenprofilieren zum Teil in den Anschlag zurückfahren können. Setzen Sie dazu einen geraden Fräser ein, der größer ist als der, den Sie für die Bearbeitung verwenden möchten. Geben Sie auf beiden Seiten 3–4 mm Spielraum hinzu.
Klemmen Sie an beide Seiten des Anschlags eine Leiste, um Ausrisse zu vermeiden. Senken Sie dann den Fräser auf die Tischfläche ab. Lösen Sie die Radialarmarretierung, schalten Sie die Fräse ein und führen Sie den Fräser durch den Anschlag.

Kantenprofile und Falze fräsen

Stellen Sie die Höhe und Position des Fräsers ein und arretieren Sie den Bügel für den ersten Frägang. Drücken Sie das Werkstück während des ganzen Arbeitsgangs fest an den Tischanschlag. Führen Sie das Werkstück entgegen der Drehrichtung des Fräsers von links nach rechts. Zur Sicherheit sollten Sie vorn eine Klemmleiste anbringen, damit das Werkstück nicht wegrutscht (siehe Seite 74).

Nuten und Oberflächenprofile in Faserrichtung fräsen

Schieben Sie die Fräse am Radialarm bis zur gewünschten Position nach vorn und arretieren Sie sie dort. Stellen Sie die Frästiefe ein und fräsen Sie den ersten Durchgang wie oben beschrieben. Fräsen Sie tiefere Nuten in mehreren Schritten und stellen Sie die Frästiefe nach.

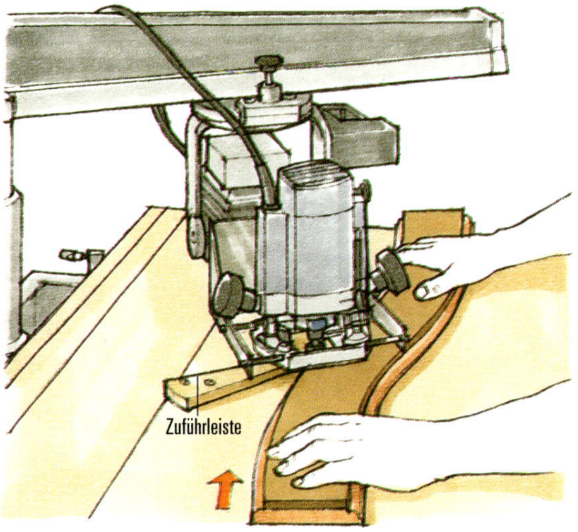

Gekurvte Außen- und Kantenformen fräsen

Nehmen Sie zum Profilieren und Bündigfräsen den rückwärtigen Anschlag ab. Positionieren Sie die Fräse in der Mitte des Tischs und setzen Sie einen selbstführenden Fräser ein. Um ein Zurückschlagen des Werkstücks zu verhindern, bringen Sie eine Zuführhilfe an.

Profilieren und Bündigfräsen von innen liegenden Bögen

Schneiden Sie eine Schablone auf die erforderliche Größe und Form zu und verwenden Sie einen stirnschneidenden, selbstführenden Fräser. Zeichnen Sie den Ausschnitt auf dem Werkstück an und schneiden Sie mit einer Lochsäge das wegfallende Material bis auf 2 mm innerhalb der markierten Linie aus. Kleben oder nageln Sie die Schablone auf die Unterseite des Werkstücks. Zwingen Sie die Teile zusammen auf den Arbeitstisch und senken Sie die Fräse auf die gewünschte Höhe ab. Schalten Sie die Fräse ein und lösen Sie die Zwinge. Halten Sie das Werkstück mit beiden Händen fest. Führen Sie es gegen den Uhrzeigersinn und machen Sie den Schnitt in einem Zug.

Quernuten fräsen

Zum Fräsen von Quernuten gehen Sie anders vor. Hier wird der Radialarm auf den gewünschten Winkel eingestellt und die Fräse über das Werkstück bewegt. Das Werkstück wird dabei mit einem Brett ähnlicher Stärke gegen den Anschlag gedrückt. Stellen Sie die Frästiefe ein und ziehen Sie die Fräse für den ersten Schnitt zu sich. Senken Sie bei den folgenden Schnitten den Fräser hinter dem Werkstück ab.

Abgesetzte Quernuten und Zapfenlöcher fräsen

Zum Schneiden abgesetzter Quernuten bringen Sie eine kleine Bügelzwinge an dem Radialarm an, um die Fräse an der gewünschten Position zu stoppen. Wenn Sie auch hinter der Fräse eine Zwinge anbringen, wird der Lauf in beiden Richtungen begrenzt. Senken Sie den Fräser in das Werkstück ab und ziehen Sie die Fräse zu sich, bis sie die Zwinge erreicht.

Lassen Sie die Fräse nicht zu lange in einer Position verharren, da sonst Brandspuren entstehen.

Quernuten in gleichmäßigen Abständen fräsen

Um mehrere Quernuten oder Schlitze zu fräsen, legen Sie das Werkstück an den Anschlag und fräsen die erste Nut auf die gewünschte Tiefe. Zeichnen Sie die Position der nächsten Nut auf dem Anschlag an. Lösen Sie das Werkstück und verschieben Sie es zwischen Anschlag und Einspannbrett, bis die gefräste Nut und die Markierung in einer Linie liegen. Fräsen Sie die restlichen Nuten in gleicher Weise. Für schräge Quernuten und Lamellenschlitze schwenken Sie den Radialarm auf den gewünschten Winkel.

Verwendung einer Positionierleiste

Gleichmäßige Abstände lassen sich auch so erreichen: Fräsen Sie eine Kerbe derselben Größe wie die Nut in den Anschlag und setzen Sie eine passende Leiste in Nut und Kerbe. So können Sie das Werkstück jeweils für den nächsten Schnitt ausrichten.

Kombi-Maschinentische

Es gibt Kombi-Maschinentische, in die die Fräse fest eingebaut wird. Bei anderen Tischen lässt sich auch eine Säge zum Zuschneiden von Brettern einbauen. Bei diesen Kombi-Tischen kann die Fräse umgekehrt eingesetzt oder auf einen Schlitten montiert werden. Bei manchen Tischen ist die Fräse auch oben fest montiert und das Werkstück wird auf einem Schiebeschlitten bewegt. All diese Ausführungen ermöglichen eine sehr präzise Führung der Fräse.

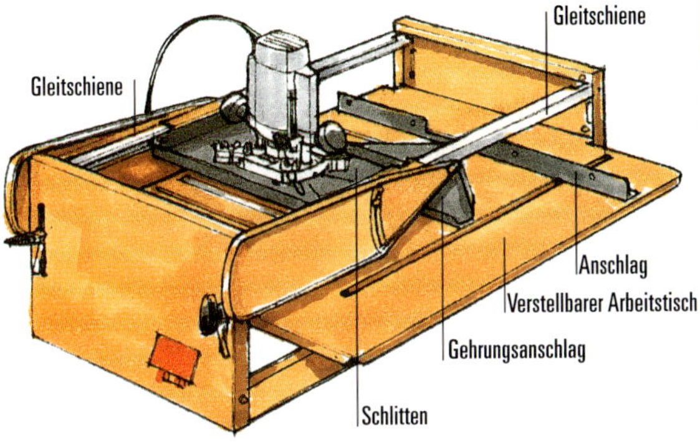

Schlitten einsetzen

Setzen Sie den höhenverstellbaren Arbeitstisch unterhalb und parallel zu den Führungsstangen ein. Um in einem 90°-Winkel zu fräsen, legen Sie das Werkstück an den zweigeteilten Anschlag. Für andere Winkel verwenden Sie den Gehrungsanschlag.

Mit dem Schlitten fräsen

Der Schlitten sitzt auf zwei parallelen Führungsstangen über einem feststehenden Tisch. Er wird hauptsächlich zum Fräsen von Kantenfalzen, -profilen und Nuten quer zur Faser verwendet. Auch kurze Stücke längs zur Faser lassen sich damit bearbeiten. Die meisten Maschinen lassen sich auf den Schlitten klemmen oder schrauben. Ein Drehmechanismus und ein abnehmbarer Arbeitstisch ermöglichen auch eine Untertischmontage.

Querschnitte

Nehmen Sie eine Leiste von derselben Stärke wie das Werkstück und legen Sie sie zwischen Anschlag und Hinterkante des Werkstücks. So verhindern Sie Ausrisse. Klemmen Sie das Werkstück sicher auf den Tisch.
Zeichnen Sie die Position und Tiefe des Schnitts auf dem Werkstück an. Stellen Sie die Tiefe des ersten Schnitts auf dem Revolverkopfanschlag der Fräse ein und prüfen Sie die Einstellung anhand der Markierung auf dem Werkstück. Fräsen Sie in Richtung des Anschlags. Heben Sie den Fräser an und fahren Sie den Schlitten zurück, bevor Sie zum nächsten Schnitt ansetzen.

Abgesetzte Schnitte

Für abgesetzte Quernuten und Zapfenlöcher befestigen Sie eine kleine Zwinge an den Führungsstangen, die den Lauf des Schlittens begrenzt.

Frästisch mit Schiebeschlitten

Bei diesem System wird die Fräse von oben auf einen verschiebbaren Teller montiert, der zwischen zwei genau einstellbaren Führungen liegt und auf einer starren Platte sitzt. Die Fräse kann in jeder beliebigen Position arretiert werden und das Werkstück wird am Fräser vorbei gekurbelt oder geschoben. Sie können das Werkstück auch unterhalb der Fräse fest einspannen und die Fräse vor und zurück bewegen. Eine solcher Frästisch eignet sich zum Fräsen von Verbindungen, Nuten, Schlitzen, Aussparungen und Profilen.

Vorschub des Werkstücks

Zum Bearbeiten eines Werkstückendes wird es mit Hilfe der nockengesteuerten Spannvorrichtung des Frästisches vertikal an die Vorderseite des Schlittens gespannt. Der Schlitten wird durch Kurbeln des Handrads seitwärts bewegt und das Werkstück durch den Fräser geführt. Das Werkstück kann gleichläufig oder gegenläufig zur Drehrichtung des Fräsers bewegt werden. Gleichläufiges Fräsen führt kaum zu Ausrissen und hinterlässt saubere Flächen.

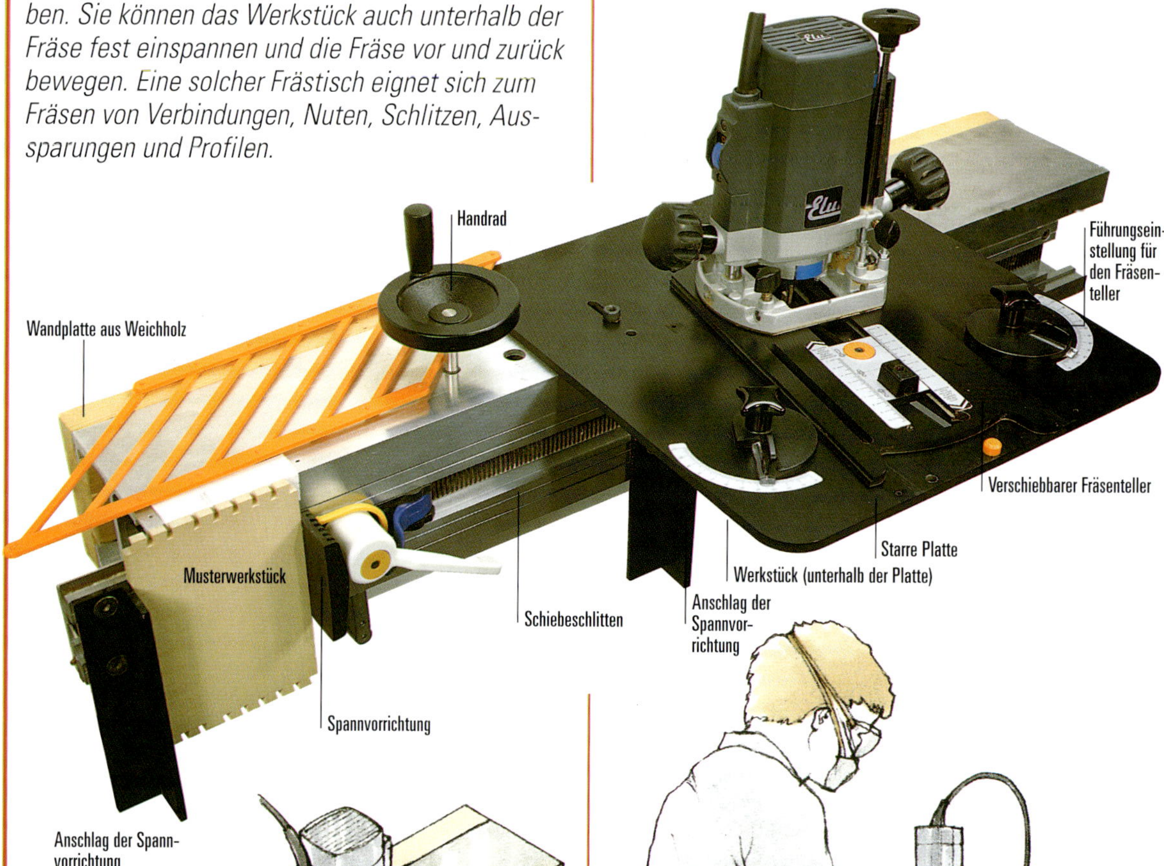

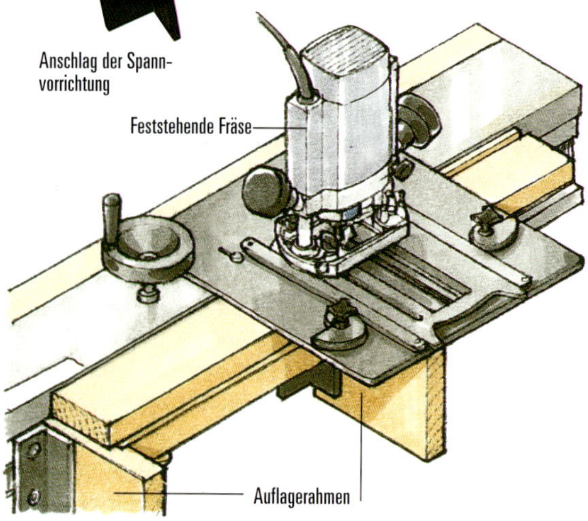

Lange Werkstücke einspannen

Die Spannvorrichtungen können so umgebaut werden, dass Sie auch lange Werkstücke einspannen können.

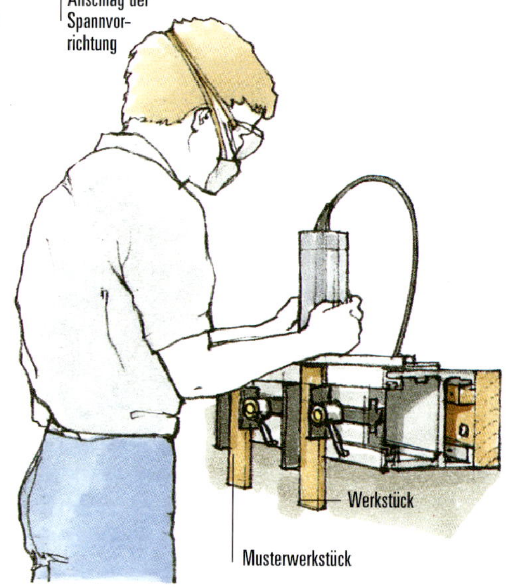

Werkstücke positionieren

Eine besondere Funktion dieses Systems ist eine zweite Spannvorrichtung auf dem Schlitten, in den Sie ein Muster einspannen können. Mit dessen Hilfe können Sie das Werkstück schnell und genau unter dem Fräser positionieren. Sie können auch mehrere gleiche Werkstücke zusammen einspannen und in einem Durchgang bearbeiten.

KAPITEL 8

Holzverbindungen

Einfache Verbindungen wie Nuten und Falze können Sie mit den Methoden herstellen, die in den vorangegangenen Kapiteln beschrieben wurden. Es gibt jedoch auch besondere Holzverbindungen, die hauptsächlich in der Möbel- und Bauschreinerei eingesetzt werden. Einige davon lassen sich per Hand nur sehr mühsam herstellen. Mit einer Oberfräse und den entsprechenden Spannvorrichtungen und Führungen sind sie jedoch relativ schnell und sauber herzustellen.

Überblattungen

Überblattungen bestehen aus zwei gleich starken Teilen und werden ausschließlich im Rahmenbau verwendet. Eine Überblattung ist zwar keine ausgesprochen starke Verbindung, kann jedoch leicht hergestellt werden. Das Grundmuster kann in eine rechtwinklige Ecküberblattung, T-Überblattung oder Kreuzüberblattung abgewandelt werden. Wie bei allen Überblattungen wird bei beiden Werkstücken gleich viel Holz abgenommen.

Ecküberblattung

Ecküberblattung auf Gehrung

Kreuzüberblattung

Schräge Überblattung

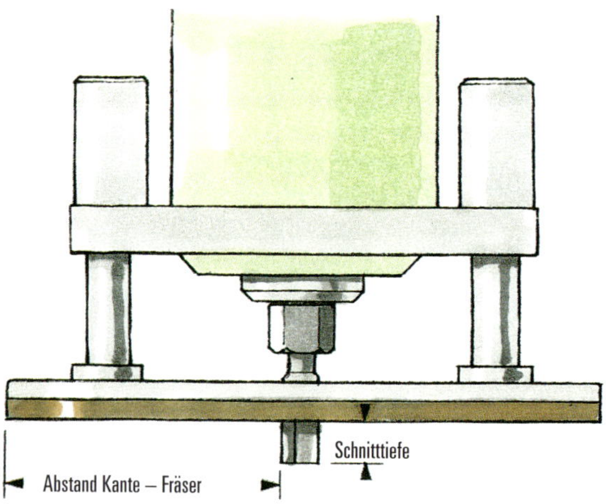

Einrichten der Fräse

Stellen Sie die Frästiefe auf die halbe Holzstärke des Werkstücks und den Revolverkopfanschlag auf zwei oder drei Schritte ein. Messen Sie den Abstand zwischen der Außenkante der Grundplatte und der Seite des Fräsers und klemmen Sie in diesem Abstand die Hilfsführungen an das Werkstück.

Rechtwinklige Überblattungen

Mit zwei gleich großen L-förmigen Hilfsführungen lassen sich rechtwinklige Überblattungen problemlos herstellen. Leimen und schrauben Sie 300 mm lange, abgerichtete Latten von jeweils 75 x 18 mm und 150 x 18 mm zusammen. Für schräge Überblattungen setzen Sie die Hilfsführungen im gewünschten Winkel zusammen.

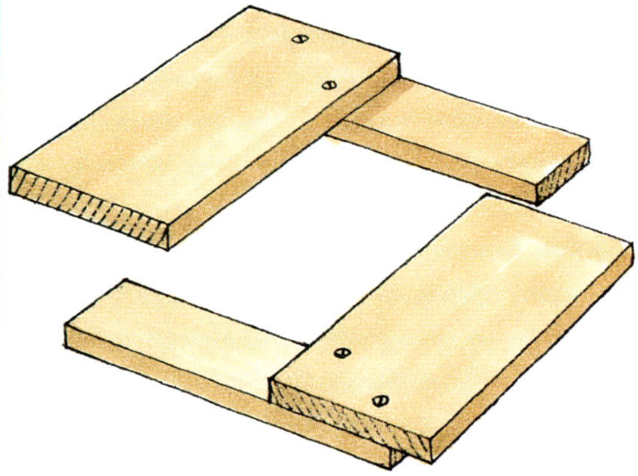

Anreißen und Schneiden einer Eckűberblattung

Zeichnen Sie die Brüstungslinie quer über das Werkstück an. Zeichnen Sie von der Brüstungslinie ausgehend eine weitere Linie an, die den Abstand zwischen Grundplattenkante und Fräser wiedergibt. Legen Sie eine L-förmige Hilfsführung an diese zweite Linie und spannen Sie sie mit dem Verbindungsteil auf die Werkbank. Schneiden Sie die Verbindung, indem Sie die Kante der Grundplatte an der Hilfsführung entlangführen und so die Brüstung ausfräsen. Entfernen Sie dann das wegfallende Holz ohne Führung. Die Hilfsführung verhindert ein Ausreißen der Holzfasern.

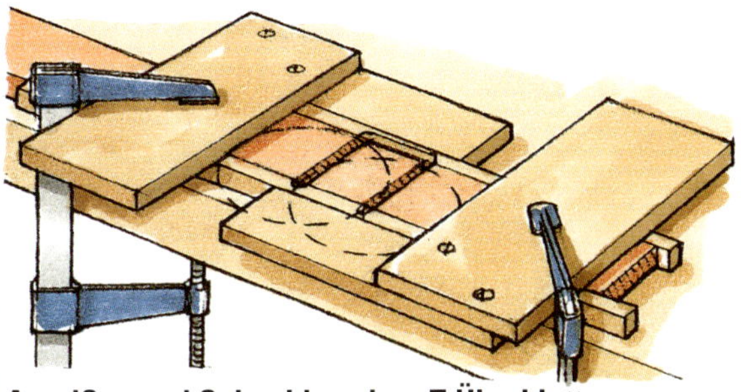

Anreißen und Schneiden einer T-Überblattung

Um die Vertiefung auszufräsen, reißen Sie zwei Brüstungslinien an und spannen die beiden Hilfsführungen auf das Werkstück. Der Abstand zwischen Brüstungslinie und Hilfsführung muss dem Abstand zwischen der Seitenkante der Grundplatte und dem Fräser entsprechen. Setzen Sie den Fräser mit unverändertem Tiefenanschlag am linken Anschlag für die eine Brüstungslinie und am rechten für die andere Brüstungslinie an.

Kreuzüberblattungen fräsen

Spannen Sie die beiden Teile einer Kreuzüberblattung zusammen ein und fräsen Sie beide Vertiefungen gleichzeitig aus.

Überblattungen mit der Tischfräse schneiden

Mit Hilfe des verschiebbaren Gehrungsanschlags können Sie Ecküberblattungen auf einer Tischfräse schneiden. Legen Sie das Ende des Werkstücks an den Tischanschlag und stellen Sie ihn so ein, dass der Fräser mit der Brüstungslinie ausgerichtet ist. Legen Sie einen Schiebestock zwischen Gehrungsanschlag und Werkstück, um Ausrisse zu verhindern. Schneiden Sie die Brüstung, indem Sie das Werkstück fest an den Tischanschlag drücken und es am Fräser vorbeiführen. Danach schieben Sie das Werkstück vom Tischanschlag weg und entfernen das wegfallende Holz in mehreren Durchgängen.

Mehrere gleiche Teile fräsen

Da bei vielen Arbeiten mehrere gleiche Verbindungen anfallen, lohnt es sich, im Voraus zu planen, welche davon gleichzeitig geschnitten werden können. Verwenden Sie dazu etwas größere Hilfsführungen und eine selbst gemachte Keilspannvorrichtung. Legen Sie die Teile nebeneinander und spannen Sie sie mit der Keilspannvorrichtung zusammen. Klemmen Sie dann die L-förmige(n) Hilfsführung(en) fest und zwingen Sie die Teile und die Führungen zusammen auf der Werkbank fest.

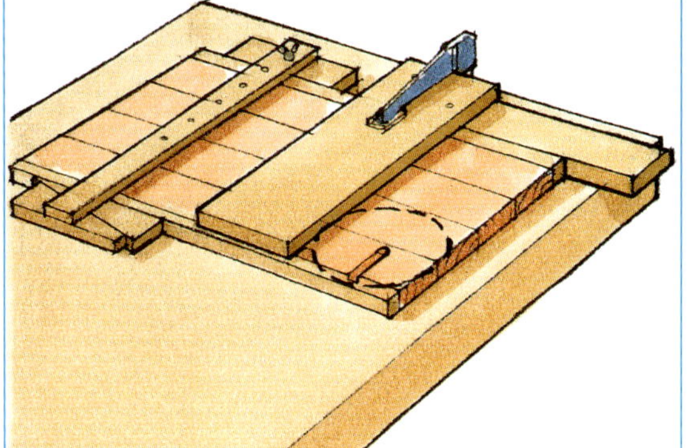

Überblattungen mit einer Schablone fräsen

Bauen Sie sich zur schnelleren „Kleinserienfertigung" eine Schablone zum Schneiden der Überblattungen mit Oberfräse und Kopierring. Passen Sie die empfohlenen Maße Ihren eigenen Bedürfnissen an.

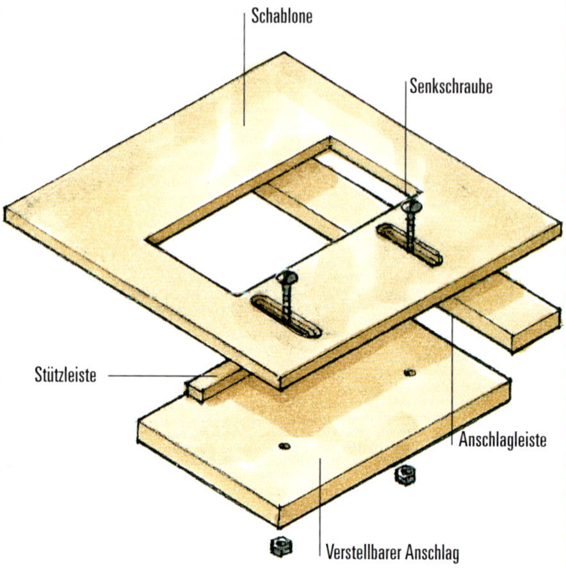

Herstellung einer Überblattungsschablone

Schneiden Sie ein 200 x 100 mm großes Rechteck in die Mitte einer 300 x 300 x 6 mm großen MDF-Platte. Fräsen Sie auf der rechten Seite zwei 3-mm-Schlitze in einem rechten Winkel zu diesem Ausschnitt. Erweitern Sie die Schlitze oben bis zu einer Tiefe von 3 mm auf 8 mm Breite, um zwei 25-mm-Senkschrauben darin einzulassen. Schneiden Sie eine 300 x 50 x 12 mm große Anschlagleiste und leimen Sie sie bündig mit der Kante des ausgeschnittenen Rechtecks an die Unterseite der Schablone.
Schneiden Sie einen 250 x 150 x 12 mm großen verstellbaren Anschlag zu. Bohren Sie zwei 3-mm-Löcher durch den Anschlag und erweitern Sie sie an der Unterseite, um zwei Sechskantmuttern darin zu versenken. Schneiden Sie eine 200 x 12 x 6 mm große Stützleiste aus MDF und leimen Sie sie an die Führungskante des Anschlags. Schrauben Sie den Anschlag mit zwei Schrauben und Muttern an die Schablone.

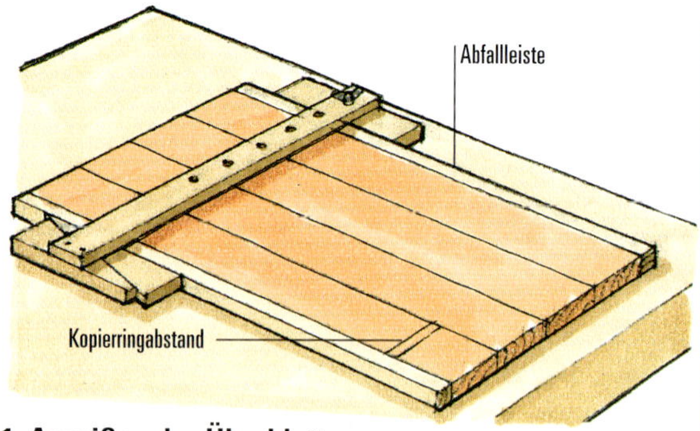

1 Anreißen der Überblattung

Reißen Sie die Brüstungslinie auf einem Werkstück an und zeichnen Sie eine zweite Linie, die den Kopierringabstand hinter der Brüstungslinie markiert. Legen Sie alle Teile auf die Werkbank und legen Sie an beiden Seiten eine Abfallleiste gleicher Stärke, um Ausrisse zu verhindern. Klemmen Sie die Teile mit einer Keilspannvorrichtung (siehe auch Seite 37) zusammen.

2 Auflegen der Schablone

Legen Sie die Schablone auf die Werkstücke, wobei die Anschlagleiste an der Abfallleiste liegt. Richten Sie die innere Ausschnittkante an der Markierungslinie für den Kopierringabstand auf dem Werkstück aus. Schieben Sie den Anschlag bis auf 12 mm an die Werkstückenden heran und ziehen Sie die Schrauben an. Klemmen Sie Werkstück und Schablone auf der Hobelbank fest.

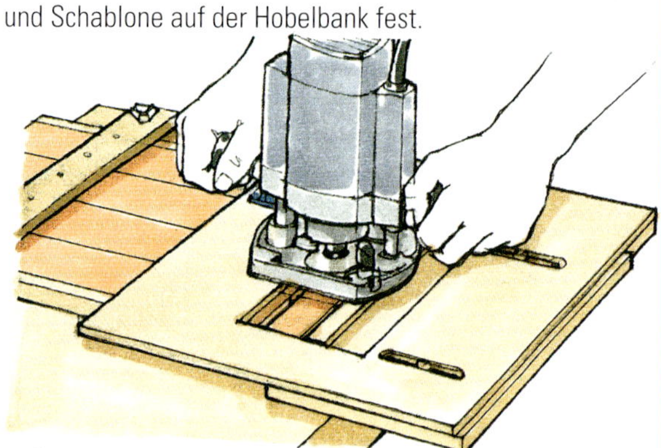

3 Schneiden der Brüstung

Setzen Sie den Fräser ein und regulieren Sie die Frästiefe. Stellen Sie den Revolverkopfanschlag für zwei oder mehr Fräsdurchgänge ein. Schneiden Sie die Brüstungslinie, wobei Sie den Kopierring an der Innenkante des Schablonenausschnitts entlangführen. Führen Sie die Fräse zum Entfernen des restlichen wegfallenden Holzes freihändig.

Schlitz-und-Zapfen-Verbindungen

Die Schlitz-und-Zapfen-Verbindung ist eine stabile Verbindung. Sie wird häufig im Rahmenbau sowie bei Tischen und Stühlen verwendet. In ihrer einfachsten Form wird der Zapfen, eine am Ende des Querstücks angeschnittene Feder, in einen Schlitz (Zapfenloch) im Rahmenholz oder auch im Fuß eingesetzt. Mit einer Fräse geschnittene Zapfenlöcher haben immer abgerundete Ecken. Sie können die Löcher mit einem Zapfenlocheisen rechtwinklig ausstemmen oder die Kanten des Zapfens abrunden.

Doppelzapfenverbindung

Durchgestemmte Schlitz- und-Zapfen-Verbindung

Gestemmter Zapfen mit Nutzapfen

Fräser

Manche Schreiner verwenden gerade, einschneidige Fräser zum Schneiden der Zapfenlöcher. Bessere Ergebnisse erzielen Sie jedoch mit einem aufwärts schneidenden Spiralfräser für schmale Zapfenlöcher oder einem Langlochfräser für Schlitze mit einer Breite über 12 mm. Verwenden Sie zum Schneiden tiefer, schmaler Zapfenlöcher einen speziellen Fräser mit langem Schaft. Diese Fräser sind stirnschneidend und werfen die Frässpäne gut aus.

Einen doppelten Parallelanschlag verwenden

Um ein Zapfenloch in ein Stuhl- oder Tischbein zu fräsen, bringen Sie einen doppelten Parallelanschlag an der Fräse an, um den Fräser auf der gewünschten Linie zu halten.

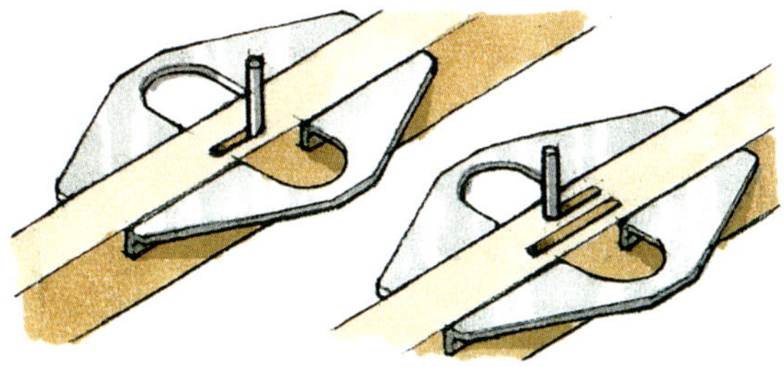

Doppelte Zapfenlöcher fräsen

Zum Fräsen zweier paralleler Zapfenlöcher gehen Sie ähnlich vor. Fräsen Sie ein Zapfenloch auf die gewünschte Tiefe, drehen Sie die Fräse um und fräsen Sie das zweite Zapfenloch in der anderen Richtung.

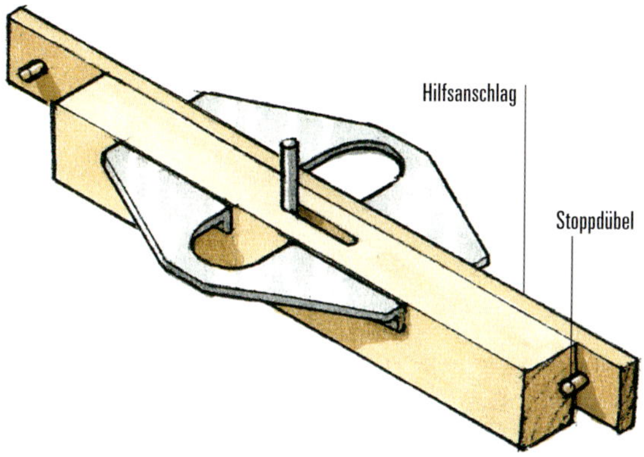

Zapfenlöcher auf eine bestimmte Länge fräsen

Um ein Zapfenloch auf eine bestimmte Länge zu fräsen, senken sie den Fräser entweder an angezeichneten Linien ab und heben ihn wieder an, oder Sie klemmen Stoppklötze an das Werkstück. Beim Bearbeiten kurzer Werkstücke können Sie auch Dübel in Löcher in den Enden von Hilfsanschlägen einsetzen, um den Beginn und das Ende des Schnitts festzulegen.

Schlitze für Nutzapfen schneiden

Eine kurze Feder, der Nutzapfen, stützt die Oberkante des Querfrieses, wenn ein Schlitz nahe dem Ende eines Beins oder Höhenfrieses geschnitten wird. Dieser Nutzapfen wird in eine flache Nut eingesetzt, die über dem Zapfenloch eingefräst wird. Bei den ersten Schnitten können Sie Zapfenloch und Nut zusammen fräsen. Dann verstellen Sie die Anschläge und fräsen nur noch das Zapfenloch.

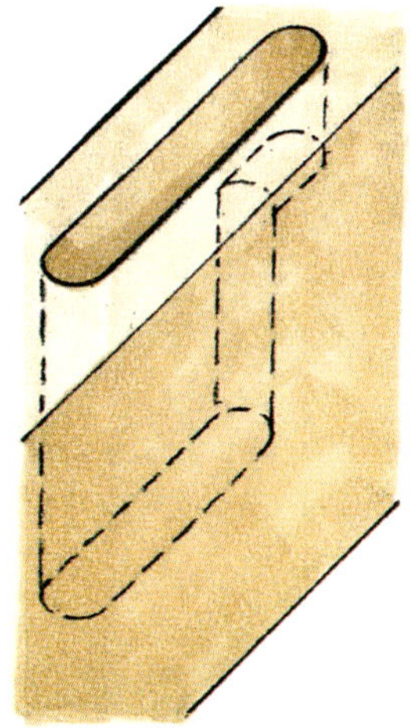

Schlitzschablonen

Anstatt den Parallelanschlag und Stoppklötze zu verwenden, können Sie einzelne und doppelte Zapfenlöcher auch mit einer Schlitzschablone fräsen. Sie wird auf das Werkstück gesetzt und die Fräse wird mit Hilfe des passenden Kopierrings an der Schablone entlanggeführt. Sie können sich für die unterschiedlichen Arbeiten entweder mehrere einfache Schablonen oder eine verstellbare Vielzweckschablone mit verstellbaren Anschlägen und Positionierleisten anfertigen.

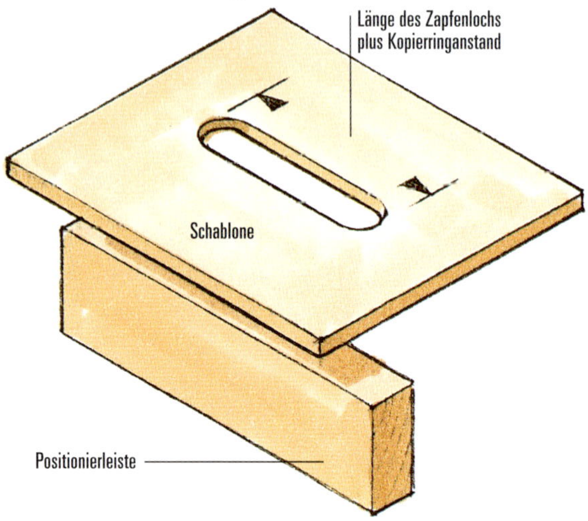

Einfache Schlitzschablone anfertigen

Schneiden Sie eine 150 mm lange Schablone aus 6 mm starkem MDF in der Breite der Fräsengrundplatte. Setzen Sie einen Fräser mit dem gleichen Durchmesser wie der später zu verwendende Kopierring ein und schneiden Sie einen Schlitz in die Mitte der Schablone. Die Länge des Schlitzes sollte der Länge des gewünschten Zapfenlochs plus dem doppelten Kopierringabstand entsprechen.

Positionierleiste anbringen

Damit die Schablone exakt auf der Kante des Werkstücks sitzt, sollten Sie eine stabile Leiste als Anschlag an die Unterseite leimen. Mit Hilfe dieser Leiste wird der Schlitz in der Schablone an der Position des Zapfenlochs auf dem Werkstück ausgerichtet. Klemmen Sie die Schablone auf das Werkstück und fräsen Sie das Zapfenloch aus.

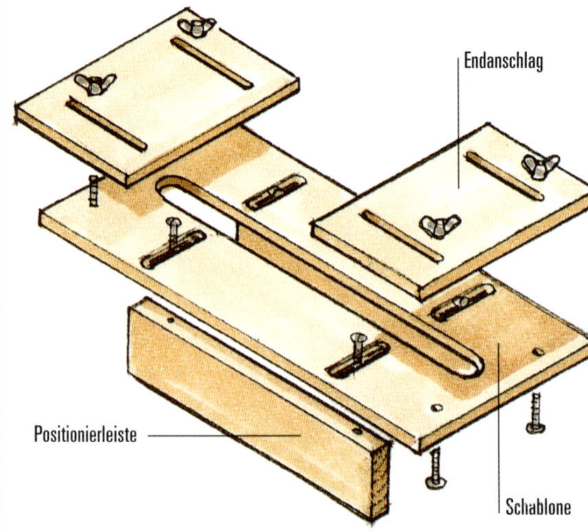

Verstellbare Schablone anfertigen

Sie können auch eine Schablone anfertigen, die für jedes Werkstück passt. Schneiden Sie dazu die MDF-Platte wie oben beschrieben zu. Die Gesamtlänge sollte jedoch 300 mm betragen und der Schlitz bis auf einen Abstand von 25 mm zu den Enden geschnitten werden. In den Schlitz sollte ein Kopierring passen, der für alle Fräser groß genug ist, die Sie zum Fräsen von Zapfenlöchern verwenden möchten. Schneiden Sie auf beiden Seiten des Mittelschlitzes zwei erweiterte Schlitze zum Anbringen der Positionierleisten und bohren Sie an den Enden der Schablone jeweils zwei Löcher für die Schrauben der Endanschläge.
Schneiden Sie die Endanschläge aus 6 mm starkem MDF und fräsen Sie in beide Anschläge je zwei Schlitze für die Einstellschrauben. Befestigen Sie die Anschläge mit Senkschrauben, Beilagscheiben und Flügelmuttern.
Schneiden Sie die Positionierleisten aus einem 38 x 9 mm großen Vierkantholz und schrauben Sie sie mit Senkschrauben und Beilagscheiben an die Schablone.

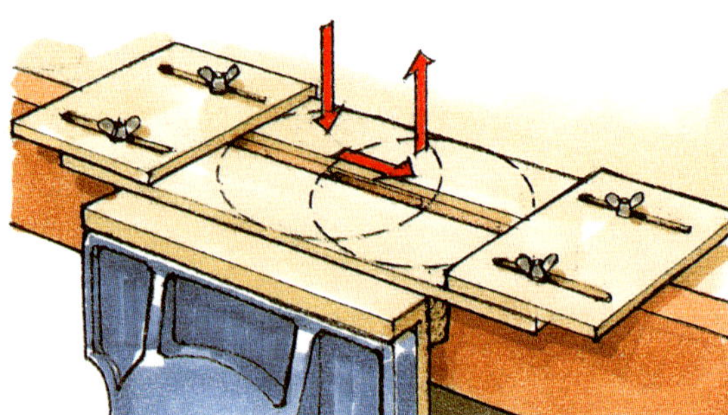

Verwendung einer verstellbaren Schablone

Stellen Sie die Positionierleisten so ein, dass der Schablonenschlitz über der gewünschten Position des Zapfenlochs liegt, und klemmen Sie die Schablone auf das Werkstück. Stellen Sie die Endanschläge so ein, dass der Schnitt auf die gewünschte Länge begrenzt wird. Setzen Sie die Fräse so auf, dass die Grundplatte an einem der Endanschläge anstößt. Schalten Sie die Fräse ein und senken Sie den Fräser in das Werkstück ab. Schieben Sie die Fräse bis zum Anschlag nach vorn. Lösen Sie die Tiefenarretierung, um den Fräser anzuheben, und schalten Sie die Maschine ab.

Zapfenlöcher auf einer Tischfräse schneiden

Sollen Zapfenlöcher auf einer Tischfräse geschnitten werden, senkt man das Holz auf den Fräser ab. Wenn Sie kleine oder kurze Werkstücke bearbeiten, sollten Sie eine Schutzleiste mit Stoppklötzen anbringen, damit Sie den Schlitz auf die exakte Länge schneiden können.

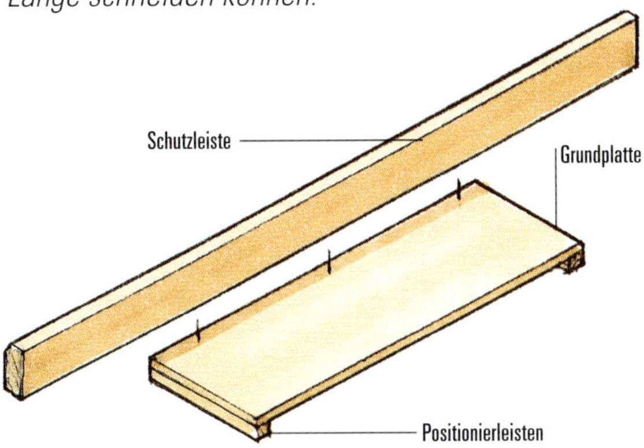

Schutzleiste mit Stoppklötzen anfertigen

Schneiden Sie eine 150 mm breite Grundplatte für die Schutzleiste aus 6 mm starkem MDF. Diese Platte sollte um 25 mm länger sein als der Frästisch. Leimen Sie 12 x 12 mm-Leisten bündig mit den Enden an die Unterseite der Grundplatte. Diese Leisten liegen seitlich am Frästisch an. Schneiden Sie eine 18 mm starke Schutzleiste, ungefähr in der doppelten Länge des Tischanschlags zu. Die Schutzleiste sollte mindestens 12 mm höher sein als der voll ausgefahrene Fräser. Von der erforderlichen Höhe der Schutzleiste können Sie die 6 mm der Grundplatte abziehen. Leimen und schrauben Sie die Grundplatte in einem rechten Winkel bündig an die Unterkante der Schutzleiste. Hobeln Sie eine kleine Fase an die dem Tischanschlag zugewandte Oberkante der Schutzleiste.

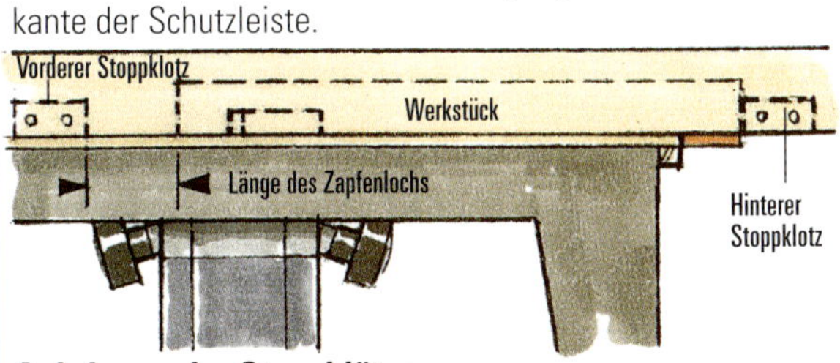

Anbringen der Stoppklötze

Schneiden Sie zwei Stoppklötze aus 50 x 12 mm-Hartholz zu. Klemmen oder schrauben Sie die Klötze an die dem Tischanschlag zugewandte Seite der Schutzleiste. Wenn das untere Ende des Werkstücks am hinteren Stoppklotz anliegt, sollte sich der Fräser am oberen Ende des Zapfenlochs befinden. Wenn das obere Ende des Werkstücks den vorderen Stoppklotz erreicht, sollte der Fräser die gesamte Länge des Zapfenlochs gefräst haben. Wenn Sie ein Zapfenloch nahe dem oberen Ende eines Tischbeins oder Rahmenholzes fräsen, geben Sie ausreichend Material am Ende des Werkstücks zu, damit Ihre Finger nicht zu nahe an den Fräser geführt werden müssen.

Auflegen der Schutzvorrichtung

Stellen Sie den Tischanschlag so ein, dass der Fräser in der Mitte des Zapfenlochs steht. Legen Sie ein Werkstück an den Tischanschlag und schieben Sie die Schutzleiste so weit an das Werkstück, dass Sie es noch verschieben können. Klemmen Sie die Schutzvorrichtung ~~fest und stellen Sie~~ den Fräser ein.

Fräsen des Zapfenlochs

Legen Sie das hintere Ende des Werkstücks an den hinteren Stoppklotz und halten Sie das vordere Ende nur mit Ihren Fingerspitzen fest. Senken Sie das Holz vorsichtig auf den Fräser ab. Schieben Sie das Werkstück bis zum vorderen Stoppklotz. Wenn Sie mehrere gleiche Teile fräsen, wiederholen Sie diesen Schritt für alle Teile, bevor Sie die Frästiefe für den nächsten Durchgang einstellen.

Zapfen fräsen

Sie können Zapfen ähnlich wie Überblattungen fräsen (siehe Seiten 88–90). Fräsen Sie die eine Seite, drehen Sie das Werkstück um und fräsen Sie die andere Seite. Rechtwinklige und schräge Nutzapfen schneiden Sie am besten von Hand, nachdem Sie den Zapfen ausgefräst haben.

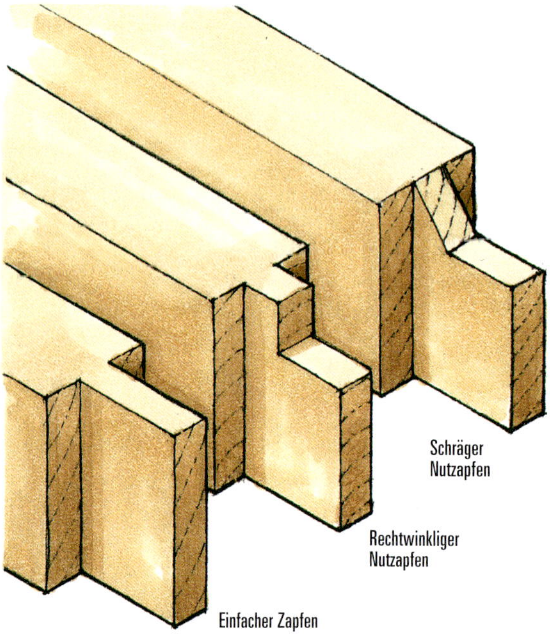

Verwendung einer rechtwinkligen Hilfsführung

Fertigen Sie eine L-förmige Hilfsführung, indem Sie zwei MDF-Stücke im rechten Winkel zusammenleimen und -schrauben. Legen Sie die Hilfsführung auf das Zapfenteil und klemmen Sie beides zusammen auf die Werkbank. Stellen Sie die maximale Frästiefe und gegebenenfalls den Revolverkopfanschlag für mehrere Durchgänge ein. Schneiden Sie zunächst die Brüstung und entfernen Sie dann das überschüssige Holz ohne Hilfsführung.

Zum Fräsen eines schmalen Zapfens ist es sinnvoll, ihn durch ein Stück Holz abzustützen, um zu verhindern, dass er beim Schneiden der zweiten Seite vibriert.

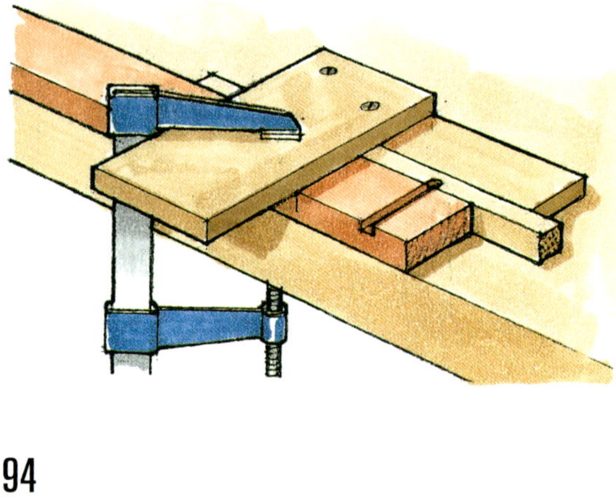

Zapfen mit der Tischfräse schneiden

Stützen Sie das Werkstück mit dem verschiebbaren Gehrungsanschlag und legen Sie das Ende des Zapfenteils an den Tischanschlag. Der Fräser muss sich an der Brüstungslinie befinden. Legen Sie eine Abfallleiste zwischen Werkstück und Gehrungsanschlag, um Ausrisse zu verhindern. Führen Sie das Werkstück vorwärts und fräsen Sie die Brüstung. Schieben Sie das Werkstück dann etwas vom Tischanschlag weg, um das überschüssige Holz nach und nach zu entfernen.

Einige Frästische haben eine verschiebbare vertikale Haltevorrichtung am Tischanschlag, mit deren Hilfe Sie Zapfen an kurze Werkstücke fräsen können.

Verwendung einer Schablone

Sie können Zapfen auch mit Hilfe einer verstellbaren Schablone anfertigen. Fräsen Sie die Brüstungen auf der einen Seite der Werkstücke, drehen Sie sie um, setzen Sie die Schablone wieder auf und schneiden Sie die Brüstungen auf der anderen Seite.

Dübelverbindungen

Die Dübelverbindung ist eigentlich nichts weiter als eine verstärkte stumpfe Fuge. Dennoch ist sie, was ihre Stabilität und Vielseitigkeit betrifft, eine echte Alternative zur Schlitz-und-Zapfen-Verbindung. Sie eignet sich gleichermaßen für Rahmenverbindungen aus Massivholz und Kasteneckverbindungen bei Holzwerkstoffplatten. Da die Dübellöcher an beiden Teilen der Verbindung gleich positioniert sein müssen, sollten Sie eine Hilfsführung oder zwei Parallelanschläge verwenden. Verwenden Sie spezielle Dübellochbohrer für die Fräse und keine geraden Fräser oder normale Dübellochbohreinsätze für die Bohrmaschine.

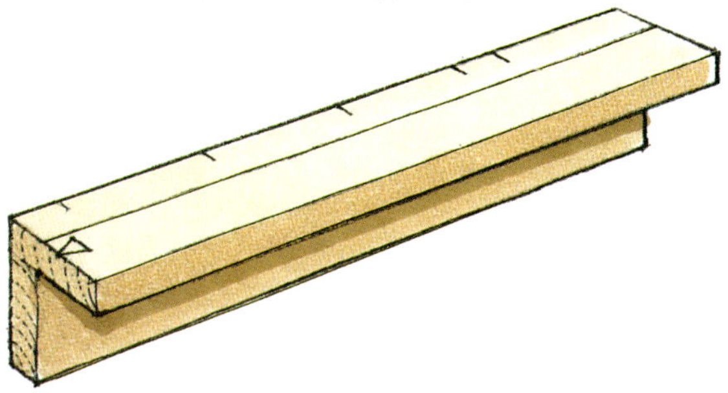

Dübelsetzleiste anfertigen

Mit einer einfachen rechtwinkligen Hilfsführung lässt sich ein Dübellochbohrer schnell und genau an der Kante eines Werkstücks oder auf einem Brett positionieren. Schneiden Sie aus einem 75 x 18-mm-Holz zwei Stücke aus, die ein wenig länger sind als das Werkstück breit ist. Zeichnen Sie die Breite des Werkstücks und die erforderlichen Dübellochpositionen auf der Oberseite der Führungsleiste an. Sie können auch ein Stück Kreppband aufkleben und die Markierungen dort anzeichnen. So können Sie die Leiste bei Bedarf auch für andere Arbeiten verwenden.

Dübellöcher mit einer Dübelsetzleiste in das Hirnholzende bohren

Zeichnen Sie die Mittellinie auf der Kante eines Werkstücks. Klemmen Sie die Dübelsetzleiste bündig mit dem Ende und der Vorderkante an das Werkstück. Übertragen Sie die Mittelpunkte der Dübellöcher mit einem Anschlagwinkel auf das Werkstück und stellen Sie den Parallelanschlag so ein, dass die Dübellöcher in der Mitte des Hirnholzes sind.

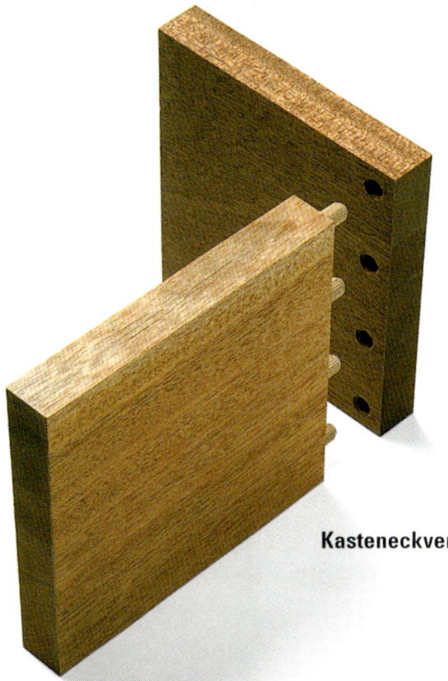

Kasteneckverbindung

Dübellöcher in die Seitenfläche eines Bretts bohren

Zeichnen Sie die Mittellinie der Verbindung an. Setzen Sie die Fräse auf das Werkstück, so dass der Dübellochbohrer auf der Mitte der Linie sitzt. Zeichnen Sie die Kante der Fräsengrundplatte an. Zeichnen Sie von dieser Markierung aus eine Linie im rechten Winkel quer über das Brett. Setzen Sie die Dübelsetzleiste entlang dieser Linie auf das Werkstück. Zeichnen Sie den Mittelpunkt des Fräsers auf der Kante der Fräsengrundplatte an. Richten Sie diese Markierung mit den auf der Setzleiste angezeichneten Dübellochmittelpunkten aus und fräsen Sie die einzelnen Löcher nacheinander in das Werkstück.

Verwendung des doppelten Parallelanschlags

Durch Anbringen eines zweiten Parallelanschlags können Sie ein Dübelloch genau auf der Kante des Werkstücks positionieren. Klemmen Sie beide Teile der Verbindung in einen Spannstock, wobei die Vorderseiten nach außen zeigen und die Enden bündig sind. Mit einem Streichmaß reißen Sie eine Mittellinie an und messen die Abstände der Dübellöcher ab. Setzen Sie die Zentrierspitze des Dübellochbohrers auf die Mittellinie und schieben Sie die beiden Anschläge so weit an das Werkstück heran, dass sie nur noch minimal Spiel haben. Stellen Sie die Tiefenlehre auf die volle Tiefe des Dübellochs ein. Die Tiefe ist gleich der halben Länge des Dübels plus 1,5 mm. Arbeiten Sie entlang einer Kante und bohren Sie die Löcher nacheinander. Drehen Sie dann die Fräse herum und bohren Sie die Löcher in die Kante des anderen Bretts.

Herstellung einer Bohrschablone

Mit einer einfachen Bohrschablone können Sie Dübellöcher noch schneller und genauer bohren als mit der Dübelsetzleiste. Schneiden Sie eine Bohrschablone aus 6 mm starkem MDF oder splitterfreiem Kunststoff zu. Schneiden Sie die Schablone passend für die Größe des Werkstücks zu, wobei Sie einen ausreichenden Rand zur Auflage der Fräse und zum Anbringen von Positionierleisten berücksichtigen sollten.

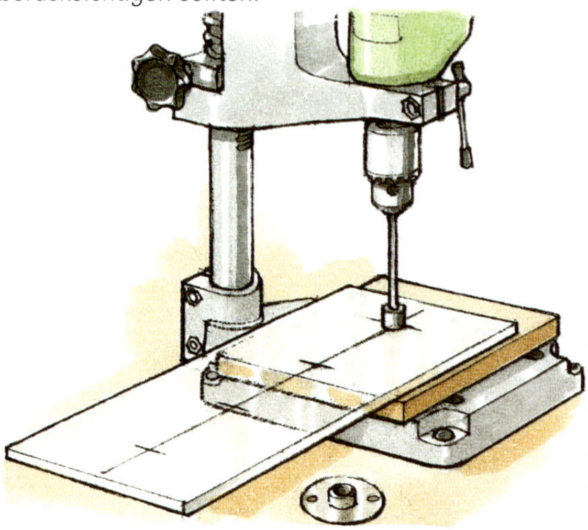

1 Anreißen und Bohren der Dübelmittelpunkte

Markieren Sie die Dübelmittelpunkte auf einer Mittellinie, die auf der Schablone angezeichnet ist. Bei einer durchsichtigen Plastikschablone reißen Sie die Linie auf der Unterseite an. Bohren Sie die Löcher an den Dübelpositionen mit dem Durchmesser des Kopierrings in die Schablone. Zwischen Kopierring und Dübellochbohrer sollte mindestens 1,5 mm Abstand sein.

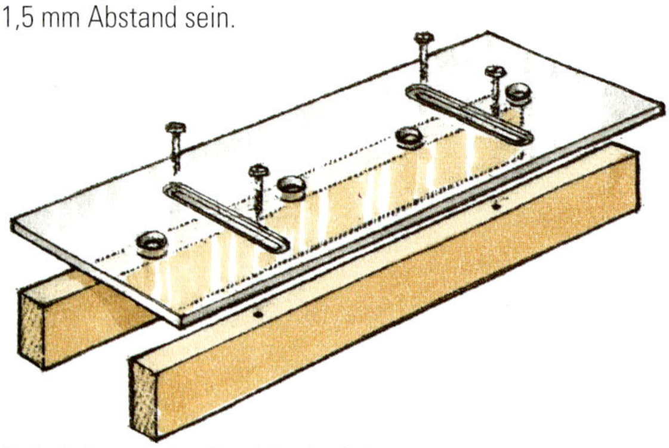

2 Anbringen der Positionierleisten

Reißen Sie zwei Schlitze quer über die Schablone an und fräsen Sie die Schlitze 3 mm breit. Erweitern oder vertiefen Sie den Schlitz an der Oberseite. Schneiden Sie zwei 50 x 18-mm-Leisten zu und befestigen Sie sie mit Linsenkopfschrauben oder Senkkopfschrauben, die in die vertieften Schlitze eingesetzt werden, an der Schablone.

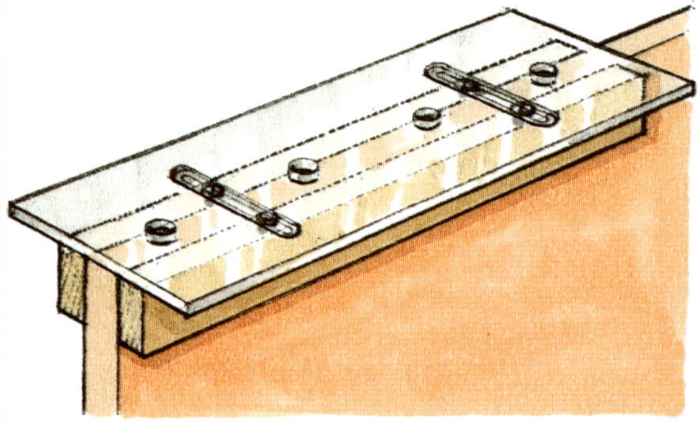

Dübellöcher in das Hirnholzende bohren

Reißen Sie die Mittellinie der Hirnholzkante des Werkstücks an und richten Sie die Dübellöcher auf dieser Linie aus. Schieben Sie die beiden Positionierleisten an die Seiten des Werkstücks und ziehen Sie die Schrauben an. Setzen Sie den Kopierring nacheinander in die Löcher der Schablone ein und senken Sie den Fräser ab.

Bohren der Löcher in eine Brettseite

Reißen Sie eine Mittellinie auf der Brettseite an. Entfernen Sie die Positionierleisten von der Schablone und richten Sie die Löcher in der Schablone an der angezeichneten Mittellinie aus. Klemmen Sie die Schablone auf das Werkstück. Bohren Sie die einzelnen Löcher nacheinander.

Eckverbindungen herstellen

Zum Herstellen einer Eckverbindung bohren Sie zunächst die Löcher wie oben beschrieben in das Hirnholzende des einen Bretts. Nehmen Sie dann eine der Positionierleisten ab und legen Sie die andere an die Hirnholzkante des anderen Bretts. Befestigen Sie die Schablone mit Zwingen auf dem Werkstück.

Dübellochschablonen

Bei einigen Zinkenschablonen können Sie die Schablone durch eine andere mit Führungslöchern zum Bohren von Dübellöchern ersetzen. Die Schablone ist für Bretter mit einer Breite von bis zu 610 mm und einer Stärke von 12 bis 30 mm vewendbar. Sie können in längere Werkstücke auch Kantenverbindungen schneiden, indem Sie sie an die Vorderkante der Hobelbank klemmen und die Schablone an den Brettern anlegen.

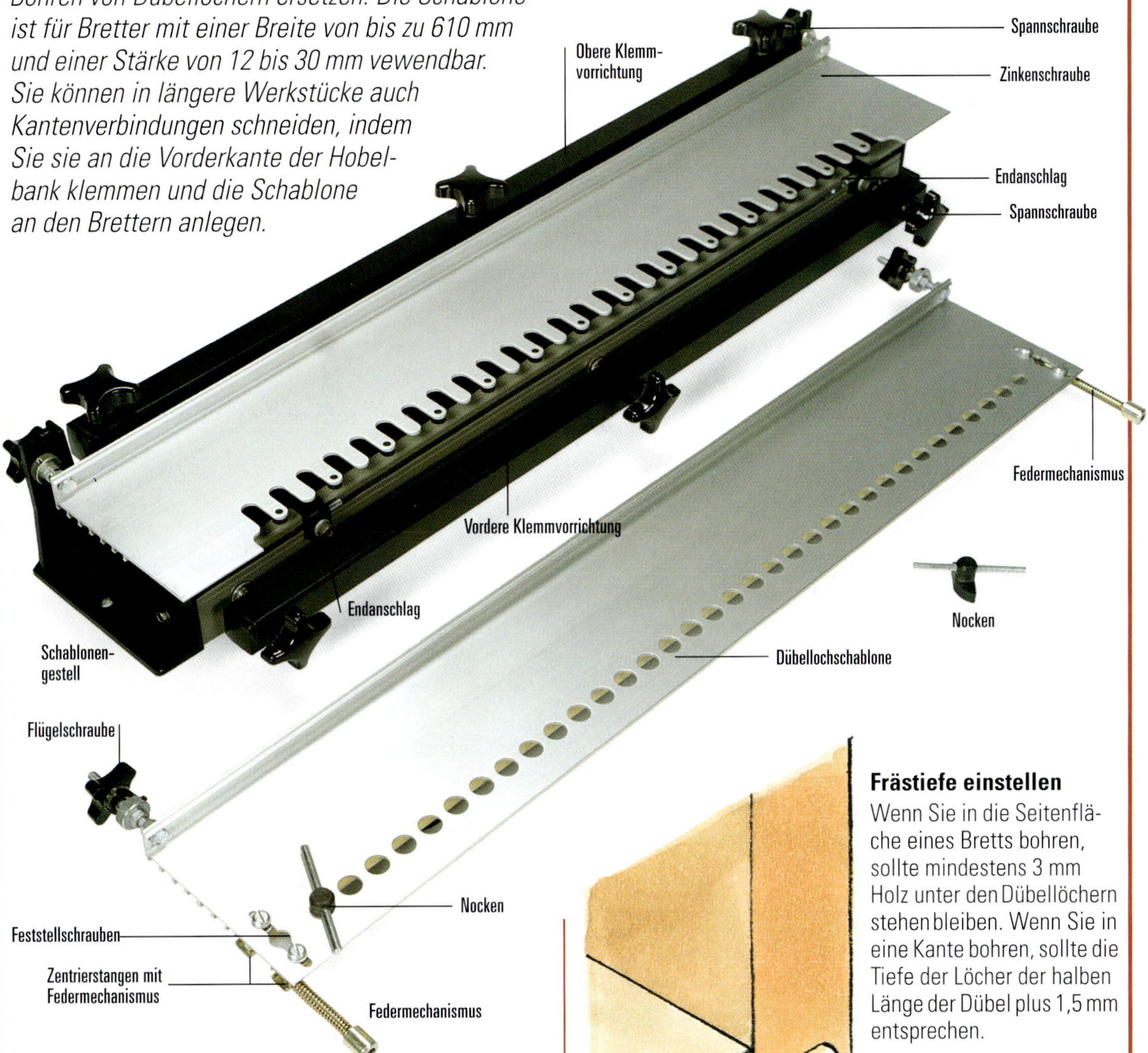

Werkstück und Fräse vorbereiten

Alle Kanten des Werkstücks müssen rechtwinklig und parallel sein. Markieren Sie die Sichtseiten und -kanten. Markieren Sie zusammengehörige Flächen, damit Sie das Stück später richtig zusammensetzen können. Bringen Sie den Kopierring an und setzen Sie den Dübellochbohrer ein.

Frästiefe einstellen

Wenn Sie in die Seitenfläche eines Bretts bohren, sollte mindestens 3 mm Holz unter den Dübellöchern stehen bleiben. Wenn Sie in eine Kante bohren, sollte die Tiefe der Löcher der halben Länge der Dübel plus 1,5 mm entsprechen.

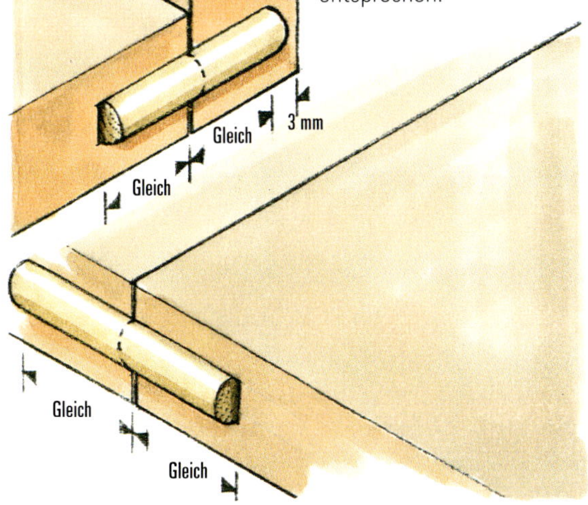

Dübellöcher in das Hirnholzende bohren

Ganz gleich, ob Sie mit Hilfe der Schablone eine Eckverbindung oder eine T-Verbindung fertigen, Sie müssen in jedem Fall Dübellöcher in die Hirnholzkante eines der Werkstücke bohren.

1 Werkstück in die Schablone einspannen

Legen Sie zwei Abfallstücke der gleichen Stärke wie das Werkstück auf das Fräsgerät. Schieben Sie das Werkstück hinter die vordere Klemmvorrichtung und spannen Sie es 6 mm über dem Abfallholz fest. Entfernen Sie die mittlere Klemmschraube vollständig, um ein breites Brett einzuspannen.

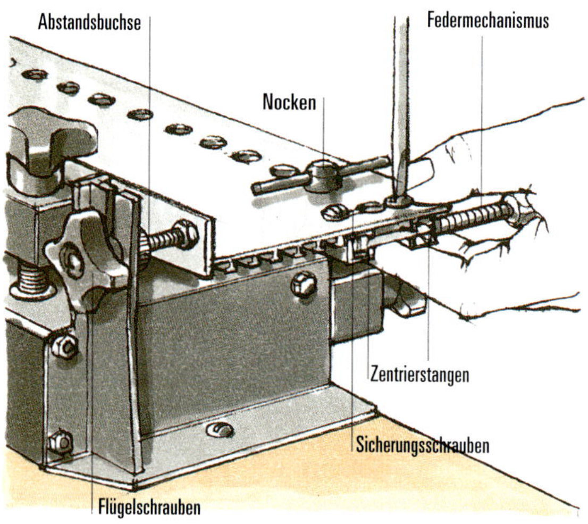

2 Schablone anbringen

Wenn Sie die Schablone auf der Kante des Werkstücks anbringen, spannen nockengesteuerte Zentrierstangen mit Federmechanismus das Brett ein und richten die Dübellöcher mittig aus. Legen Sie die Schablone auf das Abfallholz. Ziehen Sie die Feststellschrauben der Zentrierstangen an, um sie in ihrer Position zu arretieren. Danach können Sie den Federmechanismus lösen. Fixieren Sie die Schablone, indem Sie die Abstandsbuchsen justieren und die Flügelschrauben an der Rückseite der Vorrichtung anziehen.

3 Ausrichten der Dübellöcher

Lösen Sie die vordere Klemmvorrichtung und schieben Sie das Werkstück seitwärts, um die Dübellöcher in gleichem Abstand von den Seitenkanten zu positionieren und sicherzustellen, dass neben den beiden äußeren Löchern genügend Holz für eine stabile Verbindung stehen bleibt. Ziehen Sie die Klemmvorrichtung an und schieben Sie den linken Endanschlag an die Werkstückkante. Ziehen Sie die Feststellschraube an.

4 Das Werkstück absenken

Nehmen Sie die Schablone ab, ohne die Einstellungen zu verändern, und entfernen Sie die Nocken. Spannen Sie das Werkstück nun bündig mit dem Abfallholz ein, achten Sie darauf, dass die Kante am Endanschlag anliegt, und legen Sie die Schablone wieder auf.

5 Bohren der Dübellöcher

Überkleben Sie nicht benötigte Dübellöcher und setzen Sie den Kopierring in die anderen Löcher ein, um nacheinander die Dübellöcher zu bohren. Bevor Sie das gegenüberliegende Hirnholzende des Werkstücks bohren, stellen Sie auch den rechten Endanschlag ein.

Herstellen einer Eckverbindung

Nachdem Sie die Hirnholzkante des einen Verbindungsteils bearbeitet haben, entfernen Sie die hintere Zentrierstange unter der Schablone. Lassen Sie die vordere Stange jedoch an ihrem Platz. Legen Sie das Werkstück unter die obere Klemmvorrichtung und setzen Sie die Schablone wieder auf. Schieben Sie das Werkstück nach vorn bis zur vorderen Zentrierstange und seitwärts an den Endanschlag. Fixieren Sie die Schablone und ziehen Sie die Feststellschrauben der Klemmvorrichtung an.

Stellen Sie die Frästiefe ein und bohren Sie nacheinander die Dübellöcher.

Herstellen einer T-Verbindung

Bohren Sie die Dübellöcher in die Hirnholzkante des einen Verbindungsteils (siehe gegenüber) und nehmen Sie danach beide Zentrierstangen aus der Schablone. Zeichnen Sie die Mittellinie der Verbindung auf der Brettoberfläche an. Schieben Sie das Brett unter der oberen Klemmvorrichtung und der Schablone durch und richten Sie die aufgezeichnete Mittellinie mit den Löchern der Schablone aus. Ziehen Sie sämtliche Spannschrauben an und bohren Sie die Dübellöcher.

Dübellöcher in lange Kanten bohren

Richten Sie die Schablone mit zwei kleinen Stücken Abfallholz von der gleichen Stärke wie das Werkstück ein und zentrieren Sie die Linie der Dübellöcher (siehe gegenüber). Entfernen Sie die Endanschläge, die vordere Klemmvorrichtung und die Schablone.

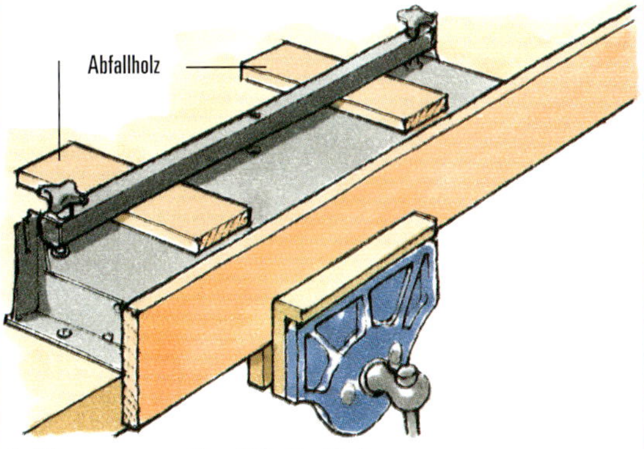

1 Einspannen des Werkstücks

Stellen Sie das Gerät auf die Hobelbank. Legen Sie zwei Stücke Abfallholz der gleichen Stärke wie das Werkstück unter die obere Klemmvorrichtung und spannen Sie das Werkstück vorn an die Werkbank. Richten Sie die Oberkante bündig mit der Oberfläche der beiden eingespannten Holzstücke aus.

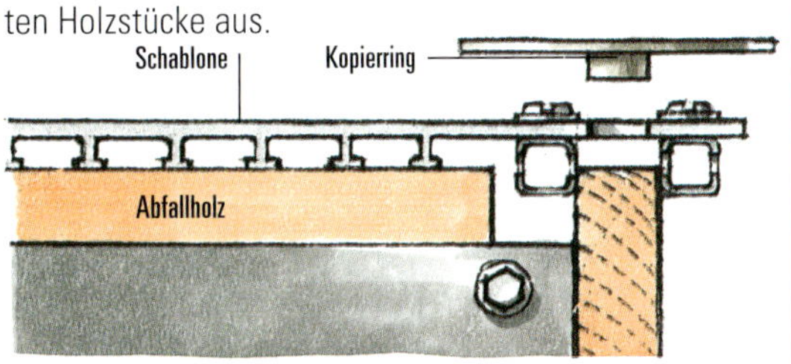

2 Auflegen der Schablone

Legen Sie die Schablone auf die Werkstückkante. Setzen Sie die Zentrierstangen an beiden Seiten des Werkstücks ein.

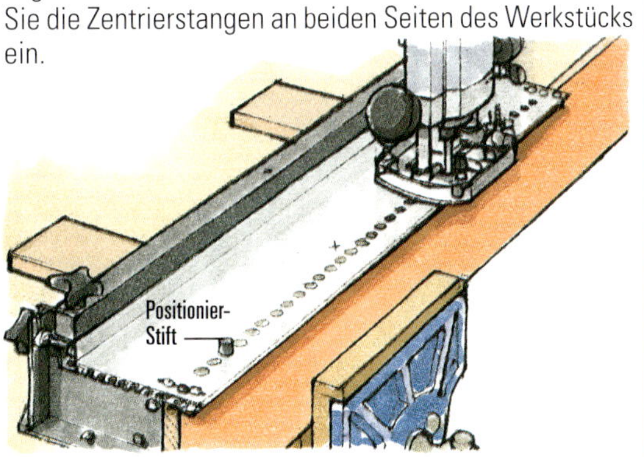

3 Bohren der Löcher

Bohren Sie das erste Loch und setzen Sie einen Positionierstift ein. Bohren Sie dann die restlichen Dübellöcher an den von der Schablone vorgegebenen Stellen. Ziehen Sie den Positionierstift heraus, schieben Sie die Schablone zur Seite und stecken Sie den Stift durch die Schablone in das letzte Bohrloch, bis die Dübellöcher über die gesamte Länge des Werkstücks gebohrt sind.

Lamelloverbindungen

Mit einer anderen Art der Verstärkung, bei der flache Holzplättchen, oder Lamellofedern, statt der Dübel verwendet werden, lassen sich ebenfalls sehr stabile stumpfe Verbindungen herstellen. Die Nutschlitze, in die die Lamellofedern eingesetzt werden, werden in der Regel mit einer speziellen Miniaturtauchsäge (Lamellofräsmaschine) geschnitten. Sie können ähnliche Verbindungen jedoch auch mit einer normalen Oberfräse in Massivholz und Holzwerkstoffplatten fräsen.

Stumpfe Eckverbindung

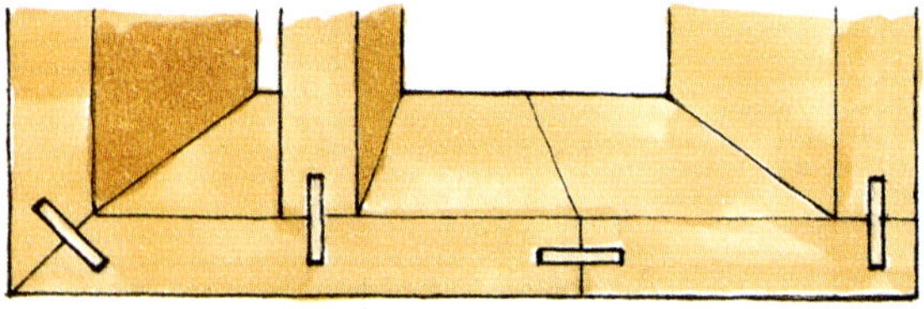

Eckverbindung auf Gehrung | T-Verbindung | Breitenverbindung | Stumpfe Eckverbindung

Arten von Lamelloverbindungen

Verbindungen mit Lamellofedern eignen sich für Eck- oder T-Verbindungen genauso wie für Gehrungen und Breitenverbindungen, ob aus Massivholz oder Holzwerkstoffen. Meist werden sie für Rahmen- oder Korpuskonstruktionen verwendet.

Lamellofedern

Die Lamellofedern werden aus gepressten Hartholzplättchen hergestellt und in halbrunde Nutschlitze in beiden Verbindungsteilen eingesetzt. Nach dem Einsetzen quellen die Lamellofedern durch den Leim auf und füllen den Schlitz vollständig aus, so dass eine starke Verbindung entsteht. Durch das Aufquellen bricht das Holz in der Regel nicht aus, es sei denn, die Platte ist extrem dünn. Lamellofedern werden in der Regel in drei Größen hergestellt: für die Brettstärken 9–12 mm, 13–18 mm und 19 mm und darüber. Alle Lamellofedern sind 4 mm stark.

Lamellofedern

Nutfräser für Lamellofedern

Nutschlitze für Lamellofedern werden entlang der Seiten- oder Hirnholzkante eines Bretts gefräst. Dazu verwenden Sie einen 4-mm-Scheibennutfräser, der auf einen Gewindedorn montiert wird. Auf den Dorn können drei verschieden große Anlaufringe aufgesetzt werden, je nach Frästiefe und Größe der Lamellofeder mit einem Durchmesser von 16, 18 oder 22 mm. Bringen Sie den Anlaufring immer an, bevor Sie den Dorn in die Spannzange einsetzen.

Fräser für Schlitze in der Oberfläche

Da ein Scheibennutfräser keine Nutschlitze quer über die Oberfläche eines Werkstücks fräsen kann, benötigen Sie dazu einen ein- oder zweischneidigen geraden Fräser mit 4 mm Durchmesser, um die eine Hälfte einer T-Verbindung oder eine Gehrung zu fräsen.

1 Anreißen für eine Kantenverbindung

Spannen Sie beide Werkstücke zusammen mit den Vorderseiten nach außen ein. Die Verbindungskanten müssen bündig sein. Zeichnen Sie die Mittellinien der Nutschlitze für die Lamelloverbindung auf beiden Werkstückkanten an.

2 Einfräsen der Nutschlitze

Klemmen Sie ein Brett mit der Oberseite nach oben überstehend auf die Hobelbank. Setzen Sie die Grundplatte der Fräse auf das Werkstück. Stellen Sie die Frästiefe ein und arretieren Sie den Fräser, wenn er sich in der Mitte der Werkstückkante befindet. Positionieren Sie den Fräser in der Mitte des ersten Nutschlitzes und führen Sie die Fräse gerade in die Werkstückkante, bis der Anlaufring einen weiteren Vorschub verhindert.

Eckverbindungen fräsen

Wenn Sie die Nutschlitze in das eine Verbindungsteil eingefräst haben, setzen Sie das Gegenstück hochkant in die Vorderzange. Spannen Sie eine Leiste bündig mit der Oberkante des Bretts an das Werkstück, um eine ausreichende Auflagefläche für die Fräse zu haben. Fräsen Sie die Nutschlitze wie bei einer Kantenverbindung. Ist das Brett zu lang, um es hochkant in die Vorderzange zu spannen, klemmen Sie es mit der Sichtseite nach oben auf die Hobelbank und halten die Oberfräse zum Fräsen horizontal.

T-Verbindungen fräsen

Um Schlitze für Lamellofedern in ein Brett zu fräsen, setzen Sie einen geraden Fräser in die Maschine ein und stellen die Frästiefe um 1,5 mm höher ein, als es für die Lamellofeder erforderlich ist.

Zeichnen Sie die Mittellinie der Verbindung auf dem Werkstück an und reißen Sie die Nutschlitze entlang dieser Linie an. Klemmen Sie ein Richtscheit oder einen T-Winkel als Führung für die Fräse auf das Werkstück und fräsen Sie die Schlitze nacheinander aus.

Eckverbindungen auf Gehrung fräsen

Schneiden Sie die Nutschlitze für eine Eckverbindung auf Gehrung mit einem geraden Fräser. Fertigen Sie eine Frässchablone für die Schlitze an, die Sie mit Hilfe einer verstellbaren 100 x 50-mm-Leiste festspannen. Hobeln Sie eine Kante der Leiste in einem 45°-Winkel ab. Schneiden Sie eine 150 mm breite Schablone aus 6 mm starkem MDF. Fräsen Sie einen Schlitz für einen Kopierring mit 10 mm Durchmesser in die Schablone. Schneiden Sie zwei vertiefte Schlitze in die Schablone, in die die Senkschrauben zur Befestigung der Schablone an der Leiste eingesetzt werden können.

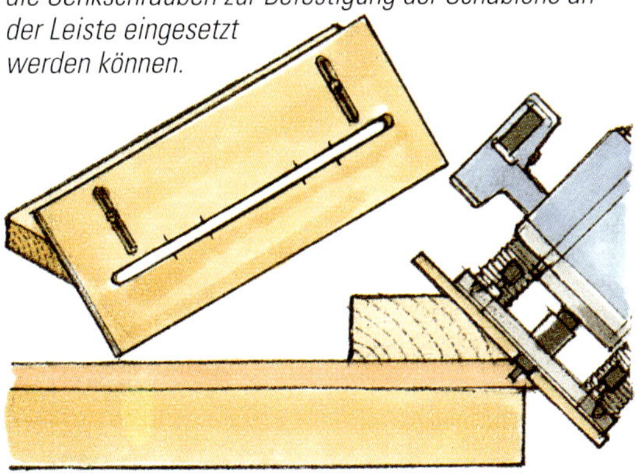

Fräsen der Nutschlitze

Klemmen Sie die Leiste auf das Werkstück, wobei die Schablone auf der Gehrung des Werkstücks liegt. Richten Sie die Schablone so aus, dass die Kante des Schlitzes in der Schablone in einer Linie mit der Innenkante der Gehrung liegt. Zeichnen Sie die Länge der einzelnen Nutschlitze auf der Schablone an, so dass Sie sie an der Grundplatte der Fräse sehen können. Fräsen Sie die einzelnen Nutschlitze nacheinander aus.

Nut-und-Feder-Verbindungen

Nut-und-Feder-Verbindungen werden hauptsächlich verwendet, um aus Massivholzbrettern breite Brettflächen zu bekommen. Sie können sie jedoch auch für rechtwinklige Verbindungen abwandeln. Die Verbindungen werden entweder als gespundete Fuge hergestellt, wobei eine angeschnittene Feder in eine Nut im Gegenstück eingesetzt wird, oder als gefederte Verbindung mit zwei geschlitzten Kanten, in die eine lose Feder eingesetzt wird. Kantennuten werden in der Regel mit einem selbstführenden Scheibennutfräser oder einem entsprechenden geraden Fräser in Verbindung und einem Parallelanschlag gefräst.

Einspannen zur Kantenbearbeitung

Spannen Sie das Werkstück hochkant in die Vorderzange oder mit Bügelzwingen an die Kante der Hobelbank. Sorgen Sie bei langen Werkstücken für die erforderliche Abstützung, damit sich das Werkstück nicht durchbiegt. Achten Sie darauf, dass der Fräse keine Zwingen im Weg sind und der Parallelanschlag genügend Spielraum über der Vorderzange hat.

Einspannen schmaler Werkstücke

Spannen Sie bei einem sehr schmalen Werkstück als zusätzliche Auflage eine stärkere Leiste mit ein. Die Oberflächen müssen bündig sein, damit die Fräse flach aufliegt. Nehmen Sie eine Leiste, die länger als das Werkstück ist; dadurch lässt sich die Fräse leichter in das Werkstück führen. Sie können auch einen doppelten Parallelanschlag anbringen, um die Fräse besser auf der gewünschten Linie zu halten.

Nuten mit einem Scheibennutfräser in Kanten schneiden

Auch mit einem auf einen Dorn aufgesetzten Scheibennutfräser lassen sich Nuten in Werkstückkanten schneiden. Stellen Sie die Frästiefe ein, indem Sie den entsprechenden Anlaufring über oder unter dem Fräsmesser einsetzen. Die meisten Kantennuten können mit solchen Fräsern in einem Durchgang gefräst werden. Bei hartem oder schwierigem Holz sollten Sie den Parallelanschlag verwenden oder einen größeren Anlaufring einsetzen.

Kantennuten auf der Tischfräse schneiden

In der Regel ist es einfacher, Nuten auf einer Tischfräse zu schneiden als mit einer Handfräse. Setzen Sie den entsprechenden Fräser in die Spannzange ein und stellen Sie die Frästiefe für den ersten Durchgang ein. Stellen Sie den Tischanschlag so ein, dass der Fräser auf die Mittellinie des Bretts ausgerichtet ist. Sofern möglich, bringen Sie eine horizontale Druckfeder an, die das Werkstück an den Tischanschlag drückt. Schneiden Sie die Nut in mehreren Schritten auf die volle Tiefe.

Einsetzen einer losen Feder

Um zwei genutete Kanten zu verbinden, leimen Sie eine lose Sperrholzfeder ein. Mit einer Tischkreissäge können Sie eine Feder auch von einem Massivholzbrett abschneiden.

Anfräsen einer Feder

Um eine Feder für eine passende Nut anzufräsen, fräsen Sie zunächst einen Falz an die eine Seite des Werkstücks, drehen dann das Werkstück um und fräsen den gleichen Falz an die andere Seite, so dass in der Mitte eine Feder stehen bleibt. Verwenden Sie dazu entweder eine Tischfräse oder einen selbstführenden Falzfräser in einer Handoberfräse.

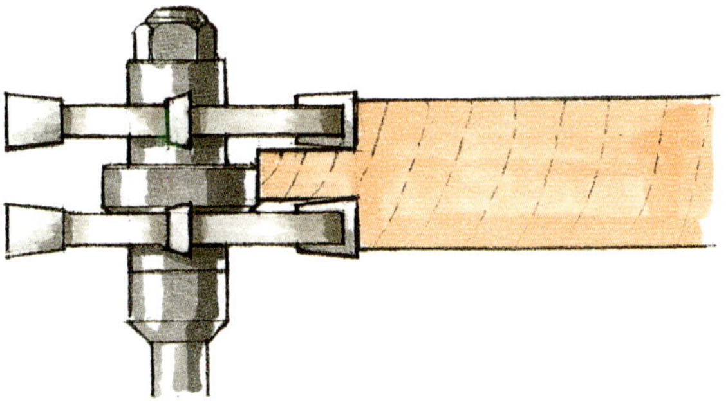

Anfräsen einer Feder in einem Durchgang

Sie brauchen nur die halbe Zeit, wenn Sie zwei Scheibennutfräser auf einen Dorn aufsetzen. Montieren Sie zwischen die beiden Fräser einen passenden Anlaufring, der auch die Länge und Stärke der Feder bestimmt. Wenn Sie besonders hartes oder schwieriges Holz bearbeiten, begrenzen Sie die Frästiefe für den ersten Schnitt, indem Sie den Paralleleinschlag verwenden oder einen Anlaufring mit einem größeren Durchmesser einsetzen.

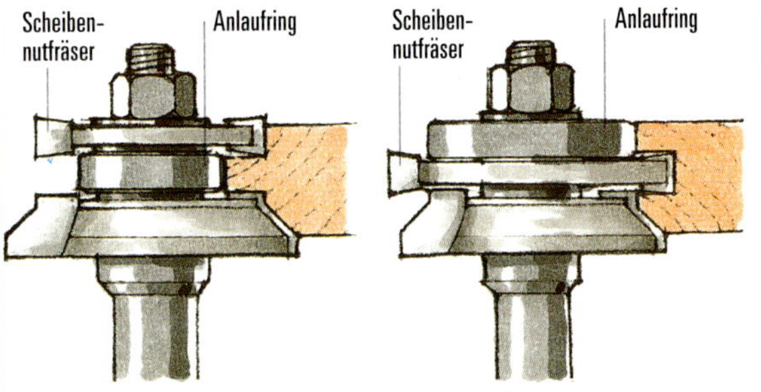

Gespundete Verbindung mit V-Nut fräsen

Mit einem Fräsersatz für Täfelungsbretter können Sie eine gespundete Verbindung mit V-Nut fräsen. Ein solcher Fräsersatz besteht aus drei Fräsern, zwei Scheibennutfräsern mit unterschiedlichem Durchmesser und einem Fräser, der eine abgesetzte Fase an eine Kante fräst. Mit zwei Anlaufringen unterschiedlicher Größe erhält man eine unterschiedliche Frästiefe.

Montieren Sie die Fräser auf den Dorn und schneiden Sie damit die eine Seite der Verbindung. Tauschen Sie dann den Scheibennutfräser und den Anlaufring aus und fräsen Sie das Gegenstück für die Verbindung.

Gespundete Profilfugenverbindung fräsen

Eine oder beide Seiten einer Nut-und-Feder-Verbindung können Sie auch mit einem Profilfugenfräsersatz schneiden (siehe Seite 26). Führen Sie dazu das Werkstück am Tischanschlag einer Tischfräse entlang.

Ähnliche Verbindungen können Sie auch mit einer Handoberfräse herstellen, indem Sie erst die Nut-und-Feder-Verbindung schneiden und dann das Profil anfräsen.

Rundstab- und Wölbungsverbindungen

Rundstab- und Wölbungsverbindungen ähneln der Nut-und-Feder-Verbindung und werden für spezielle Breitenverbindungen verwendet. Sofern die Maße und das Profil es erlauben, bringen Sie eine breitere Zusatzplatte an der Fräse an.

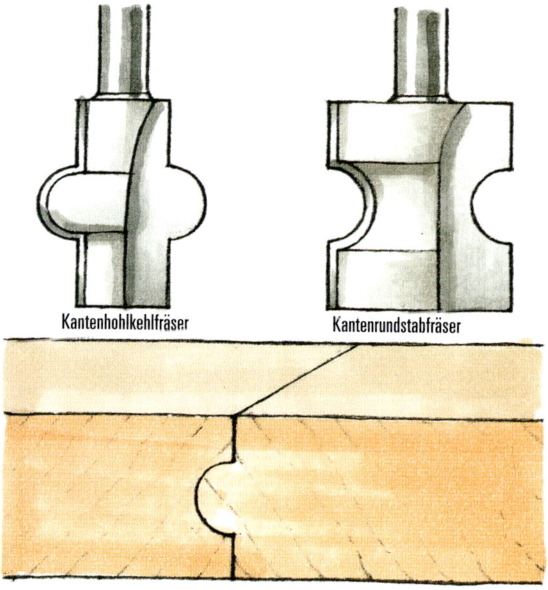

Rundstabverbindungen

Rundstabverbindungen, die mit zwei exakt aufeinander abgestimmten Rundstab- und Hohlkehlfräsern an eine Kante gefräst werden, werden zur Herstellung breiter Brettflächen zusammengeleimt. Darüber hinaus eignen sie sich auch gut für staubdichte Scharnierverbindungen an Vitrinentüren.

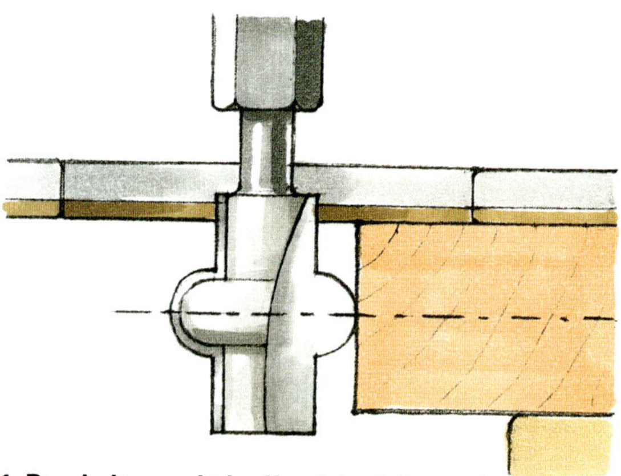

1 Bearbeitung mit der Handoberfräse vorbereiten

Spannen Sie das Brett mit der Oberseite nach unten überstehend auf die Hobelbank. Setzen Sie einen Kantenhohlkehlfräser ein und zentrieren Sie die Hohlkehle auf der Kante des Bretts. Falls vorhanden, verwenden Sie dazu die Tiefenfeinjustierung.

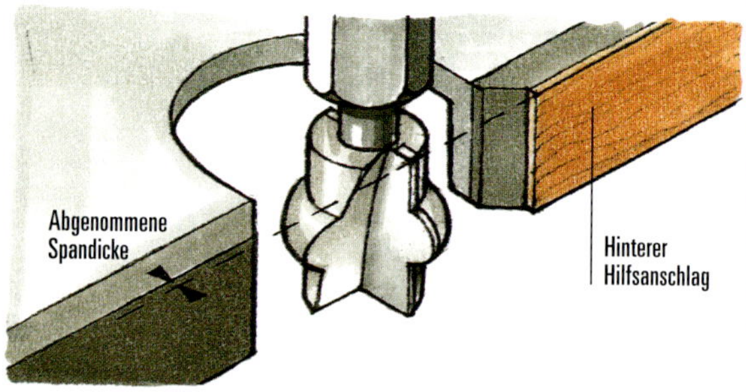

2 Anbringen eines passenden Hilfsanschlags

Stellen Sie den Parallelanschlag so ein, dass die geraden Schneidebereiche des Fräsers etwas über die Oberfläche des Parallelanschlags stehen. Da beim Fräsen auch etwas Holz von der Führungskante weggefräst wird, kleben Sie einen Furnierstreifen an den hinteren Teil des Parallelanschlags.

3 Schneiden des Profils

Fräsen Sie die Kante in einem Durchgang, wobei Sie die Fräse gegen die Drehrichtung des Fräsers führen, es sei denn, Sie bearbeiten besonders hartes oder schwieriges Holz. Setzen Sie dann den anderen Fräser ein und bringen Sie einen speziell geformten Hilfsanschlag an dem hinteren Teil des Parallelanschlags an. Fräsen Sie dann das Gegenstück.

Fräsen einer Wölbungsverbindung

Mit der Wölbungsverbindung können Sie Bretter in der Breite aneinander setzen und eine gewölbte Brettfläche herstellen. Beide Kantenprofile werden auf ähnliche Weise gefräst. Bringen Sie passend geformte Hilfsanschläge an dem hinteren Teil des Parallelanschlags an, damit eine sichere Führung der Fräse gewährleistet ist.

Konterprofilverbindungen

Eine Konterprofilverbindung ist keine Holzverbindung im üblichen Sinne, da die beiden Verbindungsteile nicht zusammengefügt werden. Beide Verbindungsteile, d.h. die feste Tischplatte und die Klappe, haben profilierte Kanten, die sich, wenn die Platte hoch- oder heruntergeklappt wird, umeinander drehen. Dadurch werden die speziellen, an der Unterseite der festen Tischplatte angebrachten Tischscharniere verdeckt. Diese Scharniere haben unterschiedlich lange Lappen. Der längere Lappen wird an die Tischklappe geschraubt. Sie können beide Kantenprofile auf einem Frästisch anfräsen, große Tischplatten und -klappen legen Sie jedoch besser auf eine Hobelbank und verwenden die Handoberfräse.
Bevor Sie die eigentliche Tischplatte und -klappe bearbeiten, führen Sie zuerst Probeschnitte aus, um den Sitz der Verbindung zu prüfen.

1 Schneiden des konkaven Profils

Spannen Sie die Tischklappe mit der Oberseite nach unten auf die Hobelbank. Setzen Sie einen einfachen Hohlkehlfräser ein und stellen Sie die Frästiefe so ein, dass an der Oberkante eine ausreichende Brüstung stehen bleibt. Diese Brüstung dient nicht nur als Führungskante für den Parallelanschlag oder den Anlaufring, sondern bildet auch die sichtbare und höchst empfindliche Kante an der Klappe. Stellen Sie den Parallelanschlag so ein, dass seine Vorderkante in einer Linie mit oder leicht vor der Fräserachse liegt. Stellen Sie die Frästiefe auf dem Revolverkopfanschlag ein und fräsen Sie nicht ganz auf die endgültige Tiefe. So können Sie den letzten Schnitt sehr fein ausführen. Fräsen Sie das Profil schrittweise auf die gewünschte Tiefe und führen Sie die Fräse dabei gegen die Drehrichtung des Fräsers.

2 Schneiden des konvexen Profils

Legen Sie die Tischplatte mit der Oberseite nach oben auf die Werkbank. Setzen Sie einen Abrundfräser ein und stellen Sie die Frästiefe passend zum gerade gefrästen Profil an der Klappe ein.

Auswahl der Fräser

Abrund- und Hohlkehlfräser gibt es für Holzplatten mit einer Mindeststärke von 9 bis 18 mm. Ein Fräsersatz zur Herstellung einer Konterprofilverbindung besteht immer aus einem Abrund- und einem passenden Hohlkehlfräser. Bei einfachen Fräsern bringen Sie Hilfsanschläge an dem Parallelanschlag an. Fräser mit Anlaufring führen Sie an der nicht abgeschnittenen Brüstung des Profils entlang. Ist die Brüstung zu schmal, um als Führungskante zu dienen, klemmen Sie eine zusätzliche Leiste bündig mit der Brüstung an das Werkstück.

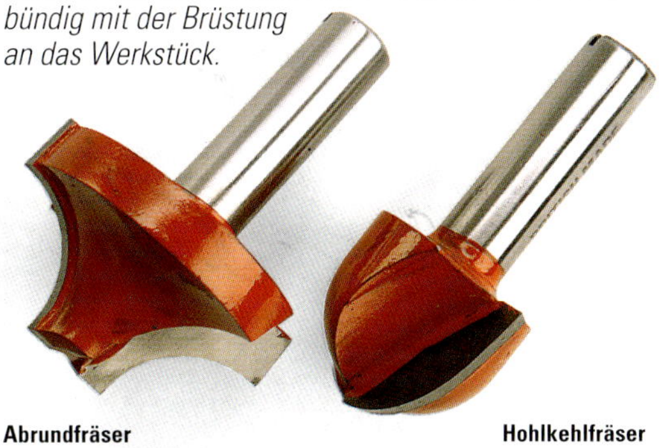

Abrundfräser **Hohlkehlfräser**

Schäftverbindungen

Die Schäftverbindung oder Schäftung wird verwendet, um zwei lange Holzstücke an den Enden zu verbinden. Sie können Schäftungen mit der Fräse und einer einfachen Hilfsführung schneiden. Der Grad der Abschrägung sollte zwischen 8:1 und 12:1 liegen.

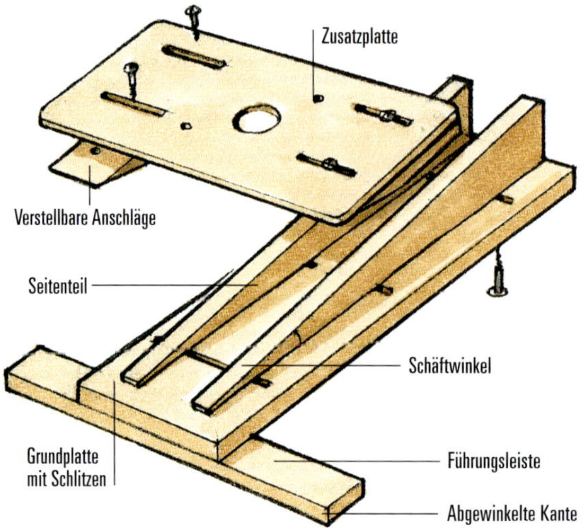

Herstellen der Hilfsführung

Schneiden Sie zwei abgeschrägte Seitenteile aus 18 mm starkem Holz auf den Schäftwinkel zu. Die Seitenteile sollten höher als das Werkstück sein. Schrauben Sie die Seitenteile an eine Grundplatte, die mit Schlitzen versehen ist. Der Abstand zwischen den Seitenteilen sollte der Breite des Werkstücks entsprechen. Leimen Sie eine Führungsleiste bündig an das Ende der Grundplatte und hobeln Sie die Leiste rechtwinklig zum Schäftwinkel.

Schneiden Sie eine breite Zusatzplatte für die Fräse zu und bringen Sie zwei Seitenanschläge daran an, um die seitliche Bewegung über die Hilfsführung zu begrenzen. Stellen Sie die Anschläge so ein, dass der Fräser um etwa 2 mm in die Innenseiten der Seitenteile schneidet.

Das Werkstück grob vorschneiden

Sägen Sie das Werkstück von Hand oder auf der Tischsäge grob auf den Schäftwinkel vor. Mit dem Fräser wird dann der Schäftwinkel sauber und genau nachgearbeitet.

Schneiden einer einfachen Schäftung

Arbeiten Sie auf einer Werkbank, die groß genug ist, um sowohl die Hilfsführung als auch das Werkstück aufzulegen. Klemmen Sie die Führung an das Werkstück, wobei die grob gesägte Oberfläche parallel zu den abgeschrägten Seitenteilen liegt. Setzen Sie einen stirnschneidenden Fräser mit großem Durchmesser ein und stellen Sie die Frästiefe so ein, dass der Fräser etwa 3 mm unter der Zusatzplatte herausragt. Bearbeiten Sie die Schäftfläche der Länge nach mit einer Reihe von geraden Schnitten. Stellen Sie die Frästiefe nach, bis am Ende der Abschrägung nur noch eine hauchdünne Kante stehen bleibt und die Oberfläche eben ist.

Schneiden einer Hakenschäftung

Schneiden Sie für einen stabileren Sitz ohne hauchdünne Kanten eine Hakenschäftung. Bringen Sie einen tiefen Hilfsanschlag an dem Parallelanschlag an und stellen Sie ihn so ein, dass Sie die obere Brüstung der Verbindung schneiden können. Fräsen Sie zunächst die erforderliche Brüstungstiefe und erst dann die Abschrägung. Achten Sie darauf, dass Sie nicht in die Brüstung schneiden.

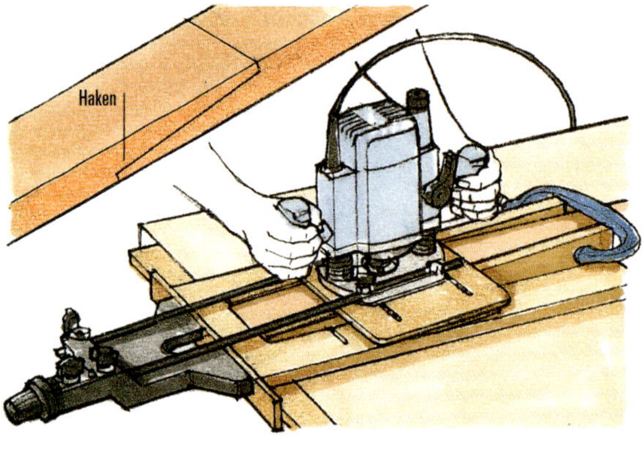

Ausgefälzte Eckverbindung mit Feder und Verdeck

Mitunter wird die halbverdeckte ausgefälzte Eckverbindung statt der halbverdeckten Schwalbenschwanzverbindung verwendet. Eine ausgefälzte Eckverbindung ist nicht annähernd so stabil, Sie sparen sich jedoch die Anschaffung einer speziellen Zinkenschablone. Schleifen Sie das Werkstück vor dem Schneiden der Verbindung, da die Verbindung durch jede nachträgliche Bearbeitung locker wird.

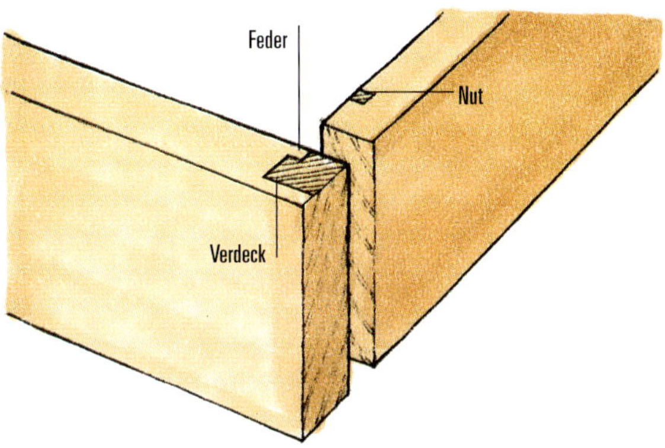

Anreißen der Verbindung

Um sich die Verbindung besser vorstellen und die Oberfräse genauer ansetzen zu können, reißen Sie zunächst auf zwei zusammengehörenden Verbindungsteilen die Linien an. Weitere identische Teile müssen nicht angerissen werden. Das Verdeck des Falzteils sollte ca. 4–6 mm stark sein. Wählen Sie einen Fräser dieses Durchmessers, um die Nut in das Seitenteil zu fräsen, und stellen Sie die passende Frästiefe ein.

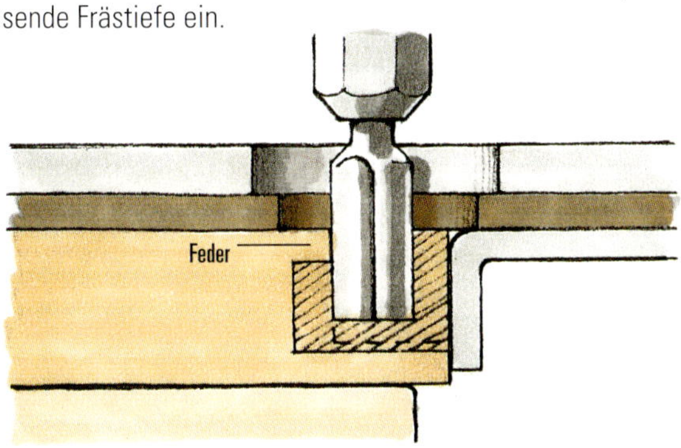

1 Fräsen des Falzteils – erster Schnitt

Spannen Sie das Werkstück mit der Außenseite nach unten auf die Werkbank. Stellen Sie den Anschlag der Fräse so ein, dass das überschüssige Holz bis hin zur Feder entfernt wird. Fräsen Sie den Falz schrittweise bis kurz über das Verdeck ein. Sie können mehrere gleich große Teile auf einmal bearbeiten, wenn Sie sie nebeneinander auf die Werkbank spannen.

2 Fräsen des Falzteils – zweiter Schnitt

Spannen Sie das Werkstück aufrecht in einen Spannstock. Um die Fräse besser abzustützen, zwingen Sie eine Führungsleiste bündig mit der Stirnkante an die Außenseite. Stellen Sie den Parallelanschlag auf die Breite des Verdecks ein. Stellen Sie die Frästiefe so ein, dass das überschüssige Holz entfernt wird. Stellen Sie den Parallelanschlag für den nächsten Schnitt so ein, dass die Feder in der gewünschten Stärke stehen bleibt.

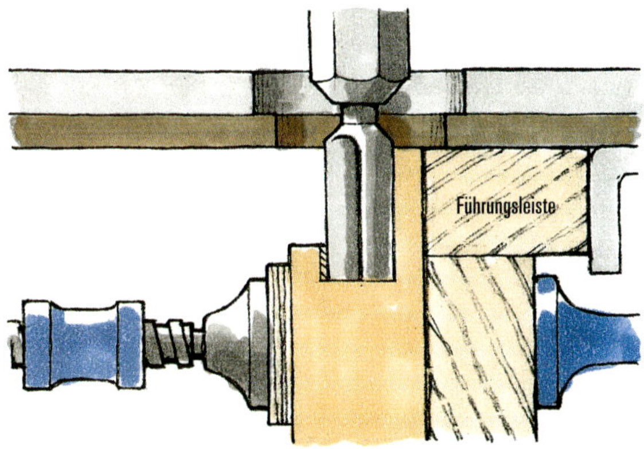

3 Schneiden der Nut

Stellen Sie die Frästiefe auf die Länge der Feder ein. Der Anschlag muss so ausgerichtet sein, dass der entsprechende Abstand zur Werkstückkante gewährleistet ist. Fräsen Sie den Schnitt in einem Durchgang. Auch hier sparen Sie Zeit, wenn Sie mehrere Werkstücke auf einmal einnuten.

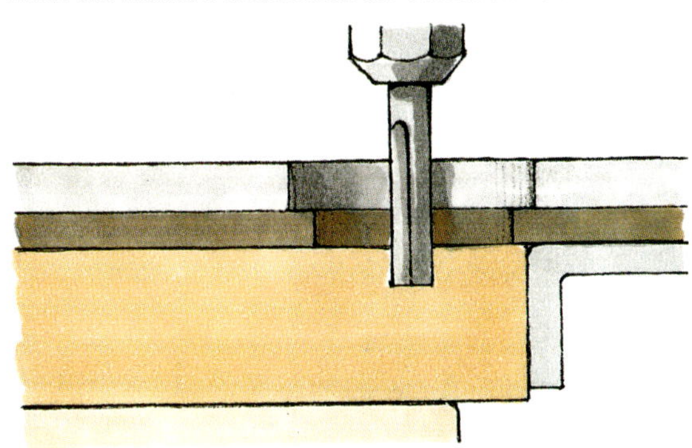

Schwalbenschwanz-verbindungen

Schwalbenschwanzverbindungen lassen sich mit speziellen Vorrichtungen und einer Oberfräse mit einem passenden Fräser und Kopierring einfach herstellen. Die Vorrichtung gewährleistet, dass Zinken und Schwalbe exakt passen. Manche Vorrichtungen lassen sich für verschiedene Verbindungen anpassen, die nachfolgende Beschreibung bezieht sich jedoch auf die Herstellung der am häufigsten verwendeten, einfachen und halb verdeckten Schwalbenschwanzverbindungen. Einfache Verbindungen sind auf beiden Seiten sichtbar und werden häufig für Korpuskonstruktionen und die hinteren Schubladenverbindungen verwendet. Halb verdeckte Schwalbenschwanzverbindungen werden häufig für die Frontseiten von Schubladen verwendet, wo sie bei geschlossener Schublade nicht sichtbar sind.

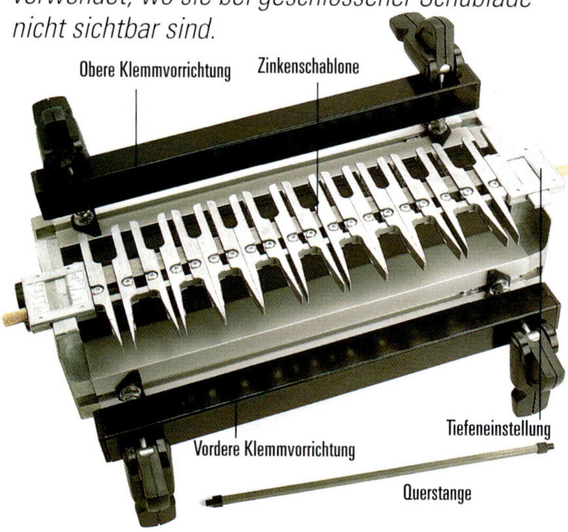

Verwendung einer einstellbaren Zinkenschablone

Wenn Sie eine einstellbare Zinkenschablone haben, können Sie eine einfache Zinkenverbindung jeder Werkstückgröße anpassen. Mit der Einstellung der Zinkenschablone wird die Größe der Zinken und Schwalben sowie der Abstand zwischen ihnen bestimmt. Mit der Einstellung der Zinkenschablone auf der einen Seite findet automatisch auch die Einstellung für das dazugehörige Schwalbenschwanzstück statt. Außerdem verfügt die Vorrichtung über eine Tiefenfeineinstellung der Zinkenschablone.

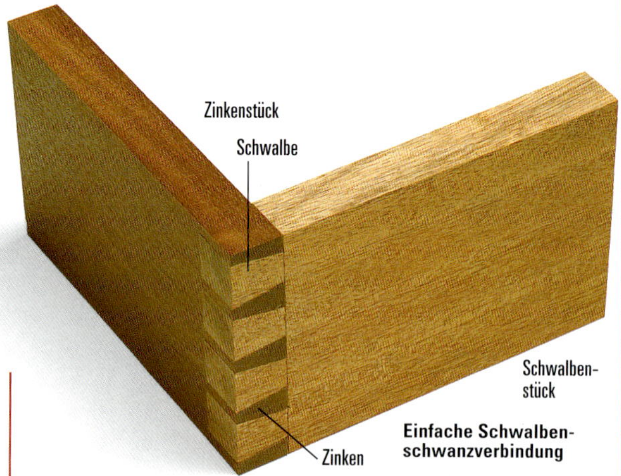

Einfache Schwalbenschwanzverbindung

Einpassen eines Probestücks

Stellen Sie die Zinkenschablone mit Hilfe eines Probestücks ein und überprüfen Sie, ob die Teile zusammenpassen. Legen Sie ein 18 mm dickes Brett unter die Schablone, das Sie mit der oberen Klemmvorrichtung befestigen. Zwingen Sie dann ein Probestück der richtigen Breite an die Vorderseite der Schablone. Es muss am Seitenanschlag und an der Unterseite der Schablone anstoßen.

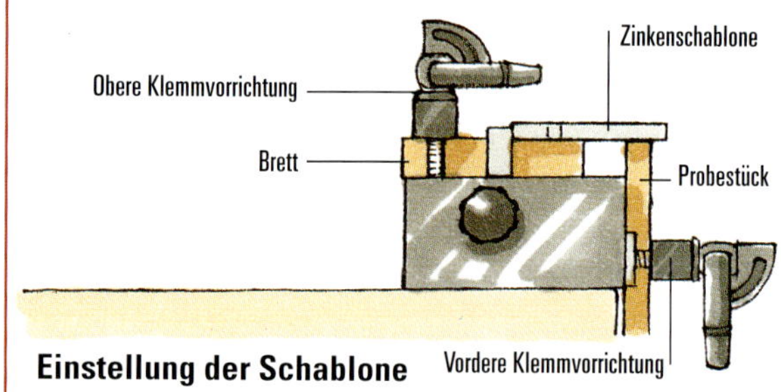

Einstellung der Schablone

Sie brauchen für jede Schwalbe ein Führungspaar und je eine einzelne Fräserführung an den Seiten. Stellen Sie die Einzelführungen an den Seiten zuerst so ein, dass sie auf beiden Seiten bündig mit dem Holzstück schließen. Danach werden im gleichmäßigen Abstand voneinander die dazwischen liegenden Führungspaare eingestellt und die Schrauben festgezogen.

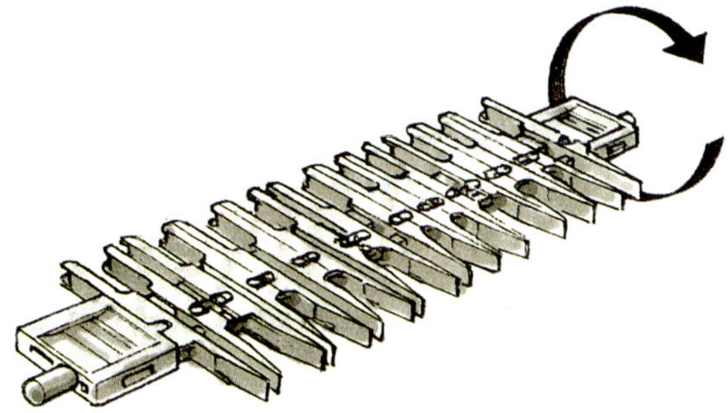

Umdrehen der Schablone

Wenn Sie die eine Seite der Hilfsvorrichtung eingestellt haben, müssen Sie sie zum Fräsen des Gegenstücks lediglich lösen, umdrehen und wieder festklemmen, um die gegenüberliegenden Führungspaare benutzen zu können.

1 Einstellung zum Schneiden der Schwalben

Positionieren Sie die Schablone so, dass die geraden Führungspaare auf Sie zeigen. Setzen Sie einen passenden Zinkenfräser und einen Kopierring ein. Beides ist im Fachhandel erhältlich. Legen Sie das Gegenstück als Schablone auf das Schwalbenstück, markieren Sie die Frästiefe und stellen Sie den Tiefenanschlag der Fräse entsprechend ein.

2 Schneiden der Schwalben

Sorgen Sie stets dafür, dass sowohl die Zinkenschablone als auch das Probestück festgeklemmt sind, bevor Sie die Fräse einschalten. Führen Sie dann den Fräser zwischen jedes Führungspaar und fräsen Sie die Schwalben exakt aus.

3 Einstellung zum Schneiden der Zinken

Drehen Sie die Zinkenschablone um, so dass nun die gegenüberliegenden Führungspaare auf Sie zeigen, und spannen Sie das nächste Probestück an die Vorrichtung. Markieren Sie wie zuvor die Frästiefe, indem Sie nun das Schwalbenstück als Schablone verwenden. Setzen Sie einen geraden Fräser ein und stellen Sie die Frästiefe auf die angezeichnete Linie ein.

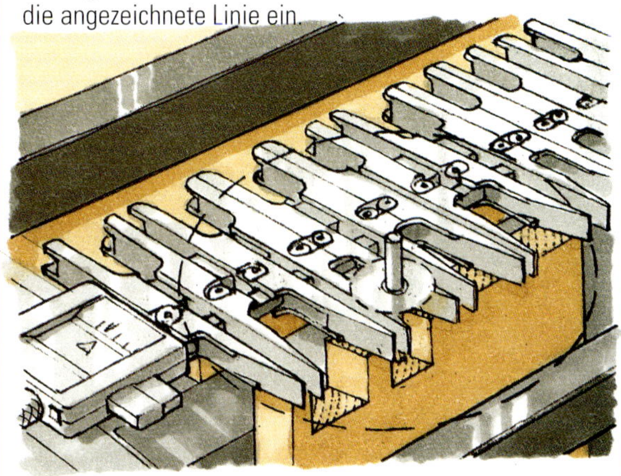

4 Schneiden der Zinken

Legen Sie die Fräse flach auf die Vorrichtung. Schalten Sie die Fräse ein und fräsen Sie das wegfallende Holz zwischen den Führungspaaren aus.

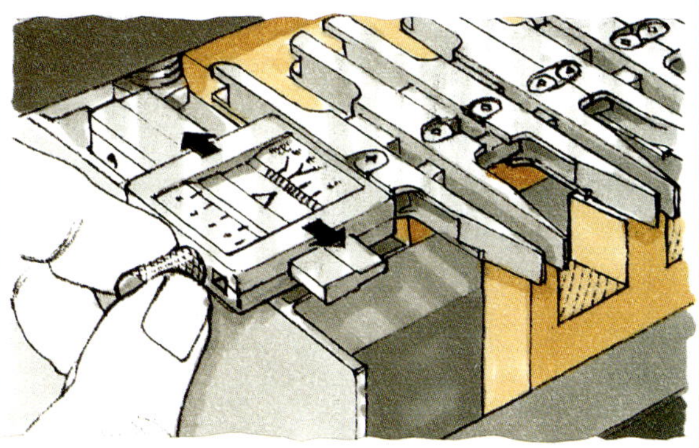

5 Überprüfen der Passform

Stecken Sie die Verbindung zusammen, um zu überprüfen, ob die Teile zusammenpassen. Wenn die Verbindung lose sitzt, schieben Sie die Schablone mit Hilfe der Feineinstellung nach vorn. Sitzt die Verbindung zu fest, schieben Sie sie nach hinten. Schneiden Sie, bevor Sie zum eigentlichen Werkstück übergehen, ein weiteres Testpaar.

Verwendung eines Frästisches mit Schiebeschlitten

Auf einem Frästisch mit Schiebeschlitten (siehe Seite 86) können Sie praktisch alle Schwalbenschwanzverbindungen fräsen. Hier ist allerdings nur die Herstellung einer einfachen Schwalbenschwanzverbindung beschrieben. Der Unterschied zwischen der Verwendung dieser Vorrichtung und der Zinkenschablone besteht darin, dass die Bedienelemente und Klemmvorrichtungen es ermöglichen, die Abstände zwischen Zinken und Schwalben präzise nach Augenmaß einzustellen.

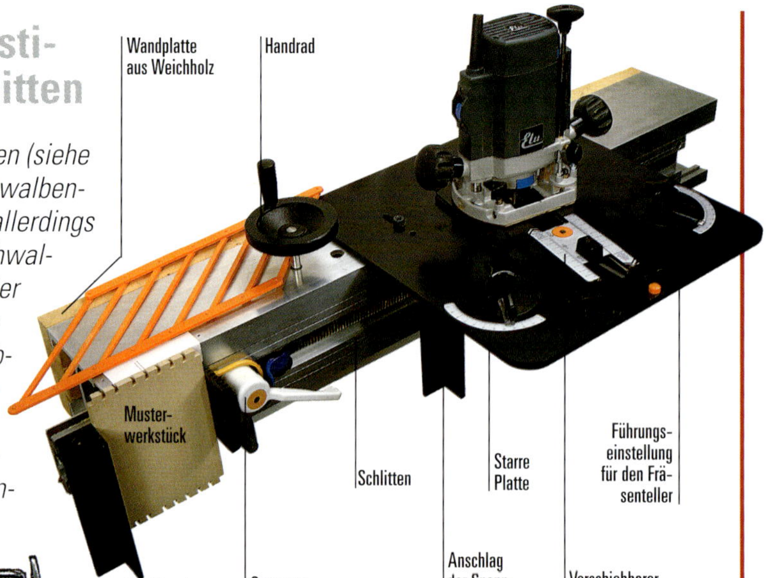

Einrichten des Frästisches

Sie können jeden beliebigen Zinkenfräser verwenden, da der Fräser hier in keine Schablone und keinen Kopierring passen muss. Stellen Sie die Führungen des Fräsentellers so ein, dass er in einem rechten Winkel in den Frästisch gefahren wird. Stellen Sie die Frästiefe passend zur Stärke des Werkstücks ein. Spannen Sie ein Probestück aufrecht in die rechte Spannvorrichtung ein.

Fräsen eines Zwischenraums

Schneiden Sie den Zwischenraum, indem Sie den Fräser von vorn in das Werkstück führen. Im Frästisch befindet sich hinter dem Werkstück ein Stück Holz, das Ausrisse an der Rückseite verhindert. Setzen Sie das Probestück dann in die linke Spannvorrichtung und zeichnen Sie die Form der Öffnung mit einem Bleistift auf ein weißes Etikett ab, das auf der Vorderseite des Tischs angebracht wurde. Nehmen Sie das Probestück wieder heraus.

Vorbereiten der Schwalben

Spannen Sie das Zinkenteil in die linke und das Schwalbenteil in die rechte Spannvorrichtung. Beide Werkstücke werden zusammen bewegt, das linke zum Anreißen, das andere zum Einstellen des Schnitts. Zeichnen Sie die gewünschten Zinkenpositionen auf der Oberkante des Zinkenteils an. Orientieren Sie sich dabei an dem angezeichneten Zwischenraum.

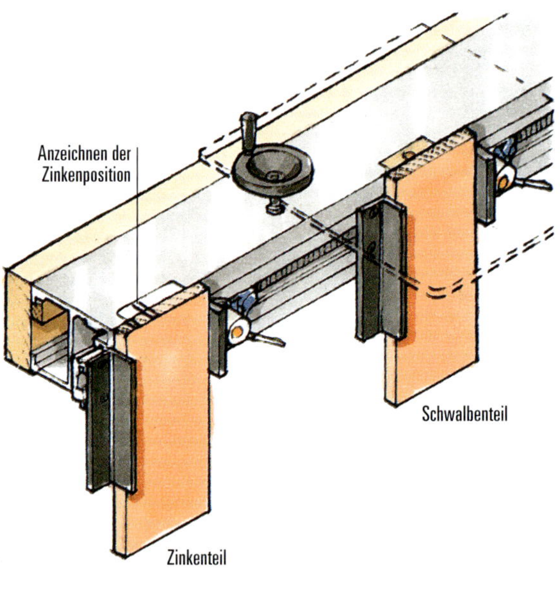

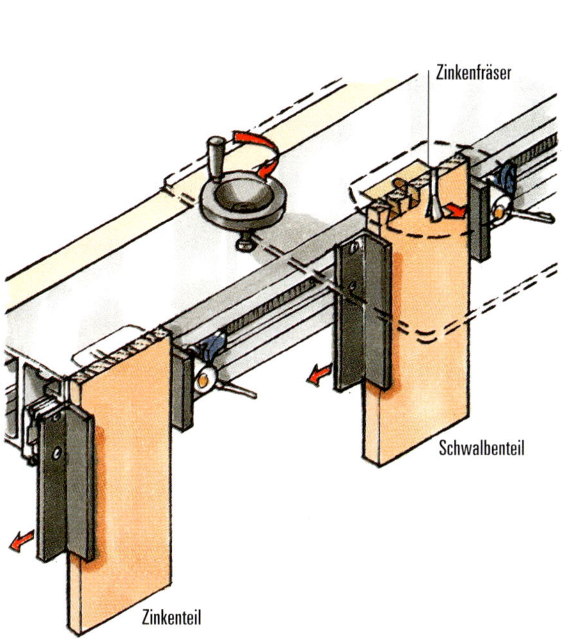

Schneiden der Schwalben

Kurbeln Sie den Schlitten mit den beiden eingespannten Werkstücken weiter, so dass die einzelnen angezeichneten Zinkenpositionen am angezeichneten Zwischenraum ausgerichtet sind. Fräsen Sie jeweils die entsprechende Schwalbe in das Schwalbenteil.

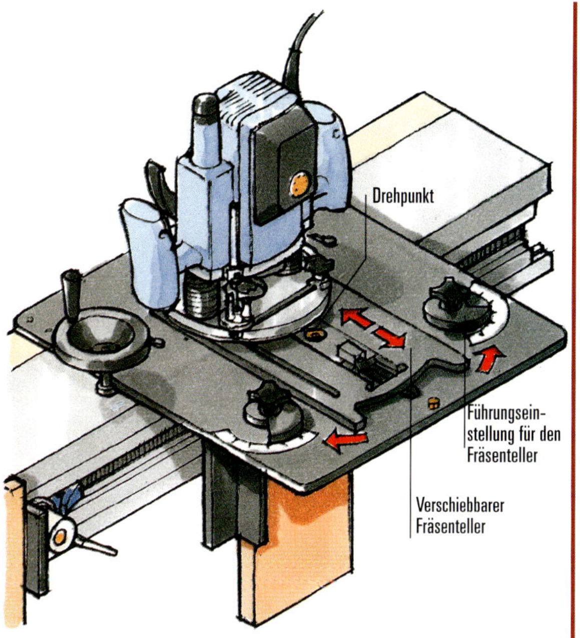

Einrichten des Fräsentellers

Stellen Sie den Fräsenteller so ein, dass der Fräser im gewünschten Winkel über die starre Platte fährt. Den Winkel bestimmen Sie anhand der Herstellerangaben. Drehen Sie die Führungen auf der starren Platte auf den gewünschten Winkel und ziehen Sie die Schrauben fest.

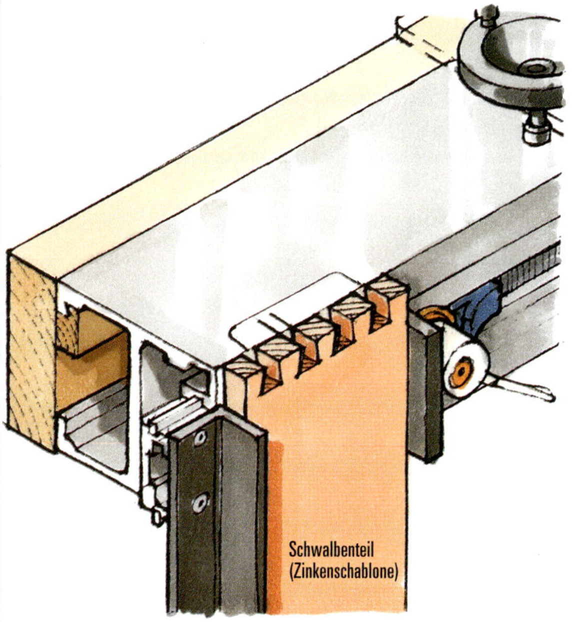

Einspannen der Zinkenschablone

Das bearbeitete Schwalbenteil dient nun als Schablone zum Schneiden der Zinken. Spannen Sie das Zinkenteil in die rechte Spannvorrichtung ein. Setzen Sie einen Fräser ein, der einen geringeren Durchmesser hat als das schmale Ende der gefrästen Schwalben. Stellen Sie die passende Schnitttiefe für die Werkstücke ein.

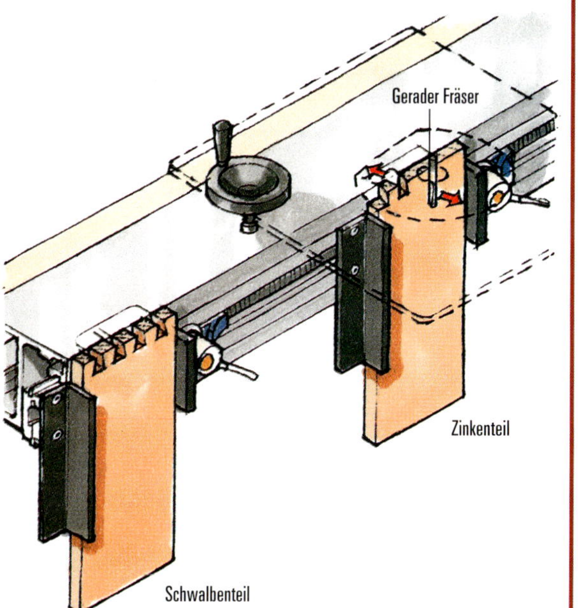

Schneiden der Zinken

Richten Sie die einzelnen Zwischenräume des Schwalbenteils mit dem angezeichneten Zwischenraum aus und fräsen Sie die Zinken aus. Dafür wird der Fräser durch das Zinkenteil geführt, wobei der Fräsenteller zunächst gegen die eine und dann gegen die andere Spannvorrichtung gedrückt wird, um die beiden angewinkelten Seiten der Zinken zu fräsen. Fräsen Sie dann das wegfallende Holz aus.

Halbverdeckte Schwalbenschwanzverbindung

Eine halbverdeckte Schwalbenschwanzverbindung kann auch mit einer Oberfräse und mit Hilfe einer speziellen Schablone hergestellt werden. Beide Verbindungsteile werden gleichzeitig geschnitten. Die Schwalben und Zinken, die mit dieser Schablone geschnitten werden, sind gleich groß und stehen im gleichen Abstand zueinander. Die Verbindung ist absolut solide, allerdings muss die Breite der Werkstücke der Größe der Schablone angepasst werden. Prüfen Sie die Einstellungen der Schablone an einem Probestück.

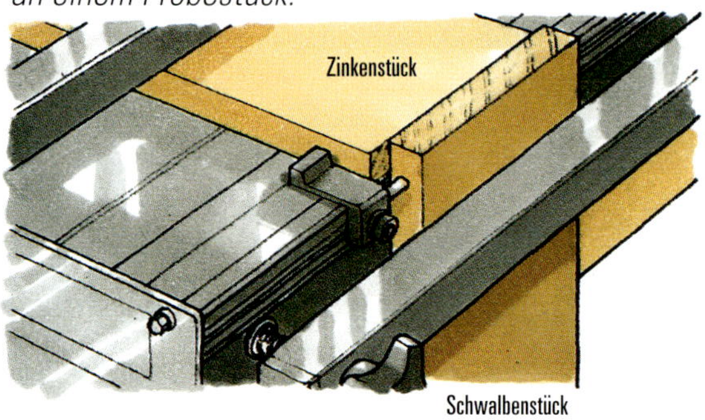

1 Einspannen der Werkstücke

Spannen Sie das Schwalbenstück senkrecht und mit der Vorderseite nach innen in die Vorrichtung ein und legen Sie dann das Zinkenstück (Schubkastenvorderseite) mit der Vorderseite nach unten so in die Vorrichtung, dass sein Hirnholz an das Schwalbenstück stößt. Schieben Sie das Zinkenstück zum Endanschlag der Vorrichtung und versetzen Sie das Schwalbenstück einen halben Zinkenabstand dagegen. Installieren Sie nun die Zinkenschablone, die mit einer „Hilfslinie" über der Mitte der Führungsschiene versehen ist. Die Hilfslinie muss genau über der Verbindungsfuge liegen.

2 Fräsen der Verbindung

Setzen Sie einen vom Hersteller empfohlenen Kopierring und einen Zinkenfräser in die Fräse ein. Schieben Sie die Fräse in die einzelnen Schlitze der Schablone und arbeiten Sie dabei von links nach rechts. Halten Sie die Fräse immer gerade und fahren Sie mit dem Kopierring entlang der Schablone.

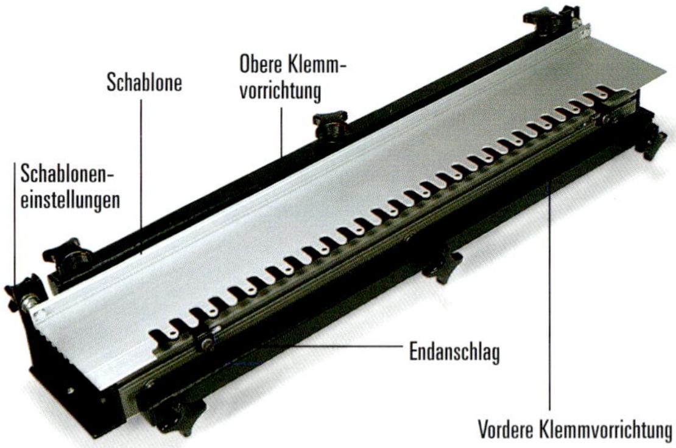

3 Zusammenbauen der Verbindung

Lösen Sie die Probewerkstücke und drehen Sie ein Teil um 180°, so dass die Zinken und Schwalben aufeinander zeigen. Wenn die Teile gut zusammenpassen, fräsen Sie noch ein Probestück für die andere Seite des Zinkenteils (Schubkastenvorderseite). Dieses Stück lassen Sie an den Endanschlag auf der anderen Seite der Vorrichtung anstoßen.

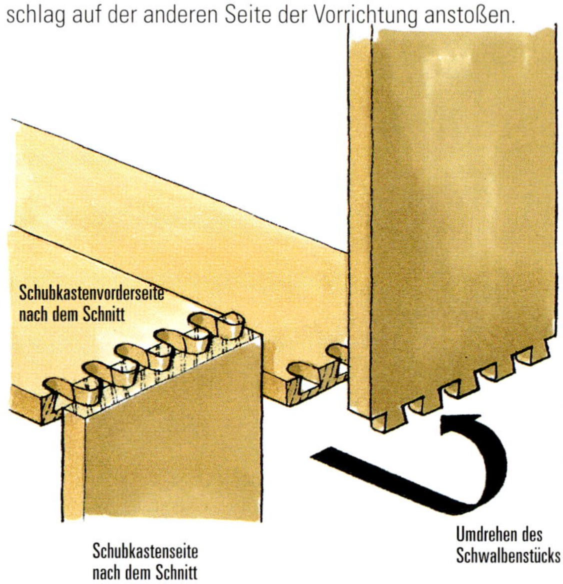

4 Anpassen des Schnitts

Sollte die Verbindung zu locker sitzen, vertiefen Sie die Frässchnitte ein wenig. Sitzen die Teile zu fest, heben Sie den Fräser an.

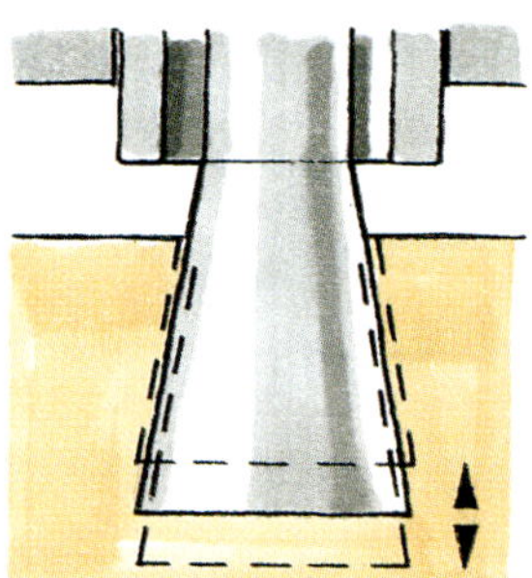

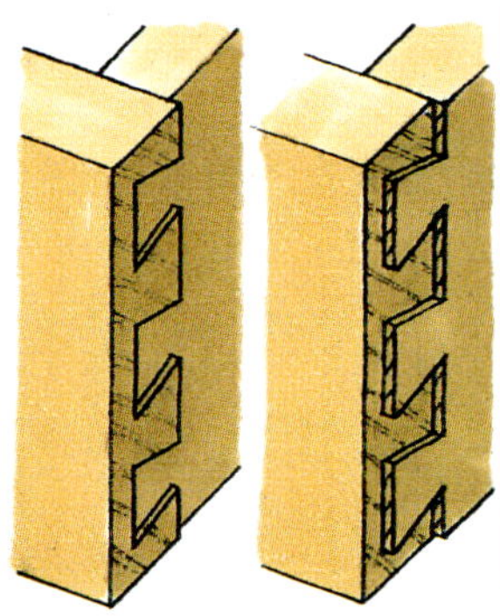

5 Ändern der Zwischenraumtiefe

Wenn die Zwischenräume zu tief sind, rücken Sie die Zinkenschablone nach vorn. Steht das Schwalbenstück leicht über, schieben Sie die Schablone nach hinten.

KAPITEL 9

Anwendungsfelder

Fertigkeiten und Techniken zu entwickeln mag an sich schon befriedigen. Aber jeder Schreiner möchte dann etwas anfertigen, das er auch verwenden kann. Auf den folgenden Seiten ist der Bau einfacher Möbel sowie einzelner Möbelteile beschrieben. Dabei werden Möglichkeiten gezeigt, die Oberfräse zur Herstellung von genau und sauber geschnittenen Einzelteilen einzusetzen.

Unterschränke

Einbauschränke sind äußerst praktisch und nutzen den Raum optimal. Unterschränke können nicht nur als normale Schränke mit oder ohne Schubladen, sondern auch zum Einbau von Haushaltsgeräten und als Auflage für eine Arbeitsplatte verwendet werden. Die Schränke können mit Türen oder Schubladen oder auch einer Kombination aus beidem versehen werden.

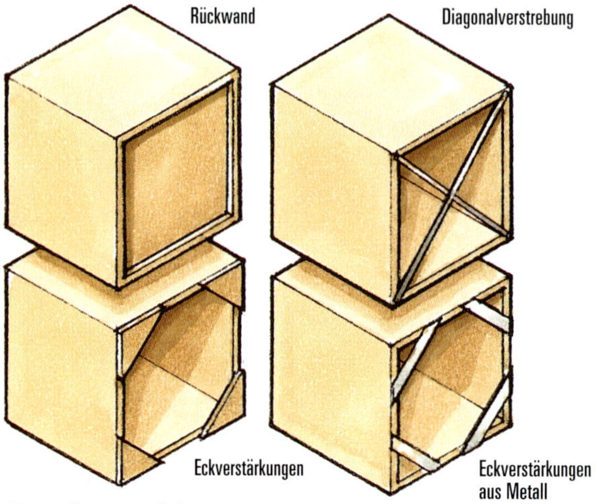

Grundkonstruktion

Die einfachste Form des Unterschranks besteht aus zwei Seiten, einem Ober- und einem Unterboden sowie einer Rückwand. Der Schrank ist zwar schon durch die Eckverbindungen stabil, die Rückwand verstärkt ihn jedoch noch zusätzlich. Wenn Sie keine Rückwand brauchen, können Sie stattdessen auch Diagonalverstrebungen oder Eckverstärkungen verwenden, um die Konstruktion zu versteifen.

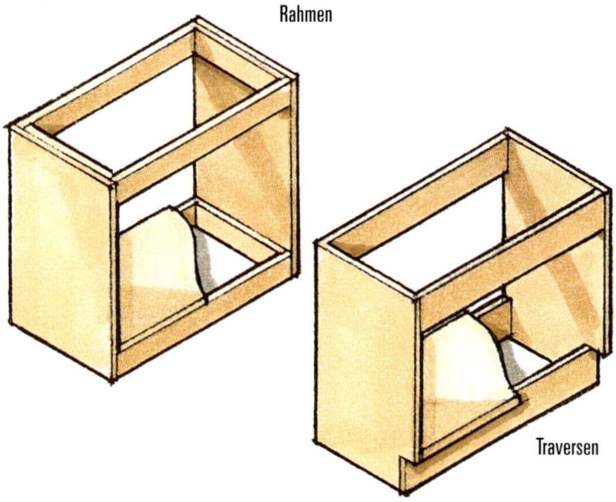

Verwendung horizontaler Rahmen

Sie können einen Korpus auch verstärken, indem Sie zwei Seitenteile oben und unten mit flachen Rahmen verbinden. Eine noch weiter vereinfachte Form dieser Konstruktion ist die Verwendung von Traversen, wobei die vordere Traverse unten leicht zurückversetzt wird und als Sockelblende dient.

Standardgrößen und -maße

Unterschränke dienen zum Auflegen einer Arbeitsplatte. In Unterschränke können zudem Einbaugeräte in Standardgrößen eingebaut werden. Ein typisches Einbaugerät ist 600 mm tief und 900 mm hoch. Die industriell gefertigten Schränke sind in der Regel in verschiedenen Standardbreiten erhältlich, so dass eine durchgehende Reihe von Schränken in einen vorgegebenen Raum eingepasst werden kann. Einzelschränke gibt es normalerweise mit einer Breite von 300, 400, 500 oder 600 mm, Doppelschränke in einer Breite von 800 mm und 1 m. Der zurückgesetzte Sockel schafft Personen, die vor der Arbeitsplatte stehen, ausreichend Fußraum.
Wenn Sie sich bei selbst gebauten Schränken an die Standardmaße halten, können Sie fertige, im Handel erhältliche Türen einsetzen.

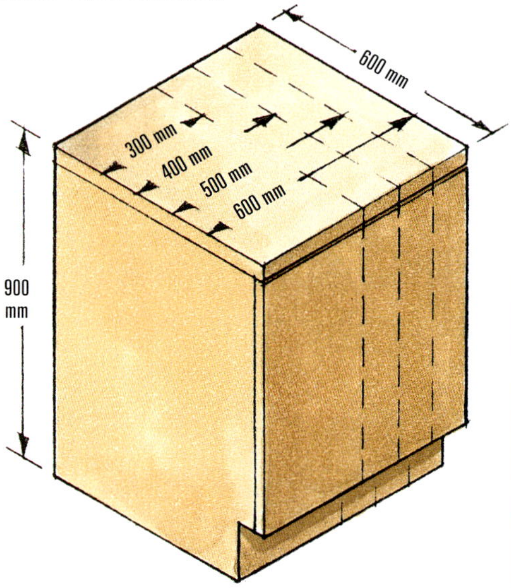

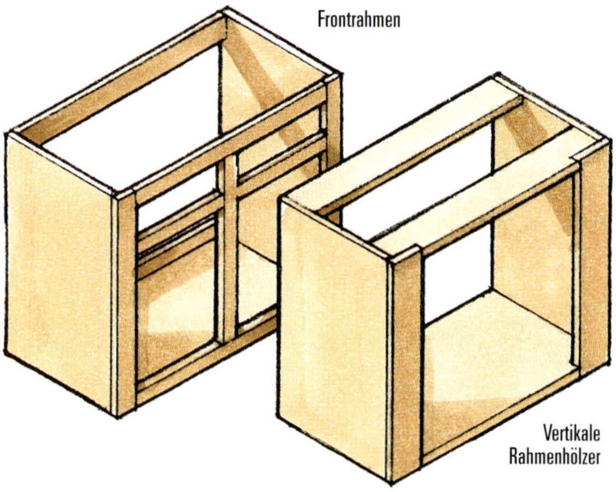

Verwendung vertikaler Rahmen

Vertikale Frontrahmen dienen zum Versteifen eines Korpus und sind gleichzeitig ein Anschlag für Türen und Schubladen. Sie können Traversen und Zwischenwände einbauen, um den Schrank zu verändern. Breite, vertikale Rahmenhölzer dienen ebenfalls zur Versteifung.

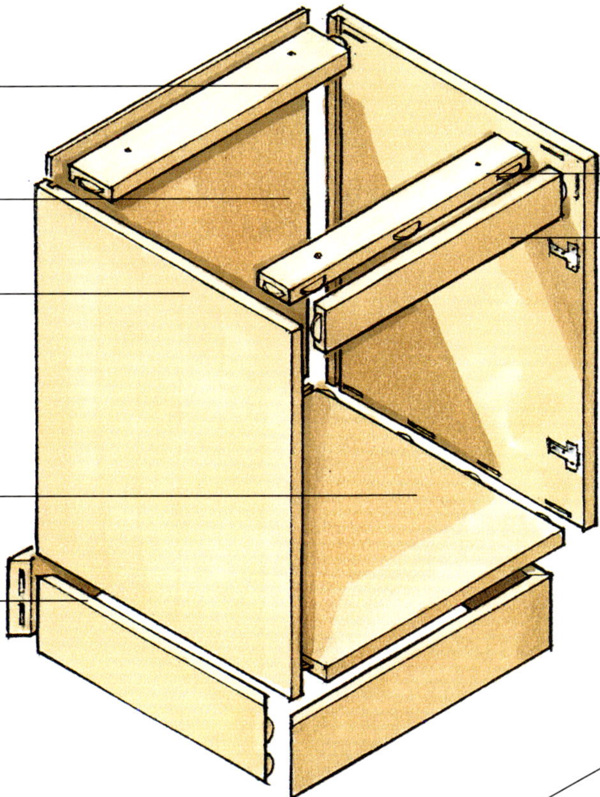

Obere hintere Traverse
Durch Lamelloverbindungen mit den Seitenwänden verbunden.

Rückwand
Sitzt in gefrästen Nuten (siehe Seite 58).

Seitenwand
Aus Holzwerkstoffplatten zugeschnitten.

Unterboden
Durch Lamelloverbindungen mit den Seitenwänden verbunden.

Sockel
Separater Rahmen, der mit Lamelloverbindungen auf Gehrung gebaut wird.

Obere Traverse
Durch Lamelloverbindungen mit den Seitenwänden und der vorderen Querleiste verbunden.

Vordere Querleiste
Durch Lamelloverbindungen mit den Seitenwänden verbunden.

Arbeitsplatte (nicht abgebildet)
An die obere Traverse geschraubt.

Türen (nicht abgebildet)
(siehe Seite 117)

Schubladen (nicht abgebildet)
In diesen Schrank werden aufgehängte Schubladen eingebaut.

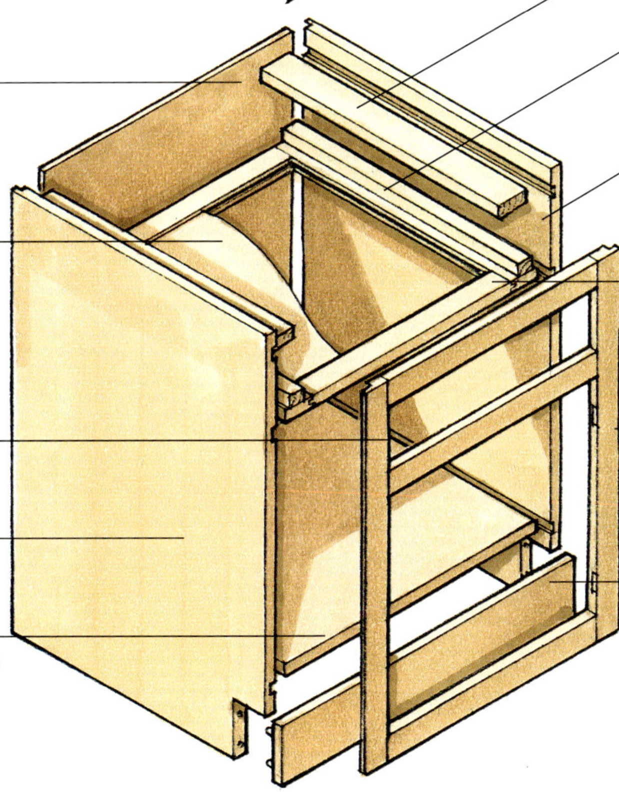

Rückwand
Sitzt in Falzen, die in die Seitenwände gefräst sind.

Stauboden
Sitzt in genutetem Schubladenrahmen.

Schubladen (nicht abgebildet)
(siehe Seite 119)

Höhenfries
Gefalzt zur Aufnahme der Seitenwände.

Seitenwand
Vorn unten für den Sockel ausgeschnitten.

Unterboden
Platte aus Holzwerkstoff, die in Nuten in den Seitenwänden sitzt.

Kippleiste
Verhindert, dass die Schublade beim Herausziehen kippt.

Streifleiste
Sorgt dafür, dass eine klassisch geführte Schublade gerade läuft.

Seitenwand
Mit ausgefrästen Quernuten zur Aufnahme des Schubladenrahmens und des Unterbodens.

Schubladenrahmen
Mit Nut-und-Feder-Verbindungen hergestellt.

Frontrahmen
Mit Dübelverbindungen oder Schlitz-und-Zapfen-Verbindungen hergestellt.

Sockelblende
An die Seitenwände gedübelt oder mit Magnetschnappern befestigt.

Türen (nicht abgebildet)
(siehe Seite 117)

Material und Konstruktion

Die meisten Unterschränke werden aus furniertem oder melaminbeschichtetem Spanplattenmaterial hergestellt. Lamellofedern können sowohl für Konstruktionen aus Massivholz als auch aus furnierten oder melaminbeschichteten Spanplatten verwendet werden. Im letzteren Fall entfernen Sie die dünne Oberflächenbeschichtung in der Mitte der Verbindungen mit der Spitze eines geraden 10-mm-Fräsers. Dadurch legen Sie die Holzoberfläche frei, so dass der Leim besser abbinden kann.

Hängeschränke

Durch zusätzliche Hängeschränke lässt sich der Stauraum, besonders in der Küche oder einem Arbeitsraum, noch vergrößern. Hängeschränke werden ähnlich wie Unterschränke gebaut, haben jedoch immer einen massiven Oberboden. Aufhängen können Sie die Schränke mit speziellen Beschlägen oder selbst gefertigten abgeschrägten Leisten.

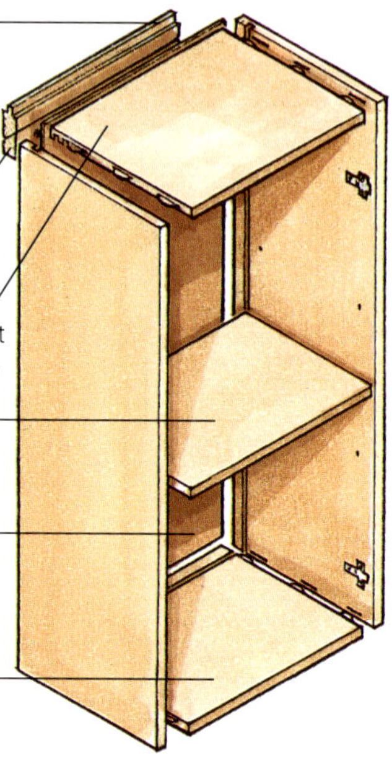

Abgeschrägte Leiste
Durch eine geleimte Nut-und-Feder-Verbindung wird die Hängleiste an der Unterseite des Oberbodens befestigt.

Wandleiste
Passende Wandleiste, auf die der Schrank gehängt wird.

Oberboden
Duch Lamelloverbindungen mit den Seitenwänden verbunden.

Verstellbarer Zwischenboden
Liegt auf Bodenträgern aus Metall in den Seitenwänden.

Rückwand
Sitzt in gefrästen Nuten des Oberbodens, Unterbodens und der Seitenwände.

Unterboden
Duch Lamelloverbindungen mit den Seitenwänden verbunden.

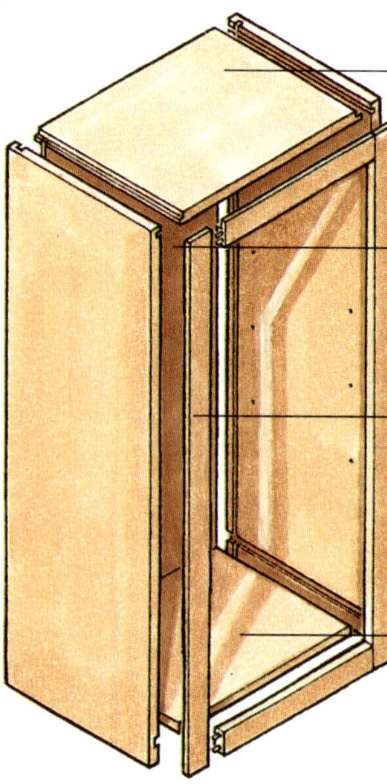

Oberboden
Gefedert, wird in schmale Quernuten in den Seitenwänden eingesetzt.

Rückwand
Sitzt in gefrästen Nuten des Oberbodens, Unterbodens und der Seitenwände.

Frontrahmen
Mit Dübelverbindungen hergestellt. Oberes Querfries und Höhenfriese sind gefälzt, um die Kanten des Oberbodens und der Seitenwände zu verdecken.

Unterboden
Rechtwinklig abgerichtete Platte, die in breiten Nuten der Seitenwände eingesetzt wird.

Maße von Hängeschränken

Die industriell gefertigten Hängeschränke sind in denselben Breiten wie die Unterschränke erhältlich. Sie sind aber in der Regel alle 300 mm tief. Sie können Hängeschränke für jede Raumhöhe passend anfertigen, auch wenn dann meist nur der untere Teil des Schrankes leicht erreichbar ist. Sie können die Schränke in der Höhe genau einpassen. Mit einer profilierten Kranzleiste können Sie die Oberkante verkleiden oder einen frei gebliebenen Spalt verdecken.

Regale

Offene Regale können passend zu den Hängeschränken angefertigt werden, indem man ähnliches Material und ähnliche Konstruktionen, wie etwa Lamelloverbindungen, verwendet. Sie können Regale jedoch auch aus Massivholz bauen und die Bretter in gerade oder schwalbenschwanzförmige Nuten einsetzen (siehe Seite 78).
Wenn Sie Hängeregale zwischen geschlossene Hängeschränke einbauen, lockern sie das Gesamtbild auf und sie dienen auch als Ablagefläche für Bücher, Porzellan oder Sammelstücke.

Bodenregale

Bauen Sie Bodenregale auf ähnliche Weise an. Durch abgetreppte Regale, bei denen die Regalbretter nach unten hin tiefer werden, kann die Grundfläche vergrößert und das Regal damit stabiler gemacht werden. Mit einem Profilfräser können Sie Zierkanten anfräsen (siehe Seite 61).

Schranktüren

Sie können mit einer Oberfräse nicht nur Zierprofile auf die Oberfläche und an die Kanten von Schranktüren fräsen, sondern auch klassische Türen mit Rahmen und Füllung herstellen.

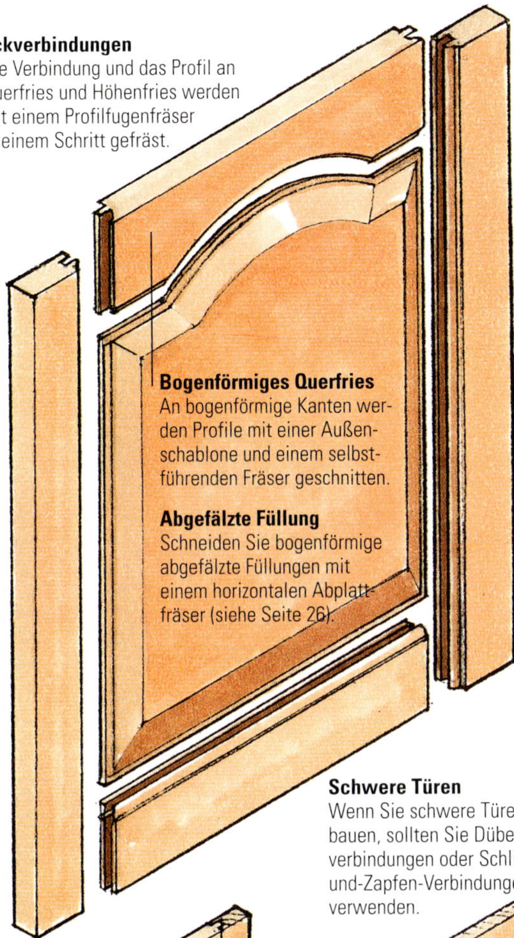

Eckverbindungen
Die Verbindung und das Profil an Querfries und Höhenfries werden mit einem Profilfugenfräser in einem Schritt gefräst.

Bogenförmiges Querfries
An bogenförmige Kanten werden Profile mit einer Außenschablone und einem selbstführenden Fräser geschnitten.

Abgefälzte Füllung
Schneiden Sie bogenförmige abgefälzte Füllungen mit einem horizontalen Abplattfräser (siehe Seite 26).

Schwere Türen
Wenn Sie schwere Türen bauen, sollten Sie Dübelverbindungen oder Schlitz- und-Zapfen-Verbindungen verwenden.

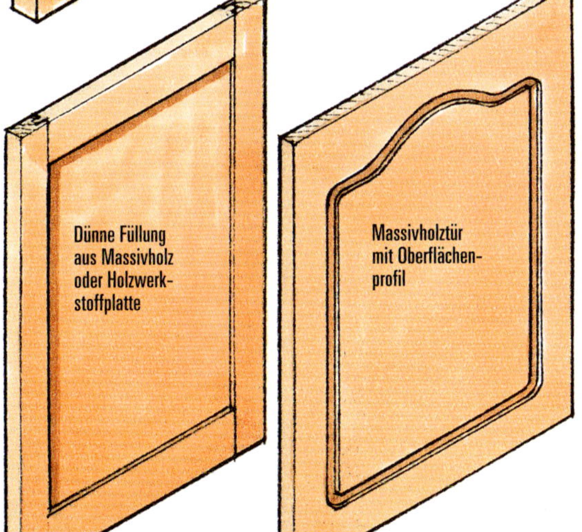

Einfache Türfüllung

Nachgeahmte Türfüllung

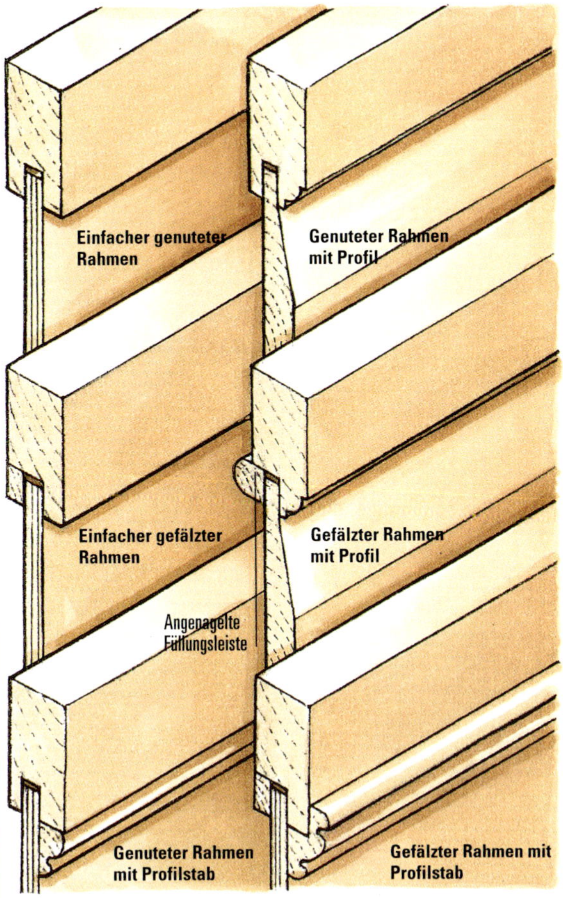

Einsetzen einer Türfüllung

Setzen Sie eine einfache oder abgefälzte Füllung in eine Nut ein, die in die Innenseiten der Rahmenfriese gefräst wird. Sie können Quer- und Höhenfriese auch abfälzen und die Füllung mit Hilfe einer Füllungsleiste befestigen. Auf keinen Fall sollten Sie die Füllung einleimen. Als Zierde können Sie ein Profil an die Rahmenteile fräsen oder einen Profilstab anbringen.

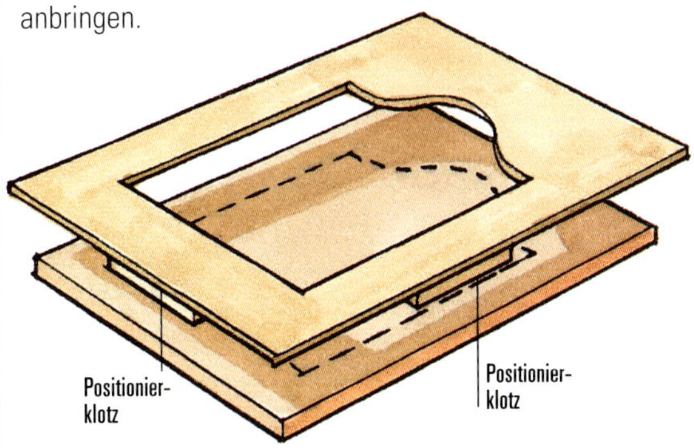

Schablone zum Fräsen eines Oberflächenprofils

Schneiden Sie eine Innenschablone aus 6 mm starkem MDF. Geben Sie rundum großzügig Material zu, um die Schablone an das Werkstück zu klemmen. Bringen Sie Positionierklötze an der Unterseite der Schablone an, um sie an den Kanten des Werkstücks anzulegen.

Türen einhängen

Die meisten Schranktüren werden mit einfachen Scharnieren aufgehängt, die in eine rechteckige Aussparung eingesetzt werden. Sie können auch unsichtbare Topfscharniere verwenden, die an einen Montagearm geschraubt und in eine runde Aussparung an der Innenseite der Tür eingelassen werden.

Runden Sie die Kanten des Scharniers ab oder schneiden Sie die Aussparung rechtwinklig.

Einfache Scharniere

Schneiden Sie mit Hilfe einer einfachen Schablone und eines Kopierrings eine rechteckige Aussparung aus. Verwenden Sie für kleine Scharniere einen zweischneidigen geraden Fräser mit kleinem Durchmesser. Der Fräser hinterlässt runde Ecken, die Sie mit einem scharfen Stecheisen rechtwinklig ausstemmen müssen. Sie können stattdessen jedoch auch die Ecken des Scharniers mit einer feinen Feile abrunden.

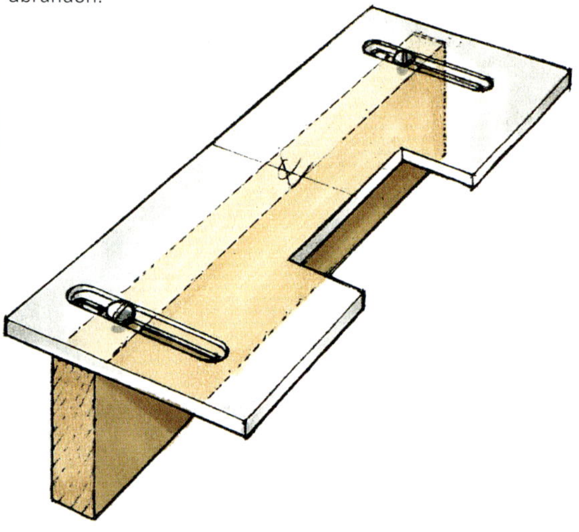

1 Schneiden der Schablone

Schneiden Sie einen rechteckigen Ausschnitt in eine 6 mm starke, durchsichtige Kunststoffplatte, wobei Sie den Kopierringabstand berücksichtigen müssen. Die Schablone sollte groß genug sein, um Auflagefläche für die Fräse zu bieten. Schneiden Sie an beiden Enden zwei kurze Schlitze über die Breite der Schablone und erweitern Sie sie für zwei Senkschrauben. Durch die Schrauben können Sie die Schablone auf die Breite der Tür oder des Pfostens einstellen.

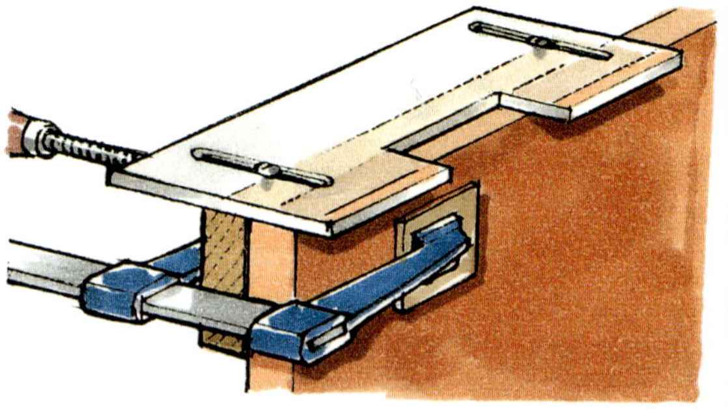

2 Schneiden der Aussparungen

Klemmen Sie die Schablone an die Kante der Tür oder des Pfostens. Stellen Sie die Frästiefe auf die Stärke des Scharniers ein. Berücksichtigen Sie dabei auch die Stärke der Schablone. Die Aussparungen sollten jeweils denselben Abstand von der Ober- bzw. Unterkante der Tür haben. Richten Sie das Ende der Schablone an der Kante der Tür oder einer angezeichneten Linie aus. Wenn Sie die Aussparung in einen Pfosten fräsen, klemmen Sie die Schablone an den Korpus und achten Sie darauf, dass die Zwinge der Fräse nicht im Weg ist.

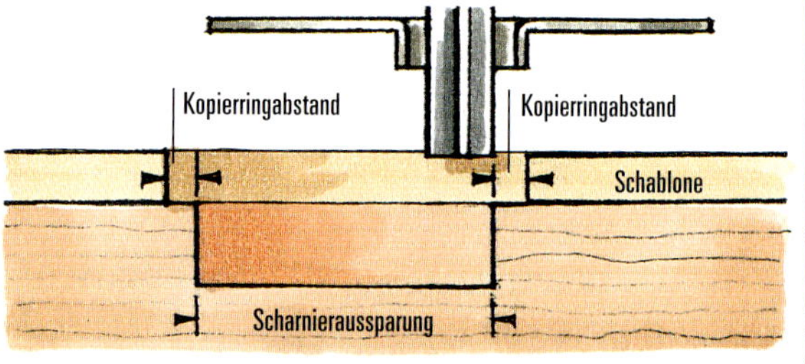

1 Runde Scharnieraussparungen fräsen

Es gibt spezielle Scharniernutfräser zum Ausfräsen runder Aussparungen. Sie dürfen jedoch nur mit geringer Drehzahl in einer Ständerbohrmaschine oder einer feststehenden Fräse verwendet werden. Sie können die runden Aussparungen auch mit einer Handoberfräse ausfräsen. Fertigen Sie sich dafür eine spezielle Schablone und setzen Sie einen geraden stirnschneidenden Fräser und einen passenden Kopierring ein. Beachten Sie den Kopierringabstand.

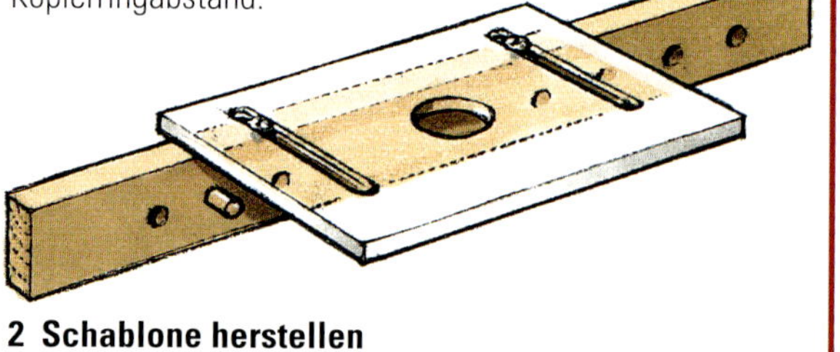

2 Schablone herstellen

Nehmen Sie eine Lochsäge und setzen Sie sie in eine elektrische Bohrmaschine ein. Schneiden Sie ein Loch in eine 6 mm starke, durchsichtige Kunststoffplatte. Fräsen Sie auch Schlitze wie für die Schablone zum Einlassen eines einfachen Scharniers in die Platte. Schneiden Sie die Einspannleiste länger als die Schablone breit ist und bohren Sie in regelmäßigen Abständen Löcher, in die Sie einen Dübel lose einsetzen können, um den Abstand von der Oberkante und Unterkante der Tür einzustellen.

Schubladen

Es ist zwar möglich, mit speziellen Zinkenschablonen einfache und doppelt verdeckte Schwalbenschwanzverbindungen herzustellen. Sie können mit der Oberfräse jedoch auch andere Schubladenkonstruktionen mit verdeckten ausgefälzten Eckverbindungen oder einfachen gefälzten Eckverbindungen bauen.

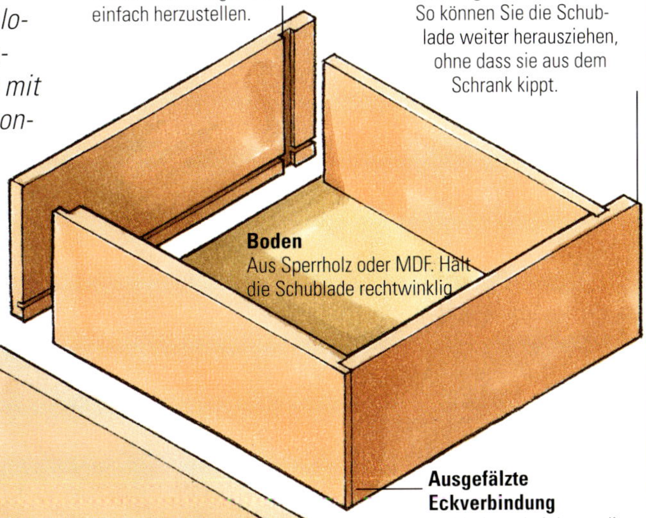

Quernutenverbindung
Diese Verbindungen sind einfach herzustellen.

Verlängerte Seiten
So können Sie die Schublade weiter herausziehen, ohne dass sie aus dem Schrank kippt.

Boden
Aus Sperrholz oder MDF. Hält die Schublade rechtwinklig.

Ausgefälzte Eckverbindung
Verbindung, bei denen die Seitenteile verdeckt werden.

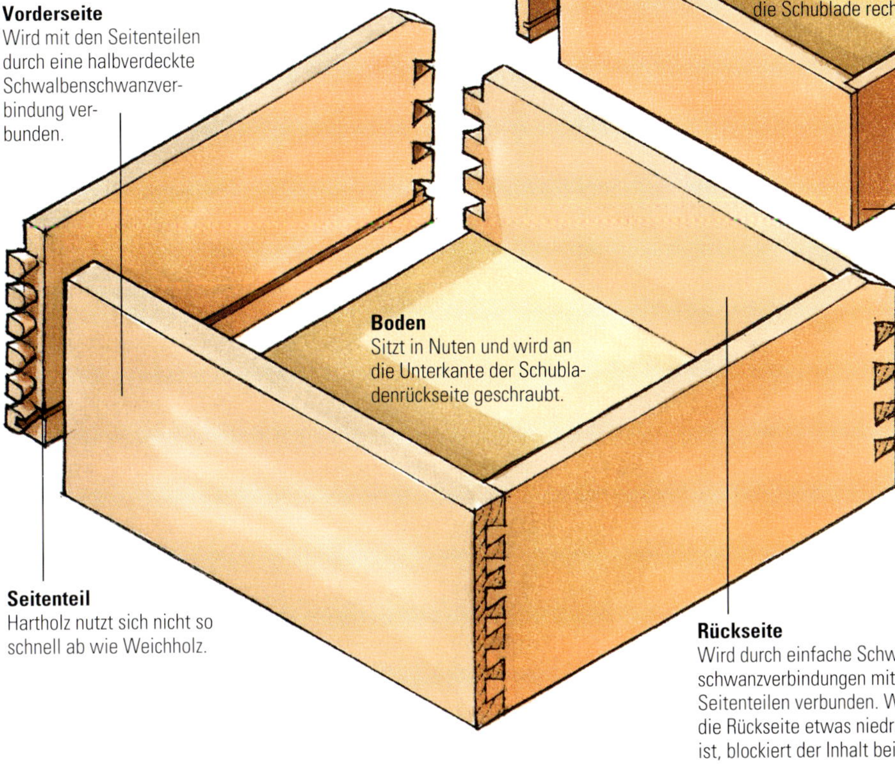

Vorderseite
Wird mit den Seitenteilen durch eine halbverdeckte Schwalbenschwanzverbindung verbunden.

Boden
Sitzt in Nuten und wird an die Unterkante der Schubladenrückseite geschraubt.

Seitenteil
Hartholz nutzt sich nicht so schnell ab wie Weichholz.

Rückseite
Wird durch einfache Schwalbenschwanzverbindungen mit den Seitenteilen verbunden. Wenn die Rückseite etwas niedriger ist, blockiert der Inhalt beim Herausziehen die Schublade nicht.

Verdeckte ausgefälzte Eckverbindung mit Feder
Stabilere Ausführung der ausgefälzten Eckverbindung.

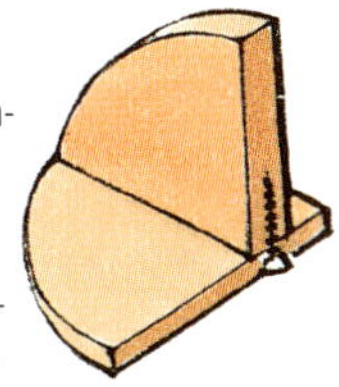

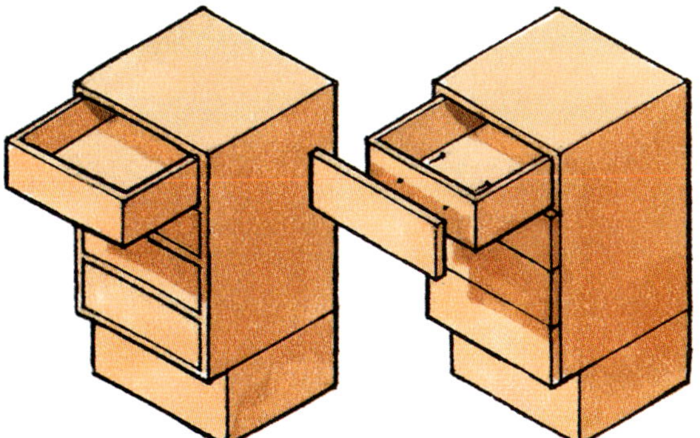

Stumpf einschlagende Schubladen | **Stumpf aufschlagende Schubladen**

Schubladenkonstruktion

Bauen Sie stumpf einschlagende Schubladen, bei denen die Vorderseite bündig mit der Korpusfront abschließt. Wenn Sie aufschlagende Schubladen bevorzugen, bauen Sie die Schublade wie einen einfachen Kasten und schrauben Sie ein größeres Schubladendoppel auf die Vorderseite.

Schubladenführungen schneiden

Zur Herstellung von aufgehängten Schubladen fräsen Sie eine abgesetzte Nut in die Außenseite der Seitenteile. Diese Nuten laufen auf passenden Leisten, die an den Innenseiten des Korpus angebracht sind. Sie können auch mechanische Führungen kaufen. In diesem Fall müssen Sie die Schublade jedoch ein wenig schmaler bauen, da die Führungen etwas Platz brauchen.

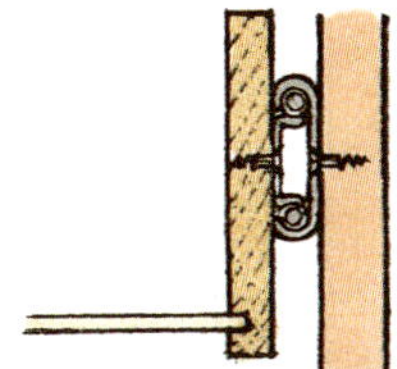

Platz fü die Führung

Arbeitsplatten

Die Fräse ist das ideale Werkzeug zum Bündigfräsen und Schneiden von beschichteten Arbeitsplatten. Außerdem eignet sie sich hervorragend zum Versäubern von Ausschnitten und Einlassöffnungen, da man mit Bündigfräsern beschichtete Kanten sauber und rechtwinklig bearbeiten kann.

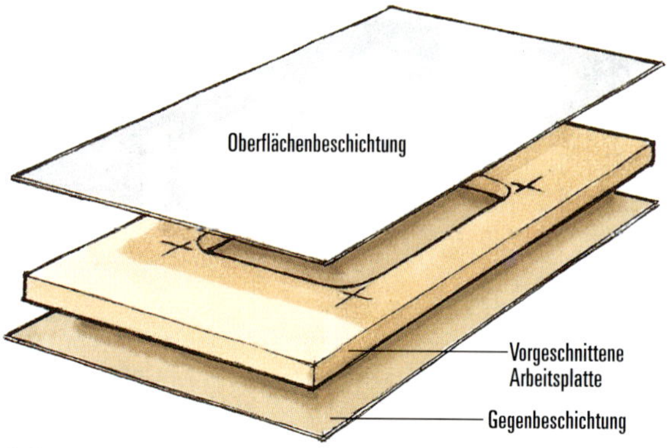

Arbeiten mit beschichteten Platten

Beschichtete Arbeitsplatten haben in der Regel rechtwinklige Kanten, die entweder noch beschichtet oder mit einer Massivholzkante versehen werden müssen. Manche Platten haben auch eine abgerundete Vorderkante. Beschichtete Platten müssen auf der Unterseite unbedingt mit einer Gegenbeschichtung versehen sein, damit die Arbeitsplatte sich nicht wölbt.
Wenn Sie eine Arbeitsplatte selbst beschichten, schneiden Sie die Einlassöffnungen in die Platte, bevor Sie die Beschichtung aufbringen. Verwenden Sie dann einen Einstichfräser und fahren Sie an der Innenkante der Öffnung entlang (siehe Seite 23).

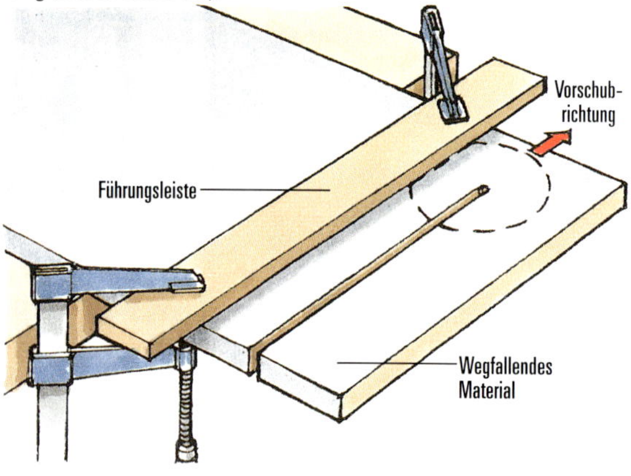

Arbeitsplatten zuschneiden

Um eine Arbeitsplatte zuzuschneiden, klemmen sie ein Richtscheit über die Platte, an dem Sie die Grundplatte der Fräse entlangführen können (siehe Seite 47). Klemmen Sie das Richtscheit stets an die „gute" Seite der Schnittlinie, damit Sie bei einem eventuellen Verlaufen der Fräse in das wegfallende Material schneiden.
Um eine Arbeitsplatte der Länge nach zu schneiden, d.h. schmaler zu machen, verwenden Sie den Parallelanschlag.

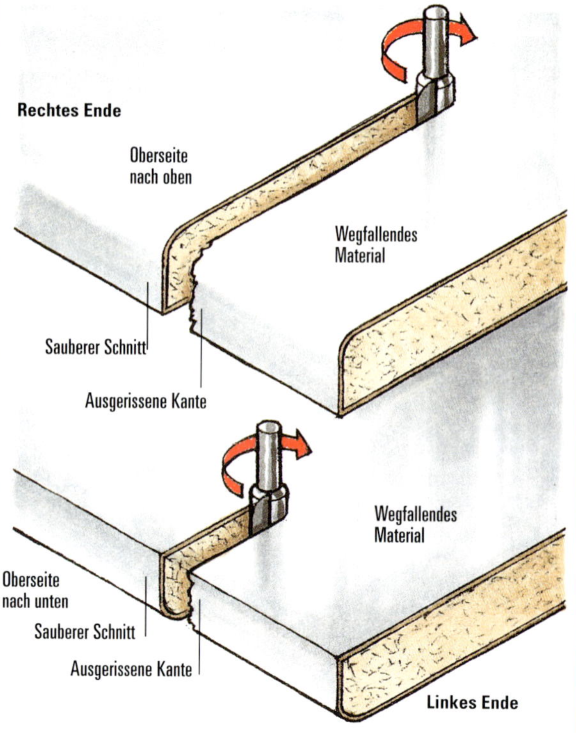

Arbeitsplatten mit runder Vorderseite schneiden

Wenn Sie beschichtete Arbeitsplatten mit abgerundeter Vorderkante ablängen, schneiden Sie das rechte Ende immer mit der Oberseite nach oben und führen Sie die Fräse von der Vorderkante her in die Platte. Zum Schneiden der linken Seite zwingen Sie sie mit der Oberseite nach unten fest, damit die Beschichtung an der guten Seite nicht ausreißt.

Das richtige Fräswerkzeug

Da Arbeitsplatten in der Regel relativ dick sind, verwenden Sie am besten eine schwere Hochleistungsfräse, um sie abzulängen. Sie können auch eine mittelschwere Maschine verwenden, sollten den Schnitt dann aber in mehreren Etappen ausführen.

Frässergrößen

Wenn Sie eine schwere Hochleistungsfräse verwenden, setzen Sie einen Fräser mit einem 12-mm-Schaft ein. Die Schneidkanten sollten 50 mm lang sein. Da Arbeitsplatten normalerweise aus kunstharzverleimten Spanplatten bestehen, sollten Sie nur hartmetallbestückte Fräser verwenden. HSS-Fräser werden bei diesem Material zu schnell heiß und stumpfen ab. Bei einer mittelschweren Fräse verwenden Sie einen ähnlichen Fräser, am besten mit einem 10-mm-Schaft.

Arbeitsplatten verbinden

Arbeitsplatten sollten möglichst von Wand zu Wand reichen. Wenn Sie Platten stumpf verbinden müssen, stützen Sie die Verbindung am besten auf einen Unterschrank.

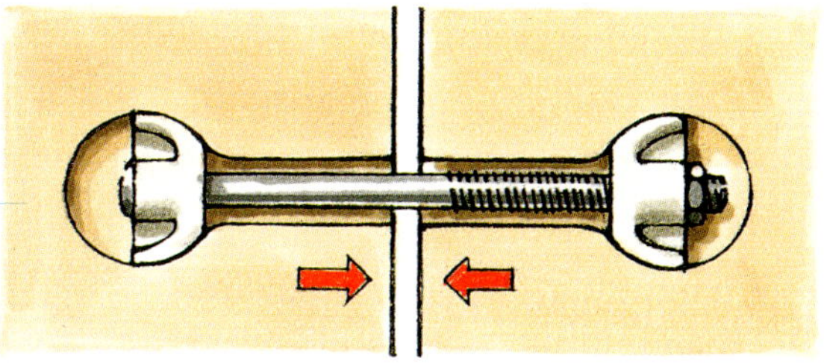

Arbeitsplattenteile verbinden

Damit die Arbeitsplatten bündig abschließen, verwenden Sie Lamellofedern. Schneiden Sie die entsprechenden Nutschlitze mit einem Scheibennutfräser (siehe Seite 100). Geben Sie nur sparsam Leim in die Nutschlitze und an die Verbindungsflächen. Setzen Sie in die Unterseiten beider Plattenteile Arbeitsplattenverbinder ein, um beide Platten aneinander zu ziehen.

Eckverbindungen auf Gehrung schneiden

Da sich die Ecken eines Raumes selten genau in einem 90°-Winkel treffen, halbieren Sie den Eckwinkel und reißen Sie die entsprechende Schnittlinie auf einem Teil der Arbeitsplatte an. Schneiden Sie entlang dieser Linie. Zeichnen Sie die Schnittlinie auf dem anderen Teil der Arbeitsplatte an. Stützen Sie die beiden Plattenteile so gut wie möglich ab und richten Sie sie so genau wie möglich aus, bevor Sie die Schnittlinie mit einem Bleistift anzeichnen. Führen Sie den zweiten Schnitt wie beschrieben aus.

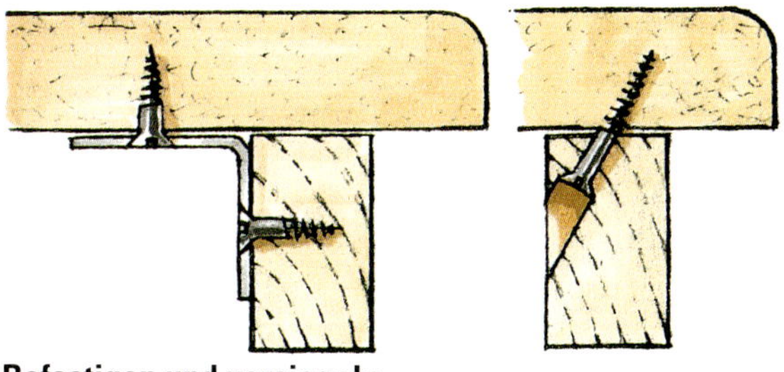

Befestigen und versiegeln

Versiegeln Sie alle Schnittkanten mit Polyurethan-Lack. Befestigen Sie die Arbeitsplatten an den Unterschränken mit Metallwinkeln oder Holzklötzen. Sie können auch schräge Löcher für eingelassene Schrauben durch die Korpusleisten bohren. Dichten Sie den Spalt zwischen Wand und Arbeitsplatte mit durchsichtiger Silikonmasse ab.

Abgerundete Vorderkanten auf Gehrung

Sie können zwei Arbeitsplatten auch in einem rechten Winkel stumpf verbinden. Bei Platten mit abgerundeten Vorderkanten müssen Sie in diesem Fall jedoch kleine Gehrungen einschneiden.

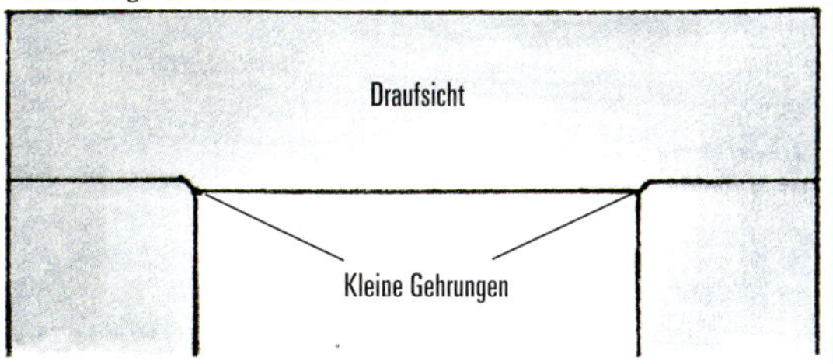

1 Vordere Ecke auf Gehrung schneiden

Schneiden Sie eine Arbeitsplatte so zu, dass sie von Wand zu Wand reicht. Sägen Sie die daran anschließende Platte im rechten Winkel ab und schneiden Sie die abgerundete Vorderkante auf einen 45°-Winkel. Zwingen Sie dazu eine Führungsleiste für die Fräse auf der Platte fest. Runden Sie das hintere Ende der Gehrung mit einer Raspel passend für den Radius des Fräsers ab. Längen Sie die Platte auf das exakte Maß ab.

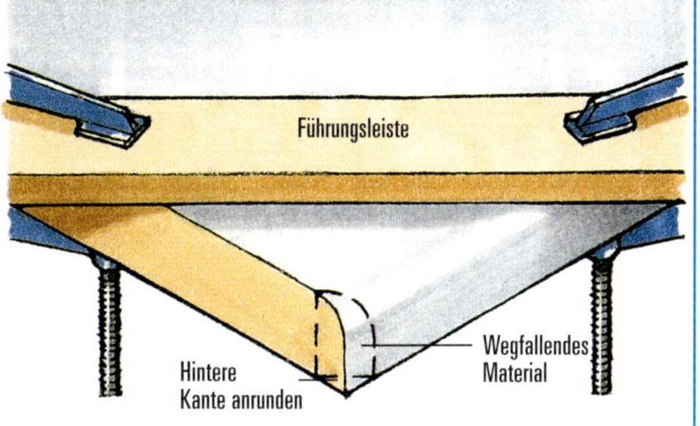

2 Passende Gehrung schneiden

Bringen Sie den auf Gehrung geschnittenen Abschnitt in die gewünschte Position, so dass er über die benachbarte Platte übersteht. Legen Sie Holzklötze unter, damit die Platte stabil und eben aufliegt. Drücken Sie beide Teile dabei fest gegen die Wand. Fahren Sie mit einem Bleistift an der eben geschnittenen Kante entlang und zeichnen Sie so die Schnittlinie auf der unteren Arbeitsplatte an. Spannen Sie eine Führungsleiste auf, um gerade an der Kante der Arbeitsplatte entlangschneiden zu können. Ändern Sie die Position der Führungsleiste, um die Gehrung zu schneiden.

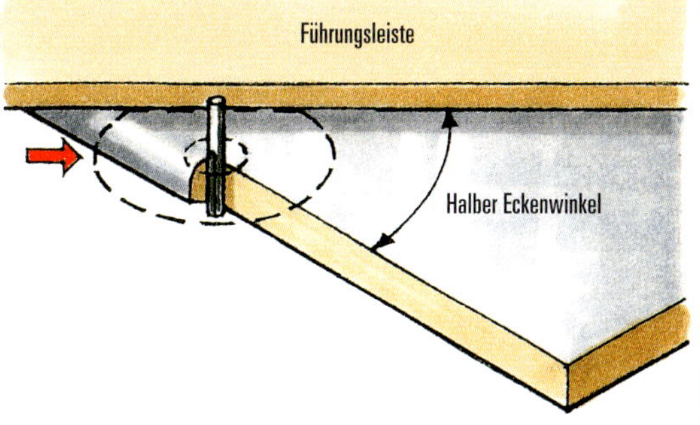

Spülbecken und Kochfelder einpassen

Bei den meisten Spülen oder Kochfeldern ist eine Schablone beigelegt. Damit kann man sich die Ausschnitte und Löcher auf der Arbeitsplatte leicht anzeichnen. Fräsen Sie die Ausschnitte schrittweise mit einer Schablone.

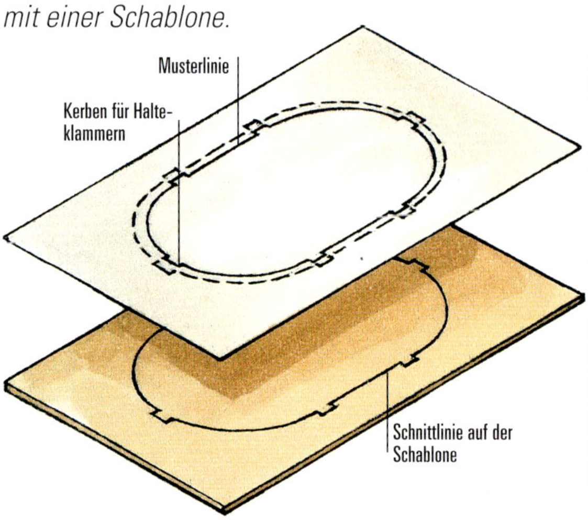

1 Herstellung einer Schablone

Das Muster gibt die tatsächlichen Maße des Ausschnitts vor, so dass Sie den Kopierringabstand selbst zugeben müssen. Rechnen Sie diesen Abstand hinzu, um die Schnittlinie für die Schablone zu erhalten. Übertragen Sie sie auf eine 6 mm starke MDF-Platte. Schneiden Sie die Form mit Hilfe eines Richtscheits und eines Stangenzirkels aus. Überprüfen Sie, ob Spüle oder Kochfeld in den Ausschnitt der MDF-Platte passen und noch Platz für Halteklammern ist.

2 Den Ausschnitt fräsen

Überprüfen Sie, ob keine Rahmenteile, Rohre oder Kabel im Weg sind. Befestigen Sie die Schablone mit Zwingen oder doppelseitigem Klebeband auf der Arbeitsplatte. Schneiden Sie den Ausschnitt in mehreren Etappen gegen den Uhrzeigersinn.

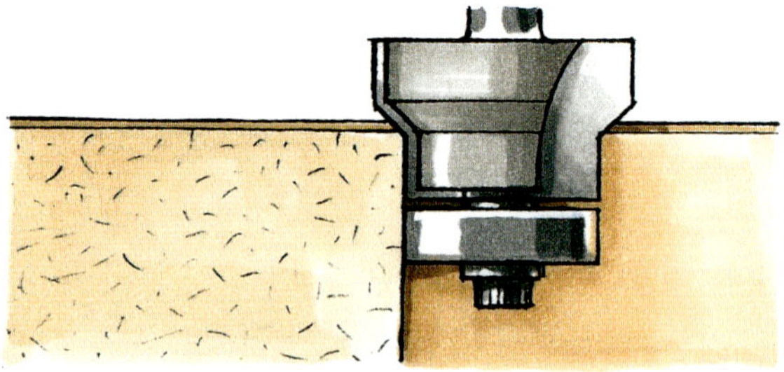

3 Die Kante bündig fräsen

Bearbeiten Sie die Kante des Ausschnitts mit einem Profilfräser mit Anlaufring. So verhindern Sie, dass die Beschichtung bei der Montage ausreißt. Versiegeln Sie die Kanten der Spanplatte, bevor Sie den Einsatz einbauen, abdichten und testklemmen.

Massivholzkanten an Arbeitsplatten

An unbeschichteten Arbeitsplattenkanten können Sie nach dem Einbau Massivholzkanten anbringen.

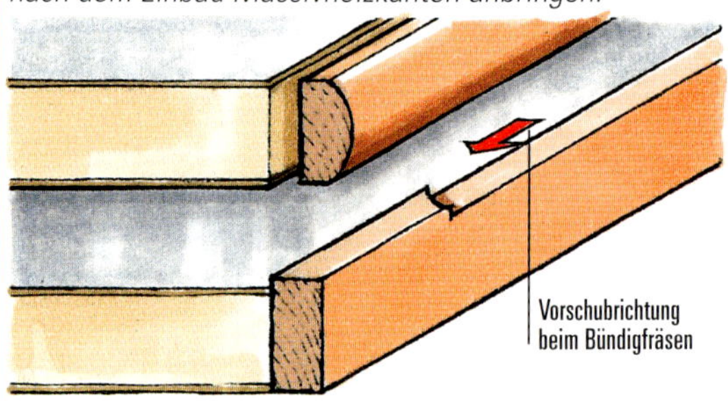

Bearbeiten des Holzes

Schneiden Sie den Massivholzanleimer auf die Stärke der Arbeitsplatte und schneiden Sie die einzelnen Teile zu. Runden Sie die Kanten ab oder fräsen Sie ein Profil an. Reißen Sie auf den Verbindungskanten der Massivholzanleimer Gehrungen an und schneiden Sie die Leisten auf Gehrung. Sie können den Massivholzanleimer auch stärker als die Arbeitsplatte lassen und ihn nach dem Anleimen mit der Oberfläche bündig fräsen.

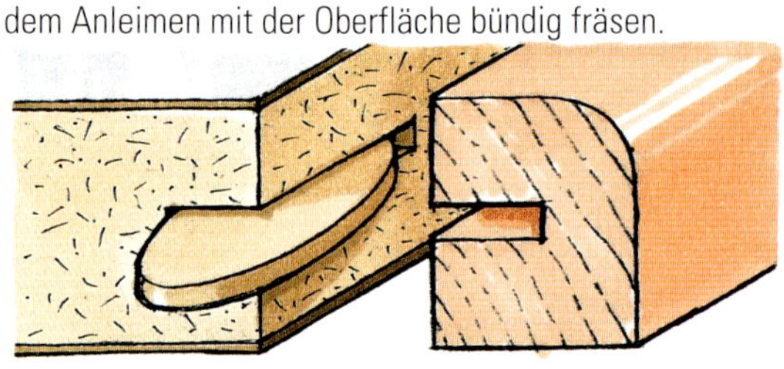

Massivholzkante anbringen

Schneiden Sie mit einem 4-mm-Scheibennutfräser in Abständen von 200 mm Nutschlitze in die Kante der Arbeitsplatte und an die Hinterkante des Massivholzanleimers. Versiegeln Sie die Spanplattenkanten, bevor Sie die Lamellofedern einsetzen. Leimen und zwingen Sie die Massivholzkante an.

Sicherheit und Gesundheitsschutz

Prüfen Sie Ihre Oberfräse regelmäßig auf Beschädigungen, lose Teile oder Abnutzungsspuren. So verhindern Sie weiteren Schaden an der Maschine und den Fräsern und vermeiden Unfälle.

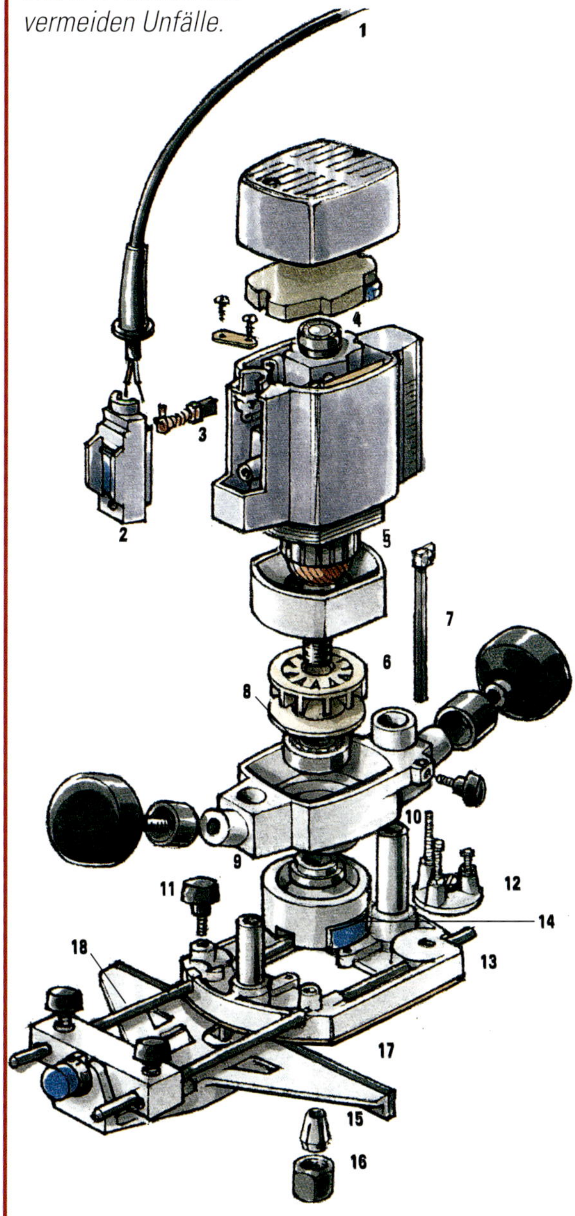

1 Stromkabel
2 Schalter
3 Kohlebürsten
4 Oberes Lager
5 Ankerwicklung und Kollektor
6 Kühlventilator
7 Stab für den Tiefenanschlag
8 Unteres Lager
9 Tauchkorb
10 Tauchsäulen
11 Klemmschraube
12 Revolverkopfanschlag
13 Grundplatte
14 Spindelarretierung
15 Spannzange
16 Überwurfmutter für die Spannzange
17 Parallelanschlag
18 Führungsstangen für den Parallelanschlag

Sicherheit der elektrischen Teile

Unfälle mit Elektrowerkzeugen sind häufig auf eine unzureichende Wartung der Geräte zurückzuführen.

• Achten Sie auf den normalen Verschleiß des Geräts und seiner Zubehörteile.

• Prüfen Sie den Zustand der Stromkabel und Schalter. Abgenutzte Isolierungen, ein Sprung im Gehäuse, ein Wackelkontakt des Schalters sowie ein Funkensprühen sollten vor der weiteren Benutzung der Maschine beseitigt werden. Dies sollte durch einen qualifizierten Servicetechniker geschehen.

• Ersetzen Sie fehlerhafte Kabel und Schalter. Versuchen Sie nicht, durchgebrannte Schalterkontakte zu reinigen, und umwickeln Sie freiliegende spannungsführende Drähte nicht mit Isolierband.

• Achten Sie stets darauf, dass Sie eine Sicherung mit der richtigen Ampèrezahl verwenden und dass Sie ein geeignetes Kabel oder auch Verlängerungskabel verwenden.

• Prüfen Sie regelmäßig den Zustand der Kohlebürsten. Da ein Kontakt des Kollektors mit den Bürstenfedern gefährlich ist, tauschen Sie die Bürsten aus, wenn sie zu mehr als drei Vierteln ihrer Länge abgenutzt sind.

Sicherheit der mechanischen Teile

• Prüfen Sie Ihre Fräse regelmäßig auf lose oder abgenutzte Teile und ersetzen Sie diese. Wenn Sie sich nicht sicher sind, lassen Sie die Maschine von einem qualifizierten Servicetechniker überprüfen.

• Prüfen Sie, ob alle Klemmschrauben mit einer Feder ausgestattet sind, die verhindert, dass sie sich durch Vibrationen lösen.

• Vergewissern Sie sich, dass der Tauchmechanismus gut funktioniert. Ein Fräser, der im Werkstück feststeckt oder sich nur langsam wieder einfahren lässt, kann das Werkstück beim Abheben der Fräse beschädigen und stellt eine Gefahr für den Bediener dar.

• Prüfen Sie den Zustand der Spannzange und stellen Sie sicher, dass die Spindellager nicht zu viel Spiel haben. Eine seitliche Bewegung des Fräsers kann Vibrationen der Fräse verursachen. Sie ist dann nur noch schwer zu kontrollieren. Durch eine abgenutzte Spannzange können Fräser beschädigt und möglicherweise gefährlich werden.

• Ungewöhnliche Geräusche der Lager oder Kohlebürsten oder eine Veränderung des Motorengeräuschs deuten meist darauf hin, dass etwas nicht in Ordnung ist. Dies kann mehrere Ursachen haben. So kann die Maschine durch einen zu tiefen Schnitt, zu starken Vorschub oder stumpfe Fräser überlastet worden sein. Eine Veränderung des Maschinengeräuschs kann auch darauf hindeuten, dass ein Lager defekt ist oder der Fräser sich aus der Spannzange löst.

Sicherheit im Arbeitsbereich
In einer vollgestopften und unaufgeräumten Werkstatt herrscht erhöhte Unfallgefahr. Hobelspäne und Sägemehl auf der Hobelbank oder dem Werkstattboden sind nicht nur eine potentielle Brandgefahr, sondern können auch Kabel und Hindernisse verdecken.

• Lassen Sie keine Werkzeuge und kein unnötiges Material auf der Werkbank liegen, damit das Stromkabel dadurch nicht beschädigt werden kann. Offen herumliegende Nägel, Schrauben und andere Kleinteile können in die laufende Fräse gelangen und umhergeschleudert werden, was Verletzungen oder Schäden zur Folge haben kann.

• Das Werkstück muss fest und sicher eingespannt sein. Der Maschine dürfen keine Zwingen oder andere Hindernisse im Weg sein.

• Stellen Sie sicher, dass Sie während der gesamten Arbeit mit der Maschine Ihr Gleichgewicht halten können, bevor Sie mit dem Fräsen beginnen.

• Sorgen Sie dafür, dass die Werkstatt hell genug und die Arbeitstemperatur angenehm ist. Dicke oder hinderliche Kleidung kann Sie in Ihrer Bewegungsfreiheit einschränken. Zu weite Kleidungsstücke können sich in der Maschine verfangen.

• Lassen Sie sich nicht von anderen Personen ablenken. Lassen Sie Kinder nicht unbeaufsichtigt in die Werkstatt.

Sichere Maschinenbedienung
Arbeiten Sie mit der Oberfräse und anderen Elektrowerkzeugen nie, wenn Sie müde oder unkonzentriert sind.

• Trennen Sie die Fräse stets von der Stromversorgung, bevor Sie Fräser oder Zubehörteile auswechseln.

• Tragen Sie die Fräse niemals am Kabel und ziehen Sie den Netzstecker nicht am Kabel aus der Steckdose.

• Achten Sie darauf, dass der Fräser richtig eingesetzt ist und dass sämtliche Zubehörteile korrekt angebracht und gesichert sind.

• Lassen Sie keine Schraubenschlüssel auf der Maschine liegen. Lose Werkzeuge und Zubehörteile, die in der Nähe des Werkstücks oder der Werkbank liegen, können durch die entstehenden Vibrationen in den Führungsbereich der Fräse geraten.

• Achten Sie darauf, dass alle Schutzvorrichtungen richtig und sicher angebracht sind. In einigen Abbildungen dieses Buches wurden die Schutzabdeckungen weggelassen, damit die anderen Maschinenteile besser zu erkennen sind.

Sicherheit und Gesundheitsschutz bei der Holzbearbeitung
Bei Arbeiten mit Elektrowerkzeugen entstehen immer Holzspäne und Sägemehl, und es herrscht häufig sehr viel Lärm. Daher müssen Sie entsprechende Schutzvorkehrungen treffen, um Unfällen und Gesundheitsschäden vorzubeugen.

• Da Fräswerkzeuge Frässpäne und Sägemehl mit hoher Geschwindigkeit auswerfen, sollten Sie stets eine Schutzbrille, eine Staubschutzbrille oder am besten eine Gesichtsschutzmaske tragen. Eine normale Brille bietet keinen ausreichenden Schutz.

• Hochleistungsoberfräsen sind bei der Arbeit sehr laut und können Gehörschäden verursachen. Darüber hinaus stört der Lärm bei der Arbeit und führt häufig zu Gereiztheit und Ungeduld. Tragen Sie gepolsterte Gehörkapseln oder Ohrenstöpsel, um den Lärmpegel erträglicher zu machen. Es ist jedoch wichtig, etwaige Veränderungen im Maschinengeräusch und beim Fräswerkzeug wahrzunehmen, daher sollte der Gehörschutz die Umgebungsgeräusche nicht völlig eliminieren.

• Ein zu hoher Lärmpegel stört auch andere. Deshalb sollten möglichst alle Personen in der Werkstatt einen Gehörschutz tragen, während Sie die Fräse bedienen. Um Ärger wegen zu hoher Geräuschbelästigung zu vermeiden, sollten Sie die Werkstatt ausreichend lärmisolieren.

• Das Einatmen von feinem Staub und anderen Partikeln kann starke Atemprobleme verursachen. Dies gilt auch für den Heimwerker, der nur ab und zu solche Maschinen verwendet. Tragen Sie deshalb immer eine Atemschutzmaske oder eine Gesichtsschutzmaske mit Atemschutzöffnungen. Beide schützen vor gefährlichen Partikeln, die Gesichtsschutzmaske bietet jedoch in der Regel einen besseren Rundumschutz und ist angenehmer zu tragen.

Staubabsaugung
Die meisten modernen Oberfräsen haben eine Staubabsaughaube, die über dem Fräser angebracht ist. Diese Haube wird an ein Absauggerät angeschlossen.

• In einigen Abbildungen dieses Buches wurde die Absaughaube weggelassen, damit die anderen Maschinenteile besser zu sehen sind.

• An Frästische oder andere feststehende Fräsgeräte können Industriestaubsauger oder auch ein Hausstaubsauger angeschlossen werden, wenn er mit einem feinen Staubfilter zum Schutz des Motors ausgestattet ist. Die besten dieser Absauggeräte schalten sich automatisch über den gleichen Schalter mit der Maschine ein und aus. Einige Absauggeräte verfügen über eine Verzögerungsautomatik, so dass das Absauggerät noch kurze Zeit weiterläuft, nachdem die Maschine abgeschaltet wurde.

Register

A

B

D

E

F